Y.4891.

7/e   7585

LA SEMAINE, OV CREATION DV MONDE,

DV SIEVR CHRISTOFLE DE GANON,

Contre celle du Sieur du Bartas.

SECONDE EDITION.

A LYON,

Par CLAVDE MORILLON, Imprimeur de Madame la Duchesse de Montpensier.

1609.

Avec Privilege du Roy.

O Seigneur, que tes euvres sont diverses! Tu les as toutes faites avec sapience : La Terre est pleine de ton domaine. Pseaume 104.

A MONSEIGNEVR,

MONSEIGNEVR LE DVC DE VANTADOVR, PAIR DE France, & Lieutenant general pour le Roy, en la province de Languedoc.

MONSEIGNEVR,
Ce champió auoit rezolu de s'en-aler par le Monde, sous la seule sauvegarde de son courage, & de sa juste querelle. Mais prévoyant combien il sera harcelé de prim'abord, & qu'il n'y aura presque personne qui ne le regarde d'vn œil préocupé, il dezire de porter sur son front le sauf-códuit de vostre nom. Sous ce passe-port il marchera plus hardiment, voire encouragé des faveurs de vostre regard, si les ataques des assaillans le meritent, redescendra sur l'arene, atendra de pied coy, & ne redoutera point en si belle lute, les approches, mezurements, fauces prizes, feintes, &

* 2

aguets de ses Athletes. De fait, je ne pouvoy rencontrer pour juge & protecteur de mon droit aucun plus propre que vous, qui, riche de tant de graces, le savez cōnoistre & deffendre: Ny mieux choizir pour donner les honneurs du Monde, que mon crayon tasche icy tirer au vif, qu'en les donnant à celuy dōt la grandeur loge vn Monde d'honneurs & de gloires. Vous verrez icy vn payzage, en ce payzage la Nature, en cette Nature des diversitez. S'il y a, comme j'espere, quelque trait dans ce tableau, qui tant soit peu vous puisse agréer, je me persuaderay, quoy qu'il ne soit elabouré en toute perfection, & ne parte d'vne main asseurée, que les couleurs y seront assez bien couchées, leurs meslements assez artificiels, les parergues & enrichissements de la besongne principale assez exquis, les ombrages assez bien observez, & que rien n'y sera omis de la perspective, des proportions, ny de la suite & ordonnance de l'ouvrage. L'aprobation que l'excellence de vostre jugemēt en daignera faire, me rendra victorieux, & victorieux de double courōne. L'vne obtenant l'heur de vostre bien-vueillā-
ce,

ce, par ce tefmoignage de mes humbles affectiõs; l'autre le triomphe contre mes antagoniftes, par l'efclat & l'eftonnemẽt de voz fplendeurs. Ce font deux fignalées victoires, dõt toutesfois je prefereray tousjours l'vne à l'autre, & pour l'honneur de celle-là, leur quiteray volontiers les trofées de cette-cy. Pour le moins en emporteray-je cette loüange, d'auoir par l'excitation d'vn fi loüable combat, efveillé les efprits, la pluf-part endormis des vaines chanfons de l'Amour, pour leur faire changer leurs bas & frefles chapeaux de myrte, à des fuperbes couronnes de palmes & de lauriers. Et me demeurera vne joye incomparable, vous voyant regarder de bon œil, ce que vous a voüé de bon cœur,

MONSEIGNEVR,

Voftre tres-humble & tresobeiffant feruiteur,
C. DE GAMON.

Ce premier de Septembre, 1608.

AVDIT SEIGNEVR,

STANCES.

I.

Rand Duc sur qui du Ciel pleuvent les dons divers,
Grand Levi, si mes vœus ombragent de mes vers
L'Autel de voz splendeurs, où tāt de lustre abonde,
C'est que mō cueur devot craint de frauder le droit
Qui tous les cueurs oblige à celuy que lon voit,
Estant vn Pair en France, estre sans pair au Mōde.

II.

L'equité, le savoir, le sens, la pieté,
La douceur, la valeur, la grace, & la bonté,
Vantent sur tous les grāds d'vn Vātadour la gloire,
Et les bon-heurs, en troupe, en vous seul assemblez,
Menants leurs chariots richement attelez,
Voudroyent sur ces vertus emporter la victoire.

III.

L'invincible Raizon, qui Reyne des Humains,
Tient de vos volontez les resnes dans ses mains,
Veut en ce doux tumulte, impozer le silence,
Se fourre en la meslée, & pour mieux dezormais
Ensemble les serrer des liens d'vne paix,
S'arme des traits dorez que vostre bouche eslance.

IIII.

IIII.

Mais vo‸ qui par ces traits dãs les esprits divers
aissez des aiguillons, des foudres, des esclairs,
Dont la voix oste, donne, endort esveille, attire,
Qui par des chaisnes d'or trainez les auditeurs,
Hé, cõment pouvez-vous au milieu de noz cueurs,
Par douceur establir si violent Empire?

V.

Certes, c'est qu'à bõ droit, l'Eloquẽce en lieu seur
Voulant dresser un Temple à son divin honneur,
L'a basti magnifique en voz lévres basmées:
Vous en estes l'ofrant, vostre langue est l'autel.
Voz mots sont de l'encens le parfun immortel,
Et les dons appendus sont nos ames charmées.

VI.

Puis-donc qu'en vous, grand Duc, le Ciel benin comprit
De Fortune les biens, de Nature & d'esprit,
Qu'en vertus & bon heurs un seul Levi redonde,
On pourra mieux cent fois qu'au Perse ambitieux
Donner ce nom boufant de vray Mignõ des Cieux,
A vous qui Pair en Frãce estes sãs pair au Mõde.

CHRIST FONDE MA LOGE.

* 4

STANCES,
EN MEMOIRE
DE FEV MONSIEVR
Antoine de Gamon,
Conseiller du Roy, & Iuge
general du haut &
bas Vivarets.

ORS que la Mort par toy signala son
  Empire,
Honneur de la Province, invincible
  suport,
Chacun la larme à l'œil, adonc pouvoit bien dire,
Vne chose immortelle est sujette à la Mort!

Les Loys ne furent onc faites pour l'homme sage,
Et cependant les Loys vivoyent toutes dans toy:
C'est afin que le Monde en peust avoir l'usage,
Car l'œil du jour reluit plus pour nous que pour soy.

A toy cõme aux Autels, on couroit pour refuge,
O grand Iuge, & tousjours tu jugeas lentement:
Car l'equité requiert que l'equitable Iuge
Soit promt à l'escouter, & lent au jugement.

L'homme pour voir plus droit ferme vn œil
       quand

quand il chasse,
Mais pour mieux voir le droit tu les fermois tous deux:
Ores le grand Minos te quitteroit sa place,
Sans ce que tu te sieds dans le Ciel lumineux.

Ces vers, Iuge sacré, dont ma muse t'honnore,
Ne sont pour esclairer les clairtez de ton nom:
Mais montrer quel regret j'ay quand tu ne peux ore
Savourer les doux fruits nés d'vn tien rejeton.

Tu fus suivi, grand Trôc, d'vn Achille en sciēce,
Aussi grand, qu'en valeur fut l'Achille Gregeois,
Ores en terrassant mainte vaine croyance,
Vn vray Alcide suit cet Achille François.

Si tu voyois du haut de la Machine ronde,
De ce docte vainqueur les vers labourieux,
Tu dirois, Deux Gamōs volent par tout le Mōde,
L'vn par toute la Terre, & l'autre par les Cieux

Mais son nom qui ne craint le Temps qui tout consomme,
Par la Terre à bon droit court d'vn vol emplumé,
Car puisqu'ore en ses vers tout le Mōde il renōme,
Il doit en tout le Monde estre ores renommé.

IS. GAVTIER, Docteur ez Droits.

A MONSIEVR DE GAMON,

SVR SA SEMAINE

SONNET.

Velles vives raizons d'eloquence esmaillées,
Te voy-je parsemer dans ton champ spacieux?
Et quels ruisseaux icy coulent en mille lieux,
Remplis d'vtilitez de plaizir emmiellées?

Ainsi que sous le Ciel les Avettes ailées,
Seules, savent former le miel delicieux,
Tu sais, ô mon Gamon, tout seul dessous les Cieux,
Chanter de l'Vnivers les beautez estalées!

Laisse donc clabauder les envieux esprits,
Puisque leur dent ne peut ofencer tes escrits,
Ne tourne-point vers eux seulement ton visage:

L'indomtable Lion mené par la Cité,
Ne daigne autour de soy jetter l'œil irrité
Dessus les petits chiens qui tempestent de rage.

E. CH.

IN ELABORATISSIMAM D. CHRISTOPHOri Gamonæi Cosmopæam,

Phaleucium.

SAT famæ niueis, superbus, alis
Parnassi iuga celsa Gallicani
Bartassus feriit. Sat vnus inter
Tot vates celebris fuit poëta,
Infœlix operis sacri Poëta.
Ludentes, Helicon vetus, camœnas
Mentiri patitur: prophana sacris
Immiscere vetat, Fides Poësim.
Ergo, carminibus bonis, creatas
Res cantare, decet bonum Poëtam:
Atqui, carminibus malis, creantem
Offendisse, nefas bono Poëtæ.
Hic dum menda notat Salustiana,
Grandescens numeris GAMONAEI VOX,
Pro mendis, varios habet lepôres:
Pro næuis, nitidos parat lapillos:
Hic, hîc, docta Clio, malum poëma
Perdet, Cosmopæam nouam recudens,
Quam non mille satis, probent Poëtæ,
Qua durante diu, peribit ille
Infelix operis sacri Poëta:
Quamquam, ne pereat sub hoc duello,
Vt, quantus dederit manus Poëta,
Constet, viuat opus Salustianum,
Dum vincat vetus hoc, nouum poëma:
Castigetque malum, bonus Poëta.
Sic feri, proauos, docent nepotes:
Sic mendacia veritas refellit.

GILBERTVS COLVMBI,
Philosophiæ & Medicinæ Doctor.

Reliure serrée

IN ΚΟΣΜΟΠΟΙΙΑ
D. CHRISTOPHORI
DE GAMON, OPERI
eiusdem argumenti, adprimè oppositum,

ELOGIVM.

Væ plerunque suis Sallustius acta recla
    Versibus, æthereo non abiêre sin
Vouit enim Physices Auctorum plura c
    teruæ
Credere, quæ, falsò quod probat, iste cani
At modo de multis vnus GAMONÆVS Apollo
    Pieridum castus cui fauet vtque chorus,
Quémque suum Pallas vocitat, cui Laurus inumbrat
    Tempora, qui dignus nomine Vatis, adest:
Hic, eadem Gallis cantans aptata Camœnis,
    Bartassum meritis increpat ipse modis:
Non in Aristotelis iurans, aut verba Platonis,
    Non vsquàm Plinij dogmata falsa sequens:
Non etiam Vulgi sententia pectore inhæret,
    Sed vis Naturæ, quam probet & Ratio:
Pagina præterea Codicis memorata supremi
    Ornat eum, vt valeat certior esse fides.
Cuncta metris decorat grauibus, verbisque disertis,
    Aptat & augustæ cuncta sonora lyræ.
Sic faculam tollens præit, & sua præbet abundè
    In rerum caussis lumina clara pius.
Sic Opus hoc splendens multo, varióque nitore
    Ocyùs expositum Gallia tota leget.

...VSDEM IN ZOILVM,

EPIGRAMMA:

Zoilus est linguâ similis (peiórque) Viperæ,
  Tres etenim solo conficit ore viros.
Delictum minus est, sociû sermone volenté
  Pungere mordaci, qui referire queat.
...nte Theonino tacitum mordere libellum,
  Crimen inauditum. Siccine barde rudis?
...dis & emissum? Cessa lacerare Poëtam:
  Gloria Bartassi iam GAMONÆVS erit.
...m mage laus Operis fulget numerosa prioris,
  Quàm magis ipsius perficit ISTE decus.

S.C. I.C.

IN ERVDITAM PA[-]
RITER ET LEPIDAM
CHRISTOPHORI GAMONAEI
Cosmopœam.

DVM relegit Bartassus opus, quæ men[-]
  cothurno
Texerat altiloquo, vidit, & erubu[-]
Erubuit métem mutare, Gamoneus inst[-]
  Mendáque compungens, perficit h[-]
storiam,
Quanto iure, duplex debetur laurea, vati,
  Qui iam perfectum, perficit artis opus?

ANTONIVS LAVRENS
Iuris vtriusque Doctor.

NOB. ET LAVR. POE[-]
TÆ, CHRISTOPHORO
GAMONIO, IN EIVS
Hebdomadem.

EPIGRAMMA.

ALtiloquum nuper mirata est Gallia vate[-]
  Vasconiæ, Cycnum Pieridésque su[-]
Sed tua cû increpuit Chelis, ô Diuine Poët[-]
  In solito fremuit Gallia tota motu
Turbáque Castalidum mox Vatem oblit[-]
priorem,
  Accurrit numeris obstupefacta tuis.
Scilicet hæ, spreto Phœbo, socialia tecum
  Iungere vincla parant, & celerare γάμον.

IAC. MERVLA

AV LECTEVR.

CE t'enfant qui d'abord, par le seul aspect de son vizage, estonnoit le monde, en fin par le bégayment de son langage, a tellement apaizé les ames moins préocupées qu'il a falu qu'il te bit revenu voir. Si la haste de la presse ne m'eust esrobé le moyen d'assister à sa renaissance, tu eusses veu marcher avec vn peu plus d'entreent. Ie l'eusse ajancé en pluzieurs endroits, & ne luy eusse baillé pour toute pareure cette preface que la necessité m'a fait inserer en la premiere feüille, seule restante à r'imprimer. Si marchera-til avec moins de crainte qu'au paravant, asseuré qu'on ne peut desnier à luy seul, la liberté tolerée à tous, de propozer librement leurs avis les vns cōtre les autres. L'autorité d'aucun n'esclave si fort mon jugement, qu'ez chozes philozophiques, il depéde du tout du bon plaizir de ceux qui nous ont precedez. Les yeux de nostre intellect ne pourront jamais voir à clair la beauté naïve de la verité, s'ils se laissér esbloüir par l'humaine splédeur d'autruy: ny nos pieds ateindre ceux qui courent dans la lice, s'ils s'amuzent à se pozer sur les vestiges desautres, en lieu de tendre courageuzement au bout de la course. C'est pour quoy j'ay voulu prédre plustost le droit que le grand chemin, & estât plus obligé de parfournir mon voyage, que de

suivre

EPITRE

suivre les destours de ceux qui vont devant, m suffist que sans me pouvoir égarer, qu'autant que je veux, je me rende aussi tost qu'eux à l'hostellerie. Si les flotes de nos mariniers eussent tousjours suivi la route des vieux, les pointes de Calpe & d'Abyla borneroyent encores nos plus longues navigations, & les grādes & riches Provinces de l'Ameque seroyent inconnues à nos vaisseaux. Ie ne saurois acuzer d'impudence ceux qui meus, ou de l'autorité de l'Escriture sainte, ou du jugement de la Raison, ou du tesmoignage de l'Experience, se reculent d'vn doy des traces de nos devanciers. Ie seroy non seulement absurde, mais impie partāt indigne des escoles Chrestiēnes, & ferois vn tort manifeste à la Majesté divine, à la nature humaine, au bien public. Car l'autorité de Dieu ne doit estre postpozée à celle des Ethniques, l'intellect de l'homme despouillé de la liberté que Dieu luy a donnée à la recerche du vray, ny la societé commune envelopée en vn labyrinte d'erreurs. Ce seroit preferer celuy dōt le propre est de faillir & tresbucher, à celuy qui ne peut estre trompeur ny trompé, asservir la liberté naturelle sous vn joug estranger, & clorre à la Republique le droit chemin de la verité. Si le Sieur du Bartas mesme estoit aussy plein de vie que de renōmée, son equité loūroit mō entreprize, & blasmeroit ceux qui ont juré au sens & aux paroles de sa Calliope. Ce grand Dictateur des Muses jugeroit cet essay de la mienne, nō vn moyen inique de le reprendre, cōme débagoule l'envie, mais vn dezir vnique d'aprendre, comme proteste ma sincerité. Il atribueroit, non à vn tort particulier, ains à vn droit cōmun à tous studieux, les doctrines que ma lecture,

AV LECTEVR.

...te, & les espreuues que ma recerche expoze-
...it à la veüe de son sublime jugement. Sa pru-
...nce seroit bien marrie que ceux qui doiuent
...ivre la verité Chrestiéne me vouluisēt arrester
...la vanité Payenne, & m'obliger à croire avec le
...aganisme, vn Chaos, vn Phenix & telles autres
...hoses. Nous serions mieux d'acord qu'ils ne p é-
...ent: il imputeroit ma severité à frāchize, & moy
...a sienne à faveur. Autant que je seroy marri que
...na pensée seulement touchast à la gloire que sa
...Muse luy a fait meriter par la Frāce, il seroit aize
...l'auoir trouvé qui taschast d'imiter son effort,
...e limiter ez bornes du vray, & satisfaire à sa
...ropre semonce. De fait, voyant que sa Muse se
...dit contente, moyennant que la France produize
...quelqu'vn qui suivant son dessein manie dextre-
...ment vn si beau sujet, l'aprehension de mes im-
...becillitez fut terracée par l'invitation de ses be-
...nignitez. Plus je vey ces choses tresexcellentes,
...plus elles me semblerent avoir besoin d'vne tres-
...diligente perquisition. Le courage m'y augmēta
...avec le danger, surmonta les travaux où ma har-
...diesse avoit embarqué mon infirmité, effaça la
...honte de mō audace, la fascherie de la poursuite,
...& l'incertitude de l'issue. Ainsin asseuré de mon
...baston, je marcheray maintenant, si non franc de
...l'aboy des médizants, certes afrāchi de la crain-
...te de leur médizance. Si j'avois autant de vanité
...qu'eux, je tireroy de leur blasme le sujet de ma
...loüange: & me persuaderoy que ce n'est qu'aux
...plus grāds arbres d'estre expozez aux foudres &
...aux tourbillons. Au contraire comme j'avoüe
...aussy biē qu'eux, la sublimité de celuy qui n'a be-
...zoin de mandier leur ayde je confesse aussy bien
...qu'eux, ma petitesse: mais non qu'ils me doivent

rejeter

EPISTRE

rejeter pourtant. Les plus petits ne sont pas tousjours inutiles, & bien que tous ceux du navire soyent pilotes, on n'y rejette pas ceux dont tout le labeur est cõsumé à espuizer la sentine. Qu'ils facẽt dõc cõme ils voudrõt, ce n'en sera ne plus ne moins: Qu'ils viennent au contraire, ce ne sera que par le grãd chemin, qui est aizé, que tout le monde sçait, & que biẽ souvent j'ay laissé tout expres. S'ils ne pasliſſent point d'ozer paſſier l'erreur, je ne rougiray point de les oüir rugir contre la verité. Sils ne viennent avec armes égales, ils feron tort aux vers de les ataquer en avantage, & à la proze de s'en seruir à souſtenir des fables. Ils seront jugez n'eſtre de la qualité requize, & ne me pouuoir aſſaillir que des armes que je leur donne, comme je n'ay fait mon adversaire. Ils me doivent maintenant laisser ce chois qui me suis vne fois porté sur le pré avec armes égales, & ay combatu tout du long sans supercherie. Que s'ils viennent de bonne guerre, & meritent quelque repartie, ils se pourroyent biẽ tromper, & faire croiſtre mon droit en le debatant. S'ils laschent les foudres de leur passion,
ils se tromperont auſſy, car leur rage
plus foudroyante ne sauroit alterer
mon humeur, ny leurs fou-
dres plus enragées atterrer
mes petits lauriers.

⁎

IL est permis à Claude Morillon, maistre Imprimeur & Libraire, d'imprimer le present Poëme, auec deffence à tous autres de imprimer, aux peines portees par les ordonances. Faict à Lyon le neufuiesme iour de Feurier, 1609.

DE VILLARS.

L'imprimeur au Lecteur.

LA precipitation de cette edition, en lieu d'estouf[fer] les fautes de la premiere, en ayant enfanté [de] nouvelles, j'en ay icy coté les plus remarquables. [Il] faudra que ton jugement supplée au defaut des a[ut]tres, & pour celles-cy lire,

Page 3. ligne 1. De personnes distinct, un &c. Page 9. l. 29. de troubles P. 23. l. 30. n'alumant P. 26. l. 24. l'invincible Henry P. 30. l. 18. ridé visage, P. 35. l. 7. morne P. 36. l. 12. des vains P. 40. l. 23. en liqueur P. 42. l. 22. armes de glace; P. 46. l. 17. d[es] deffenseurs, P. 51. l. 12. le tormente, P. 52. l. 26. Qui droit sous le P. 54. l. 28. tient P. 57. l. 4. pescher dans le P. 61. l. 2. sa rareté, l. 13. Garbin, l. 18. ces Elements, l. 23. Comme eau clairement, l. 32. quel estre. l. 33. le pire. P. 62. l. 10. Ne fit qu'un Ciel astr[e] n'arrondit qu'une Terre, P. 76. l. 14. Pour eslever P. 78. l. 5 peut regner, l. 14. Thopet, P. 82. l. 16. Amoureaux P. 84. l. 1. L'ar[r]achent P. 88. l. 5 bien que par tout l. 15 qu'en tout son tour, P. 90. l. 22. que la fumize, P. 93. l. 19 tes mots P. 96. l. 6. les déteste. P. 98. l. 1. de douleurs P. 99. l. 35. la playe, P. 100. l. 3. une play[e] P. 106. l. 2. contournent ce Tout. P. 108. l. 15 peut prouver, P. 112. l. 9. sisure P. 113. l. 8. choses corporelles?. l. 17. Qui sers P. 117. l. 14. Tel qu'un P. 120. l. 10 Nomme trois Cieux sans plus luy l. 21. ne supoze mains P. 121. l. 7. leur gré, P. 124. l. 33. N'ôt peint P. 128. l. 27. Plus que des yeux P. 130. l. 5. de mœurs P. 133. l. 21. ta belle P. 143. l. 5. cornu P. 153. l. 3. Gorgonnes l. 14. Qui ne sçait P. 157. l. 28. tous oyzeaux P. 161. l. 16. edifice, P. 163. l. 3. leur climat P. 166. l. 20. 12 cantons reculez, l. 22. vôtre ame P. 167. l. 2. la Saincteté mesme?. l. 11. des Nains, P. 171. l. 31. Avale ces P. 178. l. 20. sur la hanche, P. 185. l. 23 n'est loyale, P. 186 l. 25. hausse un chef l. 29. Te nous peint à trois chefs, fabuleuze Chimere, l. 188. l. 3. Il romt les P. 189. l. 1. a beu la l. 11. langueur, P. 190. l. 1. ne verrions P. 197. l. 28 Pour domter, ô P. 198. l. 13. on ne peut P. 212 l. 23 Pareil à P. 213. l. 4. Fendre, ou du P. 220. l. 6. que patiente, P. 223. l. 6. mortels dessous la Loy, morts l. 12. Du tomt P. 224. l. 25. ô fecond jour P. 225. l. 17. le camp P. 227. l. 6. voilant sa P. 228. l. 28 Planer sur P. 229. l. 24. Deslia des P. 230. l. 4. l'arre de P. 232. l. 3. enyvrez-vous P. 234. l. 31. l'air qui P. 235. l. 22. bouffus Palmiers en ce climat noirci, l. 25. desplaire au devoir P. 236. l. 15. Sont propos P. 238. l. 18. Les eaux dessous les P. 240. l. 24. de minuit les Arcanges.

PREMIER IOVR
DE LA SEMAINE.
DE C. D. G.

DIEV créa au commencement le Ciel & la Terre. Or la Terre estoit sás forme, & vuide, & les tenebres estoyent sur la face de [a]bysme, & l'Esprit de Dieu estoit es[pan]du par dessus les eaux. Adonc Dieu [dit]: Que la lumiere soit faicte, & la lu[mi]ere fut. Et Dieu vid que la lumiere [est]oit bonne, & separa la lumiere des te[ne]bres. Et Dieu appela la lumiere jour, [&] les tenebres nuict. Lors fut faict le [so]ir & le matin du premier jour.

Toy qui du Ciel doré tends la courtine ronde,
Qui mis le Monde au jour, qui mis le Iour au monde,
[Qui] peux d'un seul clin d'œil escrouler l'Vnivers,
[Et] soustiens sans soustien, ses estages divers,
[Gu]ide ma main branlante, eschaufe mon courage,
[Con]duize mon esprit, enrichi mon langage.

Le Poëte demáde à Dieu le Createur & source de verité la grace de descrire au

A

vray la creation du Mõde.

Que de vers eternels, je chante dignement
Les plus rares beautez de ce grand Bastiment.
Donne jour à ces jours, source de clairtez, donne
Que la splendeur du vray sur ma page rayonne.
O grand Dieu donne-moy que je puisse sans peur,
Combatre corps à corps le mensonge & l'erreur:
Que ma guerre en ce chãp, ma course en cette lice,
Commencée en travail, en plaizir se finisse.

Aux Lecteurs, leur atétion & bienvueillãce.

Et vous doctes esprits, du conflit spectateurs,
Ne blasmez, trop legers, mes loüables ardeurs:
Ie burelle mon dire, approuve le probable,
Redarguë le faux, reçoy le veritable,
Et veux qu'à la Raizon, ayants presté serment,
Vostre jugement libre en juge librement.

Dieu estoit auant le Monde.

Avant que l'Air espars entourast les cãpagnes,
Que la Lune guidast ses nocturnes compagnes,
Avãt qu'on vist ny l'air ny les champs entournez
D'eau les chams, l'air de Ciel: que nuls corps fussent nez,
Et qu'ayant douze fils, l'An vist naistre cõme ores,
De chãcũ trẽte enfants, demy blãcs, demy-mores:
Dieu sans antecedent, sans fin, & sans milieu,
Tout grãd sans quãtité, tout prezent sans nul lieu,
Qui tout-voyant prévoit, qui tout-libre propoze,
Qui tout-bon entretient, & provident dispoze,
Grand boucle resserrant les chainons de ce Tout,
De tout tenoit en soy le principe & le bout:
Chez soy-mesme habitoit: Tous jours en sa prezẽce
Sa Sagesse luizoit, paroissoit sa Puissance:
Bonté, Beauté, Grandeur, Constance, Verité,
Gloire, Iustice & Paix hantoient sa Majesté.
Le sacré Garde-seaux de son regne de vie,
Et son grand Conseiller, luy tenoient compagnie.
Car de sa propre essence, & sans germe, & sãs jour
Il engendra son Fils, & d'eux deux son Amour.

DE LA SEMAINE.

De perſonnes divers, non d'eſtre & de puiſſance:
Mais de faire des trois vne tripl' vne eſſence,
Tout-beau Bartas, tout-beau. Toy qui crains d'a-
  procher
Ce Neptune ſans fond, ce funeſte rocher,
Ie vois pas que ta nef, ſur ces flots agitée,
Pour fuyr Charibde, en Scylle s'eſt jetée.
Semblable aux nautoniers, qui de nuict égarez,
Pour éviter le choc des eſcueils Capharez,
Se lancent en vn goulfe, où la nuit & l'orage,
Leur font, en lieu du port, rencontrer le naufrage.
  Alligne tes diſcours au fil de Verité,
Ne nous confon le triple avec la Trinité:
Le triple eſtant de trois compozé par meſlange,
Ne ſe peut dire en Dieu ſans vn blaſeme eſtrange:
Car ſi Dieu de pluzieurs ſon eſtre decoroit,
Dieu qui tousjours fut Dieu, d'eſtre Dieu ceſſeroit!
Mais le Trine au rebours, dont vnique eſt l'eſſence,
A ſans ſe compozer, trois ſortes d'exiſtence:
Ainſi que l'Oeil du jour, ſimple en ſon vnité,
A toutes-fois les rais, la chaleur, la clairté,
Dont bien que de ces trois l'un l'autre ne reſſemble,
Ces trois ne ſont pourtãt qu'vn Soleil tous enſẽble.
Que quãd ce mot de triple envers ce grãd Ouvrier,
Aux perſonnes pourroit ſon ſens aproprier,
I'n'y auroit pourtant que le crime damnable,
Qui l'ozaſt à l'eſſence eſtimer convenable.
  O myſtere tres haut! fond qu'on ne peut trouver
Ie ne ſaurois vers vn mes penſers eſlever,
Que la ſplendeur de trois auſſi toſt ne m'entourne,
Et qu'auſſi toſt de trois en vn je ne retourne!
C'eſt vn Eſprit vivant, duquel l'eſtre eſt commun
Aux trois, qu'vn vray parler pourroit dire Tres-vn.
C'eſt vn nõbre qu'on nõbre, & qu'õ ne nõbre encore.
Trois perſonnes je nõbre, vne eſſence j'adore.

*Que l'eſ-
ſence de
Dieu ne
peut e-
ſtre dite
triple v-
ne.*

*Icy le
mot de
ſorte,
pris pour
manie-
re.*

PREMIER IOVR

Mais où jà de mes vers va le cours vagabo[nd]
Populace arrestez, gardez le pied du mont,
Et, sobres, atendez qu'vn tresluisant Moyse,
Redescendant instruit, plus avant vous instrui[se].

Ce sont des chams, des monts, des abysmes,
Si larges, si hautains, si bas, si radieux, (Cie[ux]
Que ny fleche, ny pied, ny sonde, ny paupiere,
N'ateind le bout, le haut, le fond, ny la lumiere.

Qu'il ne faut appeler le rien infini.

Or cette Trinité que j'adore tousjours,
Dont le sujet trop riche, apauvrist mon discours
D'vn rië a bien basti, mais non, Châtre incroyab[le]
Dans l'infini d'vn rien, ce palais admirable.
Car le rien, n'estant rien, peut-il estre infini,
Veu qu'en l'infinité quelque estre est defini?
Et si les faits divers de l'Artizan supresme
Ne sont point infinis, que sera le rien mesme?
Diron-nous que jadis l'Architecte éternel
Dans le rien compassa ce Globe vniversel,
Quand tout estoit en Dieu mesme avant l'orig[ine]
Des splendides beautez de la ronde Machine,
Et quand tout est encore en l'Auteur tout puissa[nt]
Qui tout estant tousjours, va le tout remplissan[t]
Et qui non plus aquit, celant son artifice,
Qu'il perdit quand du Monde il bastit l'edifice?

Contre la doctrine du Chaos.

Donques de ce grand Tout le Maistre ingenieu[x]
Fit d'vn rië, nõ dans rien, l'Ai[r], la Terre, les Cieu[x]
Sãs peine, & sans patrõ, Dieu moula ce beau Mõ[de]
Voire & voulant former la Terre, l'air & l'on[de]
N'entassa-point vn Tas qui fust mal entassé
Ne fit vn monstre horrible, vn corps mal compass[é]
Vne forme difforme, vne informe meslange,
Vne pile, vn Chaos, vn broüillement estrange:
Où l'amer fust le doux, où le froid fust le chaud,
Où le sec fust l'humide, où le bas fust le haut,
Où la mer, où les airs, où la flamme, où la terre,

DE LA SEMAINE.

...ssent l'vn dans l'autre vne mortelle guerre.
...eux qui pensent qu'il faut d'vn indigeste amas,
...e ce trouble Chaos, de cet aueugle Tas,
...traire de ce Tout la franche pepiniere:
...x-mesmes n'ont pas bien digeré la matiere,
...s leur Chaos d'escrits eux mesmes sōt troublez
...ans leur Tas de raizons eux-mesmes aueuglez,
...s obscurs que l'obscur des tenebres Deltiques,
... que l'air embrouillé des brouillards Cimmeri-
...desmentent, menteurs, le cayer immortel, (ques.
... naturel sacré de l'Ouvrier éternel,
...e la Création renversent la nature.
... celle qui conuient au corps de sa facture.
... Celuy qui redigea d'vn stile non menteur,
...cretaire sacré, les faits du Créateur,
...ciple fauori du surgeon de doctrine,
...diteur familier de la bouche Diuine,
... precepteur sauant des sauants precepteurs,
... dernier en durée, & premier des autheurs:
...ur riche frontispice en ses escrits ne range
... general amas de ce Chaos estrange,
...our le faire semblable à cet amas charnel,
...et embryon inferme au ventre maternel.
...ne dit point que Dieu fit vne masse entiere,
...e la Terre & des Cieux la commune matiere:
...ins que de ce grand Tout le Maitre industrieux
...it au commencement & la Terre & les Cieux.
... C'est que Dieu tout prudēt, bō, & plein de puis-
...ur mōtrer son pouvoir, sa bōté, sa prudēce, (sāce,
...e ses œuvres voulut commencer le prisfaict
...ar l'ample bastiment de ce Globle parfait,
...ar ce large Vniuers qu'en sa main il enserre,
...ont l'entour est le Ciel, & le Centre la Terre.
...e grand Tout parauant n'estoit tel qu'on le voit,
...y matiere ny forme en soy-mesme il n'auoit:

Renuer-
see par
l'Escri-
ture
saincte.

Vraye
intelli-
gence
des pa-
roles de
Moyse.

A 3

L'air n'entournoit point l'eau, l'au la Terre pezãs
Mais l'eternelle voix, qui apelle, puissante,
Les choses n'estants point, comme celles qui sont,
A ces choses presta l'estre qu'ore elles ont.

Obie-
ction.
 Mais le Code sacré qu'on doit prẽdre pour guid
Dit-il pas que la Terre estoit sans forme & vuid
Qu'une nuit tenebreuze en l'abysme couvoit,
Et que l'Esprit divin sur les eaux se mouvoit?
Cet abysme, ce vuide, & cette Terre enorme,
N'est-ce pas du Chaos la matiere difforme?
Tu te trompes, Saluste, & suis trop librement
Des interpretes vieux l'aveugle enseignement.
Semblable à la brebis, qui sortant de la prée,
Suit par les monts pendants la premiere esgarée,
Innocente, elle suit, mais en prenant ainsi
Pour guide vne esgarée, elle s'esgare aussi.

 Le repli, la beauté, le vizage terrible,
Du rideau, de la Dame, & du Cyclope horrible,
De Parrhas, de Zeuxis, de Timante estimé,
Sembloit vray, sembloit rire, & sembloit animé:
Ainsi cette raizon semble bien d'arrivée,
Propre pour renforcer cette erreur énervée:
Mais comme ces tableaux n'estoyent la verité,
Cette fresle raizon n'est rien que vanité.

Respõce
à l'obje-
ction.
 L'Eternel voulant faire vn bastiment valide,
Poza pour fondement le corps le plus solide,
Mit la terre pezante, & mesla tout au tour,
Comme plus proche en poids, le liquide séjour.

 La Terre enuelopée en cette onde escumeuze,
Estoit vrayemẽt sãs forme, & vuide & tenebreuze
(D'où puize le Chaos vn Chaos d'escrivains,
Bĩe que ces mots soiẽt dits du sejour des Humains:)
Sans forme, car Zephir n'espandant point encore
Le merveilleux esmail de sa vermeille Flore,
Sa face, que les eaux masquoyent de saleté,

Ne

Ne montroit-point au Ciel sa riante beauté.
Nuide aussi, car la Terre encor tristement vaine,
N'avoit châps, prez, ny bois, n'avoit au frõt la plai-
In ses cheveux le fruit, au ventre le metal,   (ne,
En son sein l'Ocean, sur son dos l'animal.
Et tenebreuze aussi, car toy, blonde Lumiere,
N'ayant encor ouvert ta plaizante paupiere,
La belle Thaumantide, au jour encor absent
N'ouvroit de ses longs doys son portail iaunissant,
Ny du beau Cynthien la torche vagabonde
Ne faisoit voir encor sa clairté, ny le Monde.
Or dautant que ce corps tost en rien fust venu,
Si l'eternelle main n'eust le faix soustenu:
Ce feu, ce Dieu d'amour, cette eternelle Essence,
Et du Pere & du Fils la commune puissance,
Le sacré-saint Esprit, espandoit, vigoureux,
Sa secrette vertu sur ce corps tenebreux:
Sur l'abysme nageant, comme l'aile azurée
D'vn Fauone tremblard sur la perse marée;
Et de sa viue ardeur tout ce corps eschaufant,
Comme l'Aigle en son nid ses petits auivant.
    O regle de noz dits, ô lumiere trespure,
Source de verité, belle & sainte Escripture,
Qui fait esvanoüir à ses rais les nuaux
Des embroüillez discours de l'infame Chaos!
C'est elle qui parfaite au bon heur nous convie,
Le sentier de vertu, la loy de nostre vie,
Le confort de nos maux, le compas de nos mœurs,
La guide des esprits, la fuite des erreurs.
Quoy? Lon n'ozera-point conter sans les annales,
Les actes signalez des vaillances Royales:
Et lon voudra chanter les faits du Souverain
Sans le fidelle escrit des œuvres de sa main?
Quoy? Lon n'ozera point, charlatant d'vn Hercule,
S'esgarer du chemin de son histoire nulle:

Loüanges de l'escriture S.

Et lon voudra, parlant du Parfait des parfaits,
Sortir du vray recit des œuvres qu'il a faits?

Chaos renuersé encore par la nature de Dieu.
Du fantasque Chaos la profane doctrine
Ne heurte seulement la Parole Divine,
Mais la nature encor du prudent Créateur,
Qui d'vn euvre confus ne peut estre l'Auteur.
Il ne faut point penser, cet Ouvrier admirable,
Estre en sorte quelconque au naucher comparable
Qui pour bastir sa nef, amoncelle en vn faix,
Son cordage, ses clous, son gaudron, & ses aix,
Puis quãd tout est ensemble, ajãce en son ouvrage
Ses aix, & son gaudron, ses clous, & son cordage.
Ou pareil au potier, qui pestrist en vn tas
Le mortier retasté d'vn argileux amas.   (forme
Pour creuzer des vaisseaux, que, Promethée, i
L'vn en long, l'autre en rond, l'autre en vne autre
Mais sẽblable plustost au providẽt fermier: (forme.
Qui tous ses grains ne mesle en son riche grenier:
Ains l'orge blanc icy, là le roux froment iette,
Icy le chiche aigu, là la féve longuette.   (stant,
Pourquoy voudroit la main qui tout peut à l'in-
Les matieres brouiller, ses euvres enfantant,
(Tesmoignage tresfort d'vne foible impuissance,)
Pour puis d'vn nouvel ordre embellir leur essence?
Tel ouvrage apartient au pouvoir inventé
D'vn Iupin, qui n'a rien qu'vn nom de Deité:
Et le Chantre d'Ascrée aussi menteur qu'afable,
Nous peut, avec Nason, paistre de telle fable.
Mais les Cygnes Chrétiẽs, mais les Chãtres sacrez,
Mais ceux qui du grãd jour marchẽt ore esclairez,
Profanes, donront-ils vne impuissance mole
A l'Artizan qui peut, d'vn clin, d'vne parole,
Donner matiere, forme, & poids, & qualité,
Aux natures des corps plus riches de beauté:
Beauté par qui l'Ouvrier où luit la beauté mesme,

Veut

ut montrer les beaux traits de sa beauté supres-
Plustost ressention-nous le iugement amer (mes
e celuy qui tombant, mit son nom à la mer.
lustost ressention-nous vne mizere égale
A l'immortelle soif du malheureux Tantale,
Vne peine pareille au tourment criminel
De Sisyphe qui roûle vn rocher eternel,
Vne douleur qui soit à-jamais convertie
Aux gesnes d'Ixion, aux langueurs de Titye,
Et Cerbere plustost, de fureurs alumé,
Estonne noz os secs par vn bruit affamé.
Que nous pensiõs, brutaux, qu'ẽ ses faits correspõde
A ce Monde de dieux, ce Dieu qui fit le Monde.

 O Chaos, qui mutin, releuant de l'erreur,   Par la
Veut des armes qu'il trempe au mensonge abuzeur,   nature
Ataquer les escrits, saints remparts de nostre ame,   de la
Et porter contre Dieu son infidelle lame!   Crea-
Chaos qui te repugne, ô grand Creation,   tion.
Du grand Dieu la premiere & plus noble action!
Car si l'Auteur parfait d'vn si parfait ouvrage,
Entre tous les Esprits, le plus grand le plus sage,
Est le Dieu de tout ordre : Aussi l'acte premier
Dont montra son pouvoir cet excellent Ouurier,
Doit estre vne action où reluize autant d'ordre,
Que ce noir pesle mesle est broüillé de dezordre:
Veu qu'au sacré feuillet la supernelle voix
Dit qu'il fit tout en nombre, en mezure & en poids.

 Mais le torrent enflé de la pluye assiduë,   Par cel-
Ou les troubles humeurs de la neige fonduë,   le des
N'enfonce seulement, raslant beufs & pastis,   choses
Les remparts qu'en maint lieu le rustique a bastis,   creées.
Ains croist tousiours farouche, à cornes esleuées,
Se fait voye autre part, brize d'autres leuées,
Et d'escumeux retours, en surmontant les bords,
Comme à teste baissée, abat les chesnes forts,

Court, s'indigne, mugist, les rochers desracine,
Couure les chams semez, & les temples ruine:
Ainsi ce Trouble obscur, ayant fait maints effort
Contre la Verité, d'un autre endroit ressort,
Rauage, & de sa masse orde & desfigurée,
Sape les fondements de la chose creée,
Les principes, la forme, & la matiere aussi
Des choses, ne pouuant s'entre-mesler ainsi,
Chasque matiere vest sa forme peculiere,
Et chasque forme court à sa propre matiere.
Car la forme du chien son empire n'estend
Sur la propre matiere à l'homme s'adaptant:
Ny la forme de l'homme onc de mesme n'est veüe
Enrichir la matiere au chien seulement deüe,
Si l'on les voyoit joindre en des corps si divers,
Vn lien si confus confondroit l'Vniuers,
Quoy qu'en ait dit l'autheur dont Samos se decore,
Et le feint escriuain dont Sulmone s'honnore.

Que si l'hôme, la beste, & la Terre, & les Cieux,
L'air vague, l'Amphitrite, & le feu radieux,
D'vne mesme matiere empruntoyent leur essence,
Ils pourroyët l'vn en l'autre eschäger leur substäce,
Côme quand l'Hyuer porte, en claquetät des dents,
La bouche creuassée, & les cheueux tous blancs,
Que les fleuues enflez sur la plaine serrée,
Poussent, à bleus monceaux vne glace vitrée,
Et qu'à troupeaux obscurs les croassants corbeaux
Faschët d'vn rude chant les destroussez rameaux:
L'eau deuient nege espaisse, & la nege eau liquide,
Ayants mesme matiere, vne vapeur humide:
Ainsi le flot baueux de Neptun boüillonnant,
Quand tout brize de chaud, en sel se va tournant:
Et le sel tout larmeux, en vn tems de bruines,
Fils des marines eaux, se refait eaux marines:
Si bien qu'on voit ces corps entr'eux se convertir,

Agir

DE LA SEMAINE.

...ir le patient, & l'agissant patir, (erre,
...uis aucun n'a peu voir, dez qu'au Ciel Phebus
...Terre en Ciel chāger, changer le Ciel en Terre.
...Mais quoy? Ce vieux brouillis, cet amas obscurci   Par soy-
...Monstre fait la guerre à soy-mesmes aussi,   mesme
...aut-il contre l'horreur de ce triste assemblage,   encore.
...ssembler de tesmoins vn ondoyant nuage,
...ce Tas contre soy sert de tesmoin iuré,
...e partie formelle, & de iuge asseuré?
...est sans forme, ou nō: Si ce Mōstre est sans forme,
...ul estre né peut estre en songe tant enorme:
...ar sus pied ne sauroit la matiere durer,
...i sa propre beauté ne la vient decorer.
...Que s'il peind sur son front vne forme certaine,
...n'est point vn Chaos: Car c'est vne erreur vaine
...'estimer que le nom de dezordre apartient
...u corps qui la matiere & l'ornement contient.
  Voilà ce beau, plaizant, admirable meslange,
...ui iette d'vn Chaos en maint Chaos estrange.
...oilà d'où vient l'erreur, voilà le fondement,
...oilà la nullité de ce beau brouillement.
...Et voilà, mon Bartas, comme ceste orde masse,
...Nonobstant tes raizons, ressemble à la noix casse:
...Car l'ouvrant du couteau dont tranche Verité,
...on n'y trouve au dedans que vuide & vanité.
...Aussi dis-tu bien vray, que la main, qui, feconde,
...Des semences du rien fit produire le Monde,
...De rien acumula ce lourd entassement,   Que le
...Puisque rien n'estançonne vn si vain fondement.   dernier
  Certes quād de ce Tout viendrōt les funerailles   iour sera
...Que du Monde on verra culbuter les murailles,   plustost
...Qu'entr'eux les Elements en discorde seront.   comme
...Que Titan clorra l'œil, que les Astres cherront: vn Cha-
...Lors aura l'Vnivers d'vn Chaos l'aparance,   os.
...Mieux au iour de sa mort, qu'au iour de sa naissāce.

A 6

Car Dieu fera ce jour les tonnerres murler,
Boursoufler les valons, les montagnes croûler,
L'eau sera mize à sec, l'air roüillé de nuage,
Le Ciel d'vn noir bandeau couurira son vizage,
Et fuiront poursuiuis d'vn deluge de feux.
Les tygres ez citez, l'homme ez antres plus creux:
Mais las! pauures Humains, où fuirez vo°, ô cēdre,
Quād vous verrez d'ēhaut ce grād Iuge descēdre,
Qui seul faizant trembler les Cieux & les Enfers,
Sera juge & partie en ce grand Vniuers?
Pourrez-vous deuant luy plaider pour vostre vice?
Pourrez-vous par faueurs corrompre sa justice?
Pourrez-vous par apel sa sentence arrester?
Ou le gain de la cause à bon droict meriter,
Helas! grand Iuge, helas! en ce moment terrible,
Plein de pleur, de malheur, de mort, de nuict horri-
Afin qu'en ton palais j'exalte ta bonté, (ble,
Sois mon confort, mon heur, ma vie, & ma clairté.

Erreur populai-re du fa-onne-ment de l'Ourse, en vain allegué pour le Chaos.

Comment donc, dira-ton, l'inespuizable source
De pouuoir & sagesse auoir fait comme l'ourse,
Qui enfante vne masse en deux fois quinze jours,
Dont sa sage industrie, en lechant, fait vn ours?
Faut-il d'vn bras gaucher à la raizon supresme,
Puizer la Verité dans la vanité mesme?   (vers,
Car comme il n'est-point vray qu'ourdissant l'Vni-
L'Eternel fit vn Tas confuzément diuers,
Il n'est-point vray qu'aussi cette beste felonne
Face vn hideux monceau qu'apres elle façonne,
Qu'en lieu d'vn animal d'elle vn amas soit fait,
Et de l'amas se forme vn animal parfait:
Que si quelquefois l'ourse, indispozée, enfante
Vne imparfaite chair, vne masse sanglante,
Autant en fait la femme, & son fruit arriuant,
Du maternel cachot se deliure viuant.
Mais j'apelle à temoin la saine experience

Qui montre au doy que l'ours prend tout vif sa
naissance.
Et vous prens en tesmoins, veneurs porte-carquois
Qui courez par l'horreur des rochers & des bois,
Qui cauzant parmi vous une plaizante esmeute,
Avez souvēt lancé des chiens courants la meute,
Des ourses rencontrants, & les suivants, gaillards,
Avez fait ceder l'herbe à voz pieds fretillards,
Enté dessus leurs dos vos fleches insensées,
Escaché leur esprit par les forests lancées,
Et chauds à la curée, en leur ouvrant les flancs,
Auez trouué formez dans leurs ventres les fans.

Dōt l'Ouvrier des ouvriers, tout puissāt, & tout- De lalu-
Par le sale Chaos n'enfourna son ouvrage, (sage miere,
Non par l'obscure horreur, ainçois par la Clairté, œuure
Tresbeau miroir du vray, vray miroir de beauté: du pre-
Par la Clairté dont l'œil brille autant agreable, mier
Comme l'œil tenebreux du Chaos effroyable, jour.
(Si ce Tas aveuglé d'vne si noire horreur
Peut auoir aucun œil) languit plein de laideur.
Le difforme Chaos couve en soy la tristesse,
La Clairté fait par tout esclorre l'alaigresse.
Le Chaos gist afreux au lict d'oysiveté,
Le travail se descouche aux yeux de la clairté,
Le Chaos est profond, la Lumiere est hautaine,
Le Chaos fabuleux, la Lumiere certaine.

Grand Ouvrier! dont les doys à l'ouurage si bōs,
Ne veulent leur pris fait commencer à tastons!
Admirable masson! ô grand Maistre des maistres,
Qui commence à bastir par les claires fenestres
Ce superbe palais! O peintre souverain,
Esbauchant son tableau par la derniere main,
Y peignant la beauté devant que les images,
Et luy donnant le jour devant que les ombrages!

Le prudent nourrisson de ce docte troupeau, Simili-
Qui du sacré Parnasse habite le coupeau, tude.

Lors

Lors que la brune nuict estend ses moites ailes,
Et le profond sommeil cille à tous les prunelles,
(Ma Muze tu le sçais,) d'vn soucy gracieux,
Par l'aile de ses vers voulant voler ez Cieux,
Ne met l'artiste main à son œuvre immortelle,
Qu'en sa chambre premier ne flambe la chandelle:
Ainsi de l'Vnivers l'inimitable Auteur,
Durãt cette grand' nuict, qui, nõ pas sans splẽdeur,
Dévançoit tout ce Tout, & qu'vne paix profonde
Tenoit, mais non oyzif, l'Architecte du monde,
Voulant ingenieux, en faveur de son nõm,
Mettre le Monde au monde, entre nous son renom,
N'a voulu commencer euvre tant estimée,
Qu'il n'ait au paravant la Lumiere alumée.
Non qu'vn si clair-voyant & si parfait Ouvrier,
N'eust peu faire aizément quelque autre acte pre-
Où ce grãd Artizã, dont le dire est le faire, (mier,
A l'instant n'eust tout peu commencer & parfaire:
Mais ayant desseigné dans six jours de former,
A l'aigle, au cerf, au thon, l'air, la terre, la mer,
Le jour qui des six jours eut la place premiere,
Ne pouvoit estre jour sans l'ardante Lumiere.

Hymne & loüãges de la lumiere.

Lumiere espoir de l'ame, ô l'ame des clairtez,
O clairté de ce Monde, ô monde de beautez,
C'est toy, belle c'est toy, qui pompeuze, environne
Le Ciel d'vn blanc habit, & son chef de couronnes
Faisant voir aux Mortels, par tes vives splẽdeurs
Le riche esmail des chams distinguez de couleurs

C'est toy, belle, c'est toy, qui prenant origine
Des fertiles trezors de la sale Diuine,
A Priape, à Bacchus, à Pomone, à Ceres,
Ez jardins, ez costaus, ez vergers, ez guerets,
Espanouys, meuris, adoucis, amoncelles,
Le fleurettes, le vin, les pommes, les javelles:

C'est toy, belle, c'est toy, dont les yeux eslançans

D

DE LA SEMAINE. 15

...eurs pointus rayons les traits esblouïssants,
...tout ce vaste enclos, donnent cette puissance
...x celestes charbons, de verser l'influence:
...si ne t'a donné la tout-puissante voix,
...mme aux autres beautez, nõbre, mezure, poids.
...C'est toy, qui vas forgeãt, maneuvre inimitable,
...remuants trepieds du Iupin veritable:
...i le vray Dieu d'amour fournis de puissãs arcs,
...du grand Apollon fais les mobiles dards.
...C'est toy, mere au Soleil, qui riche de mysteres,
...trois langues du monde, es de trois caracteres,
...n'es qu'vne sylabe: Aussi le Tout parfait,
...ulãt que l'œuvre tinst de l'Ouvrier qui l'a fait,
...chez qui la clairté fit tousiours rezidence,
...personnes est trine, & n'est qu'vn en essence.
...oy Dieu, cõme Lumiere, ez personnes s'est veu:
...Pere au feu luizant du buisson revestu,
...Fils ez resplendeurs sur le mont alumées,
...l'Esprit sacré saint ez langues enflammees.
...trois choses encor toute la Trinité
...montre clairement vne vive clairté:
...u bel enfantement de ce Monde admirable,
...u bien heureux rachet du pecheur mizerable,
...ce deja prochain & grand embrazement,
...remier exécuteur du dernier jugement.
...O Dame aux blõds cheveux, dõt l'œil void toutes
...vegnes en servãt, qui courãt, te reposes, (choses,
...miable Splendeur, admirable beauté,
...rinité, fille aisnée à la grand Trinité!
...tairay que c'est toy, qui, d'estrange vistesse:
...u Monde en vn moment desployes ta richesse:
...oit pource qu'au sujet l'obstacle n'est point tel,
...u'il te puisse arrester, soit pour ton naturel:
...Et par ton ministere, ô Lampe inextinguible,
...Nous joüissons du jour, & de la nuit paizible:

Donnants

Donnant pour reciproque & loyal successeur,
Le labeur au repos, le repos au labeur.
Car Dieu ne banit point, mais distingua, tressage,
De la Clairté, la Nuit, servant à nostre vzage:
Non plus qu'il n'oste aussi, n'estans qu'obscurité,
Les rebelles Humains, pour nostre vtilité.

Loüanges de la Nuit.
 La Nuit est celle-là qui plus douce que belle,
A le front inde-obscur, seme d'Astres son aile,
Porte au chef vn croissant, vne lampe à la main,
Le Neufart, la Laituë, & les Mauves au sein,
Vne jupe au teint noir, d'vne agrafe fermée,
Arrivant au genou, ceind sa chair enfumée,
Et des Chauve-souris les ailerons soudains
Volettent sur son chef surbaigné de serains.
C'est elle qui flatant noz paupieres obscures,
Envoye à pas tardifs, peignant maintes figures,
Celuy qu'aucun ne voit, s'il ne ferme les yeux,
Qui plus il panche morne, & plus est gracieux,
Le sommeil, dont l'apast égale charitable,
Le maistre & le valet, l'heureux le mizerable,
Et nous faizant gouster l'alme prezent des nuits,
Procure vn doux relasche à noz tristes ennuys.

 O couple biëheureux! bien heureuses germaine
Et toy Iour biëheureux, heureux Iour qui amein
Tout premier, au grand bien de ce grand Vniver
Deux sœurs d'vn naturel si doux & si divers!
Dont l'vne se revelle & l'autre est si secrette,
Dõt l'vne on voit si blanche, & l'autre si brunett
Dõt l'vne fuit tousjours, tousjours l'autre la suit
Dõt l'vne est la Lumiere & dõt l'autre est la Nuit

 Mais plaizãte Lumiere, & toy Nuit favorabl
Las! qu'estes vous au prix de la clairté durable,
Et du repos sans fin dont jouyssent ez Cieux,
De la Sainte Sion les bourgeois glorieux?
Las! qu'estes-vous au prix de la splẽdeur de gloire

l'éternelle paix promise à la victoire?
Qu'estes-vous, qu'estes vous au prix de la clairté
Ne rebouschant ses rais par nulle opacité,
Et de l'heur que n'ont peu noz aureilles entendre,
Noz yeux apercevoir, ny nostre esprit comprendre?
C'est vous, ô saints scadrons l'Eternel adorants,   Des Anges.
Parmi les chams fleuris des sommets odorants,
C'est vous, beaux Iouvanceaux, c'est vous bien-
heureux anges,   (canges,
C'est vous grands Palladins, Esprits, Trosnes, Ar-
C'est vous qui nets d'ombrage, & qui francs de
Voyez cette clairté, possedez ce bon-heur. (labeur,
Celestes Courtizans, ô bandes bienheurées,
Qui courez au cristal des plaines etherées,
Promts & saints Postillons de la trine-vnité,
Corps de garde immortel de la saincte Cité,
Bien que l'auteur nōbreux, qui de Gascōgne eslance
Sur l'aile de ses vers, vostre vol par la France,
Doute si de ce jour vous creustes l'ornement,
Ou du iour qui de feux dora le Firmament: Du tems de leur creatiō.
Tien, Esprits volants, que pour nostre heur ex-
tresme,
Estans nez, destinez, & predestinez mesme,
Vostre estre, riche d'heur, prévint l'humanité,
Comme tout ce qui bute à nostre vtilité,
Et si l'homme mortel, terrestre Créature,
De la terre n'a point precedé la structure,
Que vous, estans aussi des celestes esprits,
N'avez du Ciel espars devancé le pourpris.
Mais veux-tu sur tō poids balācer si grāds choses,
Sonder de Dieu l'abysme, ouvrir ses lettres closes,
Muse, & voguer premiere en vn flot mal aizé,
Où peut aizément estre vn navire brizé?
Si ta nef ne craind point de courir vagabonde,
Par les vagues sentiers d'vne mer si profonde,

Cin

Cingle au moins pres du bord, & t'arme sageme[nt]
Pour crainte des escueils, d'anchre & de iugeme[nt]
De ce dont sous ses clefs Dieu tiēt la conoissance,
La science est ignare, & docte l'ignorance.
Dont ie me ry de ceux, qui fols cuident sçauoir
De tant d'ailez Esprits le nombre & le pouoir,
Qui leur saint domicile ez Estoiles bastissent,
Et leurs viues couleurs de mensonges ternissent.
 Or ces grands bataillons, ces messagers soudain[s]

<small>Quels ils ont esté creez.</small> Inuisibles courriers, & Mercures non feints,
Par les doys tout-puissants furēt formez pour est[re]
Les fidelles Legats de leur fidelle Maistre.
Pour plus viste acomplir son arrest prononcé,
Que ne court dās l'air vague vn trait roide-poussé
Pour mouuoir du ressort dont fait la grande roüe,
Qu'en Terre, en l'air, en l'eau, on marche, on vole,
 on noüe:
Pour touſ-jours le respect au front porter escrit,
En leurs gestes l'honneur, l'amour en leur esprit:
Pour faire espanoüir sous l'ardeur eslancée
Des yeux de l'Eternel, mainte belle pensée,
Maints odorants soucys, & d'immortel bon-heur
Chanter de l'Immortel l'incomparable honneur.
Bref l'Esprit des Esprits créa ces créatures,
Comme tout bon & pur, toutes bonnes & pures.
Car ce que du grand Dieu la docte main créa,
Son œil sacré le vit, sa langue le loüa.

<small>Reuolte d'aucūs d'eux.</small> Mais triste changement! L'ingratitude noire,
Enceinte de malheurs trainant la vaine Gloire,
Qui porte vn cueur boufi, des yeux pleins de des-
Des cornes sur son front, & le sourci hautain, (dain,
Infuse dans aucuns la superbe & la rage,
Par l'emmiellé poison de ce traistre langage.
 Qu'elle pour vous détient, Citadins excellents,
Foulant l'or & l'azur des Cieux estincelants,

         Que

Que vous estants montrez hérauts d'obeissance,
Vous ne vous mõtriez ore estre heros de vaillance?
Quelle crainte vo° glace, ô peuple en vain peureux,
Qui pouvez en peu d'heure estre faits pl° heureux,
Qu'estants presque pareils à l'essence eternelle,
Vous n'égaliez du-tout la grandeur paternelle?
Qu'ores vous n'abordiez, sous la douce faveur
D'un Aquilon prospere, au hâvre de tout heur,
Et plustost n'usurpiez l'heur dont Dieu s'envirône,
Priväts sa main de sceptre, & son chef de courône?

   Le Nectar de ces mots, qui descoulant, mortel,
Veut faire en leurs plaizirs un ravage cruel,
Flate secretement, de trompeuzes adresses,
Leurs apétits gloutons du miel de ses caresses,
Consentants à leur mal, & leur fait à longs traits
Humer le doux poison de ses friands attraits.
Ces Esprits donc espris d'une maudite envie,
D'esteindre le flambeau dont s'alumoit leur vie,
Tentẽt Dieu, font barriere au cours de son vouloir,
Veulent vestir sa pourpre, en son throsne s'assoir!

   La vaine Ambition si l'on ne la retranche, *Trait*
Cõme le top sarment gravist de brãche en brãche, *contre*
Veut voler sur les vents, ez nuaux se percher, *l'ambi-*
Et sur le dos du Ciel les Astres chevaucher. *tion.*

   Ces esprits n'ont l'esprit de voir que leur envie
Porte à leur doux repos une amour ennemie:
Et qu'eux-mesmes suivants un dessein si pervers,
Se nuizent, voulants nuire au Roy de l'Univers,
Ainsi ne voit le Poulpe au Royaume des ondes,
Qu'il se nuit, voulãt nuire aux Huitres vagabon-
Car l'emboisté nageur, de son test refermé, (des, *Vẽgeã-*
Presse les pieds malins du Polype afamé. *ce de*
   Or Dieu qui tiẽt toujours pour punir les rebelles *Dieu*
La foudre dãs sa main, l'esclair dans ses prunelles, *contre*
Eslance de fureur ses vrays dards Dicteans, *les mau-*
vais An-
ges.

Veritable Iupin, sur ces vrays Typhéans:
Precipitant, vangeur, ces pervers Encelades.
Non sous Etna, ou Lipare, ou les Isles Cyclades,
Mais dans ces goufres bas, antres d'obscurité,
Où ne tirants chétifs, qu'une chiche clairté
De ce feu qui tousjours exigeant mesme debte,
Dans son livre vzurier rien ne couche en recette,
Infortunez Démons, ils forgent les travaux,
Charpentent les gibets, dressent les eschafauts,
Et d'éternels liens ont leur gueule enchainée,
Iusqu'au grand iugement de l'extreme journée.

Que l'Enfer est vn lieu certain.

Car ainsi qu'au desceu de l'erreur dont le frein
Te contourne, ô Bartas, tu croids vn lieu certain,
Où ceux que l'eau de grace a lauez de tous vices
Hument l'eternité dans la mer de delices:
Tu dois croire de mesme estre vn lieu tenebreux,
Triste & certain sejour des Anges malheureux,
Et de ceux qui suivants leur iniuste malice,
Suivront d'ame & de corps leur tresjuste suplice.

Diuerses opiniõs de ce lieu rejetées.

Non qu'esblouy d'erreur, je me figure en vain
Ce Monde estre vrayment ce sejour inhumain:
Ou souscrivant, leger, à l'avis d'vn Nyssene,
Le champ vague où des vents la colere forcene.
Ou comme aucuns Docteurs, l'Enfer estre le lieu
Où chacun a rompu l'arrest donné de Dieu.
Non que je croye encor cette geole aveuglée
Estre de Iosaphat la profonde valée
Qu'espris du lustre vain des escrits anciens,
Ie loge au Ciel de Mars d'Enfer les citoyens:
On renvoye abuzé de maint escrit moderne,
Au delà de ce Tout, l'Infernale caverne:
Ou te suive, Isidore, en-vain establissant
Vers les bas Antichthons ce manoir languissant.
Non qu'imitãt Nason, & maint Ethnique chãtre,
I'estime que d'Averne en cet antre l'on entre,

Où

Où flote l'Acheron, le marais Stygieux,
Le gemissant Cocyte, & Lethe oublivieux,
Où des fatales Sœurs soit la troupe filante,
Où le Roy des Cretois, Eaque & Rhadamante,
Dans les tardives nuits de ce lieu langoureux,
Jugent les actes noirs des Ombres malheureux.
Où Tantale, Thesé, Sisyphe, & la Belide,
Ait sa soif, sa langueur, son roc, sa cruche vuide.
Non qu'auec la pluspart, j'assigne, deceveur,
Au centre de ce Tout, cette maizon de pleur,
Dernier logis du vice: Aussi la Terre au centre,
Estrecissant tousiours le profond de son ventre,
Ne pourroit-point presser du camp irrite-Dieu
La grande multitude en vn si petit lieu.
Car il faudroit serrer vne presse indicible,
En vn lieu dont la place est comme indivizible.
Et bien que des meschans les esprits malheureux
N'ocupent grand espace en ce lieu tenebreux,
Si feront bien leurs corps, dont la troupe nombreuze
Excedera des bons l'escadre bienheureuze.

Ie suis content de dire avec le grave escrit, *Ce qu'il faut croire de l'Enfer. Vraye descriptiõ d'iceluy, & de ses peines.*
Dont la Divine lettre aprend l'humain esprit,
Que l'Enfer est sans doute vn abysme terrible,
Où le plus doux refuge est plein d'vn pleur horrible,
Où la peine est sans fin, la douleur, sans confort,
Où la vie est sans vie, immortelle la mort,
Où n'y a membre aucun qui sa gesne ne sente,
Ny jointure qui n'ait sa pointure cuizante:
Où les ris sont des cris, les faueurs des fureurs,
Où le corps vit mourant, l'ame plonge en malheurs,
Où l'ame sent sa coulpe, où le corps sent sa peine,
Où tous deux n'ont d'humain qu'vne essence inhu-
Pire que le non estre: Et n'ont aucun espoir (maine
Que ce triste, effroyable, immortel dezespoir,
Qu'ils ne pourront patir où le souphre s'engoufre,

Ne

Ne se pourront tapir où le goufre s'ensouphre,
Et que tant que des Saints les bon-heurs dureront
Leurs estranges malheurs au soufre ils soufriront
Bref où les criminels s'entent par leur soufrance.
Qu'il est un lieu préfix pour leur juste vengeance:
Bien que Saluste trouve à son tortu compas,
Que l'Enfer est par-tout où l'Eternel n'est pas.

  Mais si telle raizon renverse irrefragable,
Le ferme fondement de ce lieu veritable,
Par la mesme raizon, ô sejour treshumain,
O Iardin eternel, tu n'es un lieu certain.
Car si l'Enfer paroist par-tout où Dieu n'assiste,
Le paradis luit donc par-tout où Dieu subsiste,
Et subsistant par-tout, les esprits glorieux
Pourroyët aussi bien estre en Enfer côme ez Cieux.
Mais ces raizons ne font que nos ames seduire:
L'Eternel fait par-tout sa prezence reluire,
En Enfer vray Minos, au Ciel vray Iupiter,
Mais c'est par grace au Ciel, par justice en Enfer.

  Voilà cômët l'orgueil dans le Ciel prit naissãce,
Mais oubliant par où la Divine vengence
Du Ciel porte-brandons le fit precipiter,
Il n'a peu dans le Ciel, ny pourra, remonter.

Dieu se sert par fois des Diables. Or quoy que des Démons l'escadre confinée,
Dans l'Infernal cachot soit tresbien enchainée,
Dieu maniãt leurs cueurs du frein de son vouloir,
En leur donnant les chams, fait sa force uparoir.
Effectuants ses dits, ces Esprits mizerables,
Sont à l'aspre Sansue entierement semblables,
Qui sa faim seulement se propozant pour fin,
Exécute le vueil du prudent Medecin.

  Ainsi lors qu'à bon droit l'eternelle Iustice
Voulut du fils d'Amri chastier la malice,
L'Esprit d'erreur lasché par l'Esprit supernel,
Traite cruellement ce Monarque cruel,

conduit en Rhamot, & fait qu'en la Syrie,
[vou]lant donner la mort, on luy oste la vie.
Non que, poussé du mal, possedé de fureur,
[Di]eu, source de tous biens, nous abreuve d'erreur,
[C']est toy, Bartas, c'est toy, de qui la coupe horrible
[N]ous abreuve d'erreur par ce dogme terrible,
[Et] nous veut enyvrer du dommageable vin
[Qu']ont respandu, pipeurs, sous un succré venin,
[Et] Florin seme-yvroye, & le chef infidelle
[Qu]i des Manichéans fit la secte nouvelle,
[Et] Marcion d'erreurs & d'horreurs une mer,
[Pe]ste de l'Univers, fils aisné de l'Enfer.
[Pe]nses-tu de ceux-cy la doctrine solide?
[M'] estimes-tu pour Dieux Chorebe ou Melitide?
[Re]cerches-tu le clair dedans l'obscurité,
[Pou]r montrer que l'obscur provient de la clairté?
[Car] Dieu vrayment permet bien, Dieu qui plein de
[Ne] peut ny suporter ny aporter le vice,   (justice,
[Q]ue l'homme ensorcelé, qui d'un somme s'endort,
[No]n reparant la vie, ains preparant la mort,
[Fe]rme ses yeux couverts sous des voiles funebres,
[Pa]r le subtil moyen du Prince aime-tenebres.
[M]ais ce n'est Dieu pourtant qui l'abreuve d'erreur,
[Le] miel n'engendre-point l'aconite saveur,
[Le] pigeon ne produit le courbeau detestable.
[N]y l'Auteur de salut l'erreur abominable.
  Ce Flambeau de justice aveugle justement,
Non crevant, envieux, les yeux du jugement.
(Car de l'Esprit menteur c'est la rage meurtriere)
[A]ins n'alumant en nous les feux de sa lumiere.
[C]e Soleil endurcist, non inspirant ez cueurs
Un obstiné troupeau de damnables erreurs.
Mais retirant à soy les rais de cette grace
Dont des cœurs empierrez il amolist la masse,
Pour mesme des caillous engendrer, plantureux,

Au

Que
Dieu
pourtãt
ne nous
abreuve
d'erreur

Au pere des croyants des enfants bien heureux.
Ainſi du grand Phœbus la perruque dorée
Faict des flots trepignants vne glace azurée:
Non que ſes rais gliſſants conglutinent les eaux,
Mais ayant abſenté ſes celeſtes flambeaux,
Les aboyants hivers des Scytiques haleines,
Atachent de froideur les vagues plus ſoudaines.
La vague n'eſt plus vague, ains au fleuve eſpaiſſ
Languit vn froid criſtal des Bizes endurci:
L'eau ſe fait toute en crouſte, & Neptune s'eſtonne
Que maint flot pareſſeux ſon tribut ne luy donne.

Des bōs Anges ſeruants à Dieu, & à l'Egliſe.

Or comme ce grand Iuge, émancipe, vangeur,
Ses bourreaux Infernaux, pour punir le pecheur,
Des Anges innocents luy-meſme arme l'armée,
Pour defendre des ſaints la bande bien-aimée.
Heureux vraymēt heureux, qui pour nos protecteurs,
Auons tous les Archers, du Ciel gardiateurs!
Heureux dy-je vrayment, ez eſtours plus eſtrange
Ayāts Chriſt pour guidō, pour gēdarmes les Anges
Heureux ſi plº craignāts le trait vāgeur des Cieux
Que nous n'aimons l'atrait du monde vicieux,
Nous ne rendions au dam de noz ames charmées,
Par nos crimes prezents, abſentes ces armées.
L'homme qui bien apris fait en toute ſaizon
Marcher ſes actions au train de la Raizon,
Qui regle ſes diſcours au fil de modeſtie,
Et dreſſe ſes penſers à l'immortelle vie,
Fuit celuy dōt les mains, dōt la lāgue, & le cueur,
Ne rendent, libertins, nul hommage à l'honneur
Ainſi l'ailé ſcadron, qui celeſte n'opere,
Ne dit, ne penſe rien, qu'à l'honneur de ſon Pere,
Retrograde ſon vol, & nous laiſſe, faſché,
Voyant mouler nos faits au patron de peché,
Et par noz vains propos donner vray teſmoignage

DE LA SEMAINE. 25

Des terrestres pensers de nostre ame volage.
Mizerables Mortels! Nous chassons, vicieux,
Les sacrez regiments des campagnes des Cieux.
Ne sçauōs point ez coups nous tenir sur noz gardes,
Ny chez nous maintenir les immortelles Gardes,
Du Roy de l'Vnivers: bien qu'un secours si vray
Du Chef estant mandé, bate aux chās sans delay,
Marche sans prendre solde, aille sans insolence,
Combate sans effroy, bate sans rezistance!
Ainsi n'en fit jadis cette Souche des Saints, Tesmoi-
Ce fameux Chaldéan, hoste humain des humains, gnages
Quād trōpé doucement, il receut sous l'ombrage, particu-
L'immortel troupeau sous un mortel vizage: liers.
Quād prenāt par la corne un veau tēdremēt gras,
Il fit à longs filets le sang jallir en bas,
L'escorcha, l'estripa, du corps osta la teste,
Hasta le feu, cuizit, destrancha la chair preste,
Et, charitable, ouvrant ses moyens & son cueur,
Du Seigneur vray servāt, aux servāts du Seigneur.
Trois Anges il traita: gracieuze Triade,
De son futur Isac la prezente ambassade.
Ainsi n'en fit encor le bourgeois bienheureux
Du lieu le plus fertile & le plus malheureux,
Liberal faizant boire à sa terrestre table
Ceux qui boiuent du Ciel le Nectar perdurable:
Logeant ceux qni venoyent desloger deputez,
Sa pudique maizon des lubriques citez.
Ainsi n'en fit Iacob conduit par ces armées
Iusqu'ez chams porte-fruits des terres Iduméees:
Ainsi n'en fit encor le sacré fils de Nun,
Ainsi n'en fit ce Duc qui pressé d'un long jeun,
En fuyant Iezabel, eut en sa faim extresme,
Pour ses maitres-d'hostel les hérauts de Dieu mes-
Ainsi n'en fit celuy qui des troupes d'Aran (me.
Cerné de toutes parts dans les murs de Dothan,

B

Fit ruer sus l'orgueil des Ethniques Phalanges,
Maint char rouge de flame, & mainte escadr[e]
d'Anges.
Lors il en vit pluzieurs, en prie vn seulement,
Frape, frape, dit-il, d'vn co[up], d'aveuglement,
Sire, ces Syriens, donne à nous la victoire,
La honte au Roy Payen, à ta dextre la gloire.
Dont plus pris que preneurs, ces escadrons perve[rs]
Ayants cloze la veüe, & les yeux tous ouverts,
Suivent le saint Profete, & menent d'Assyrie,
Proye au Monarque Hebreu, tout l'ost dãs Samari[e]

Conservatiõ du Roy, & de la France.

Les Anges sont campez pour les bons conserve[r]
Et des Roys vertueux les sceptres prezerver.
O France, tu l'as veu, quand au branle funeste
De ton panchant estat, par leur ayde celeste
Ton Roy, ton grand Pilote, opoza, courageux,
Sa promte reziſtance aux flots plus orageux:
Et bien que tes enfants, infidelles forçaires,
Quitaſſent du devoir les rames salutaires,
Il vainquit la tempeste : ainsi qu'vn haut roche[r]
Qu'on voit, se forjetant, sur la mer se pancher,
Qui des ondes se joüe, & mesprisant la rage
Des flots d'escume afreux, rõt la vague & l'orag[e]
Tu l'as veu, tu l'as veu, quand d'Arques & d'Iur[y]
L'Alexandre Chrestien, l'invisible Henry,
L'Astre du Ciel François, tout rayonnant de gloir[e]
Au milieu des hazards, emporta la victoire.
L'Angelique secours pour sa garde ordonné,
Qui l'ayant mis au trosne, a de luy destourné
Tant d'assassines mains, face durer en France
Ce serain, ce bon heur, qu'au prix de sa vaillance,
Ez perilleus marchez de l'honneur souhaité,
Il a, Roy magnamine, à son peuple acheté,
Que le calme printems de la Paix renaiſſante,
Apres le long Hyver d'vne guerre sanglante,

D

De ses douces odeurs nous venant resjouyr,
De pieté les fleurs s'espanouyr,
Udoyer du savoir l'immortelle delice,
Geonner la Concorde, & fleurir la Iustice.
Mais fay halte, Clion: là le soir de ce jour
Vt que son vol icy face vn peu de séjour.
Que commençât trop viste vn si lointain voyage,
Pantoise, à my-chemin, tu ne perdes courage.
N'semble aux Aquilons, qui d'abord irritez,
Ecommençants leur vol, font sans murs les citez,
Sans ombrages les bois, sans richesse la plaine,
Puis poursuivent perdants la roideur & l'haleine:
Mais ressemble aux Autōs, qui sans plus cōtēcāts
Esrotent les cheveux des saules tresmoussants,
Puis renversent des tours les pointes aiguizées,
Les sourcils des rochers, l'orgueil des Colyzées

Fin du premier iour.

SECOND IOV
DE LA SEMAINE
DE C.D.G.

VIS Dieu dit: Qu'il y
vne estendue entre
eaux, & qu'elle separe
eaux d'auec les eaux. D
donc fit l'estendue,
diviza les eaux qui estoyent sous l
stendue, d'avec celles qui estoyent
l'estendue. Et fut ainsi fait. Et Dieu a
pela l'estendue Ciel. Lors fut fait le s
& le matin du second jour.

Simili-
tude.
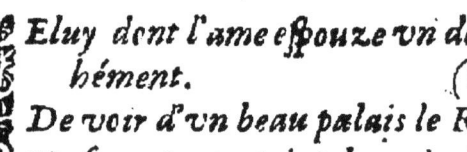Eluy dont l'ame espouze vn dezir
hément.   (nem
De voir d'vn beau palais le Royal
Ne se contente-point de voir les l
portiques.
Les jambages des huis, les porches magnifiques,
Les toits, les panonceaux, & des grands basse-co
Voir tout d'vn seul regard les hauts murs &
Ains il entre dedans, voit les sales parées, (to
Voit les beaux cabinets, les chambres peintur é
Les Termes bien assis, l'albastre damasquin,
Les marbres bien frizez, les lambris de Cethin,
Marche ez plâchers madrez, dans l'ophite se m

f de tout les logis les merveilles admire.
mesme ayants à voir de l'vn à l'autre bout,
plus belles beautez du palais de ce Tout,
n'est assez de voir par le seul frontispice
forme & la grandeur de ce bel edifice:
ns faut entrer dedans, & d'vn œil curieux,
courir tous les coins du Monde spacieux.
Ouvrier & possesseur d'vn bastiment si rare,
ine-moy par la main, que mon pied ne s'égare,
e mon sens ne se trompe, & la foible clairté
mon œil ne s'ofusque à si grande beauté.
que j'entre aujourd'huy dãs ces portes Royales,
e des airs estendus je vizite les sales,
qu'avant qu'il soit nuit, par les pieds de mes
mpe jusqu'au toit de cet ample Vnivers,
e Lecteur par moy desvoilé de nuage,
mire, en t'admirant, & l'ouvrier & l'ouvrage.
ñ ñ, ce lourd mõceau, ce songe horrible & faux
monde de laideurs, cet immonde Chaos,
nourrissoit fecond ; du Ciel porte lumiere,
de noz Elements, la riche pepiniere.
Celuy qui d'vn sommet commence à tresbucher
le roule tousjours de rocher en rocher,
oque de tronc en tronc, glisse de pente en pente,
les buissons mutins son visage ensanglante,
nvoyé deschiré, teste en bas culbutant,
un precipice horrible en vn autre plus grãd, (ste
dist tousjours ses sauts, & bõds sur bõds n'arre-
il n'ait crevé son ventre, escarbouillé sa teste.
usté en fait ainsi. S'estant precipité
haut de son dessein, dans vne absurdité,
s'elance en vne autre, ez haliers s'embarasse,
nd difforme son œuvre, & confuse sa face.
eu que (dont je me deuls) ayant pour fondement
son haut, toutesfois trop foible bastiment,

Le poete inuoque Dieu derechef, pour la description du second jour, & l'instructiõ des Lecteurs

Qu'on ne peut maintenant tirer du Chaos la Matiere premiere. Vne absurdité pozée, vne infinité d'autres s'en ensuiuent.

B 5

Posé le vain Chaos, sur ce sable mobile
De son œuvre il bastist le progrez difficile.
Veut de ce monstre morne à tastons cheminant,
La Matiere du Monde esclorre maintenant:
Faizant du monstre né de ce monstre terrible
Naistre dans nos esprits vn autre mõstre horrible
Et replongeant tou-jours le credule lecteur,
Par sa fausse doctrine, en la fosse d'erreur.

  Ie sçay-bien que pluzieurs dont l'age le deuãt
Ont ez rets de ce dogme enlacé leur croyance,
Croyants cette Matiere existante de fait,
Cire qui de soy-mesme est franche de cachet,
Et qui par les decrets du Chancelier du monde,
Prenant les premiers seaux, vient matiere second

  Ainsi la vieille Accõ, par-ce qu'ẽ maint endroit
Le soc du Tems rongeard sa face labouroit,
Demandoit se mirant, remede à son image,
Pour vnir les sillons de son rude vizage,
Et ne pouvoit penser que son ombre muet.
Ne fust d'vne autre femme vn discourãt portrait
Elle parle à soy-mesme, elle crie & recrie,
Et pour vn vuide objet se remplit de folie.
Voire errants au despart, tout de mesme ceux-cy
S'ils marchoyẽt plus avant, s'en rempliroyent aussi
L'erreur ne croist pas moins que l'espine rebelle,
Qui, quand le coutre aigu les chams ne renouuelle
Frustrant d'honneur la Terre, & l'hõme de ses dõs
D'vn seul tige drugeonne infinis rejettons.

Erreur de la subsistance de la Matiere premiere, contraire au na-

  De la matiere donq la nature certaine,
Et des œuvres divers de la main souveraine,
A bon droit contre-lute vn precepte si vain,
L'estraint, le tord, le pousse, & l'aterre soudain.

  De l'immẽse Artizã les mains doctes ouvrieres,
Ont en crẽant ce Tout, fait les choses entieres:
L'integrante partie, en naissant, s'enchainoit

A la

DE LA SEMAINE.

A la part qui l'essence à la chose donnoit.
Tant il fit en créant cette Matiere aisnée,
Que la forme luy fut pour compagne donnée:
Afin qu'aussi tost l'Estre illustrast ce sujet,
Cette cire eust sont seau, ce tableau son portrait.
Car elle aussi ne peut esclairer sans sa flame,
Tenir sans son mastic, ne vivre corps sans ame,
Ne peut estre sans Estre, & pour leur amitié,
L'une ny l'autre n'est sans sa chere moitié.
  C'est ainsi que l'enfant n'est sinon par le pere,
Le pere par l'enfant, le frere par le frere,
Le mari par la femme: ou n'y auroit d'eux tous,
Ny fils, ny geniteur, ny germain, ny espous.
  Mais ô Châtre Fraçois, qui nouveau nº revelles,
D'où que tu sois venu, des nouvelles Nouuelles,
Qui armes ô Gamon, contre les vieux erreurs
Non timide bras de tes jeunes fureurs:
Si ce grand Receptacle en Nature n'existe,
Conte-nous, conte-nous comment donc il subsiste:
Cours d'vn habile pouce au bourdon rezonnant,
Sur ton luc, si tu peux chante nous maintenant
Quel est ce corps sãs corps, & tout premier en Frã-
Tes Matieres nous dy la juste difference,   (ce,
Si tu veux afranchir d'vne docte fureur,
Et ta plume de blasme, & noz ames d'erreur.
  O fourvoyants esprits, ames préocupées,
Qui faites en pipant, gloire d'estre pipées,
Se vous perdez quitants le fil de verité,
Au labyrinthe obscur de vostre vanité:
Si de Honte le frain ne vous tenoit bridées,
Vous croiriez de Platon les fantasques Idées.
  Cette matiere donc, trop aveugles esprits,
C'est ce qui comme en blot par nostre sens compris,
De la forme premiere embrassant l'aliance,
Fait du corps naturel l'vniverselle essence.

turel
d'elle
mesme
& des
œuvres
de Dieu.

Que cõ-
me le
corps na
turel est
vn vni-

B 4

verſel, n'exiſtāt qu'ez ſinguliers, auſſi la matiere & forme premieres, qui le cōſtituēt, ſōt vniverſels, & n'exiſtēt qu'ez matiere & formes ſecondes & individuelles

Et qui ſon dos frilleux de ſa robe n'armant,
Deſnué, ne ſçauroit ſubſiſter nullement.
Car ſi le corps qu'ainſi la Matiere compoſe,
N'eſt hors des ſinguliers, vne certaine choſe
D'eſſence reveſtue, ains vn genre ſans plus
Roy deſſus mainte eſpece, & maints individus:
Auſſi ce grand patron, la Matiere premiere,
De ce corps naturel propre & ſeule matiere,
N'eſt point choſe non plus, qui ſans ſe voir parer,
Ny hors de la ſeconde, en ſoy puiſſe durer.
Ains Dame, qui pluſtoſt, en comprend generale,
Sous ſon ſceptre Royal, vne troupe vaſſale
D'animées, ou non, & ſous elles contient
Les matieres des corps que Nature ſouſtient.
Telle eſt celle qu'on touche, en touchāt ce volume
Ce papier labouré, cette carte, où ma plume
Trouve tant de matiére, en arrachant des cueurs
Le plant enraciné des dogmes abuzeurs.
Et ce ſont, (ô d'erreur ames par trop fécondes)
Ce ſont là proprement les matieres ſecondes,
Qu'on opoze à bon droit, pour leur eſtat divers,
A celle qu'on dit mere au ſuperbe Vnivers.

Comparaizon impropre rejetée.

Donques ne reſſemblant les Poulpes ny Protée,
N'imitant des François l'inconſtance eſventée,
Ny ne pouvant admettre, & non pas ſans raizon,
D'vne infame putain l'orde comparaizon:
Ains ne ſe façonnant cette Matiere vnique,
Qu'au moule imaginé d'vne ame fantaſtique,
Elle ne s'arme point d'immortels changements,
Pour le mortel diſcord des divers Elements.

Elemēts.

Or comme entr'eux ſe fourre vne guerre cruelle,
Pour eux, chere Clion, s'eſmeut vne querelle,
Entre Saluſte & nous. Nous ne mettrons pourtant
Encore au Xiſte ouvert qui cette eſcrime attend,
Puiſque pour deſmeſler cette querelle inſigne,

Le

Le cartel du combat autre champ nous assigne,
Que quand ce docte Ouvrier, qui ce Tout agença,
Les seconds Elements en leur place plaça,
Le feu bien qu'emporté d'une aile vagabonde,
Ne gaigna bluetant, le plus haut de ce Monde.
Que bien que l'Element sur qui nous rezidons
Se campa le plus loin du Ciel porte-brandons.
Ce ne fut pas de peur que du Ciel la vistesse,
De ravissants cerceaux meust sa froide paresse.
Mais ore estants portez sur l'aile de ce jour,
Dans le grand arcenal, où font triste séjour
Les horreurs du canon, les grenades du foudre,
Les bales de la gresle, & des frimas la poudre:
Il nous faut, mon Amour, d'un vol gayment leger,
Dans les plaines des airs maintenant voltiger.
Mais guindons entre-deux noz volantes aisselles,
Et de nostre ennemy laisson fondre les ailes,
Mieux vaut suivre Dédale en sa sobrieté,
Que d'Icare imiter la folle extremité.

L'Air est un Prince agile, un Monarque volage,   De l'air
Qui nous mötre ore un blanc, ore un more vizage,   œuvre de
Qui rit ore, ores pleure, or malade, ores sain,   ce jour.
Et Roy de trois estats tient trois sceptres en main.   Sa description.
L'air est cette Iunon, en puissance admirable,
Sœur du Ciel opulente, aux Mortels secourable:
C'est un tresbeau tresgrand, & tresriche miroir,
Qui les objectz divers fait sans fraude apparoir.
Plustost qu'un Element, cette vuide structure
Est du flot sublimé la quint'essence pure,
Qui se faizant subtile, obligea librement
Sa nature volage, aux loys du changement.

Ie ne puis qu'Empedocle icy je ne combate,   Sa qua-
Tulle & ce Pergamois trucheman d'Hippocrate,   lité.
Qui fōt l'Air du tout froid: & dōne à ceux l'assaut
Qui font ce clair palais de soy-mesme estre chaud.

B 5

Le Royaume des vents, estant chaud de nature,
Soufriroit violence en soufrant la froidure:
Et, qui pis est, tous-jours, tousjours la soufriroit,
Si tous-jours la froideur dedans l'air demeuroit,
Et si l'air moitoyen, en suivant leur croyance,
Des eternels hyvers estoit la rezidence.
Si de soy ce logis s'horribloit de froideurs,
Il soufriroit le mesme, en soufrant les ardeurs,
Soufriroit violence immortelle & mortelle,
Mortelle au bas plâcher, au plus haut immortelle.

   Esprits vuides d'esprit, Dieu n'imbeut nullemēt
De telles qualitez, tout ce grand baaillement:
Ains le fit propre au chaud, propre aux gelez orages
Selon l'estat divers de ses divers estages.
Estat pour qui tousjours se maintient chaleureux
Le membre plus hautain, le moyen froidureux,
Le bas brûle l'Esté, durant l'Hiver frissonne,
Est tiede le Printems, & muable l'Autonne.
Non pour maintes raizons que les feintes douceurs
Du Cygne au bord Gascō empruntent des erreurs.

Supreme region de l'air, chaude, nō pour les raizons de du Bartas.

   L'air donc, plus esleué n'ard de chaleur extreme
Pour estre de bien pres voizin du feu supreme,
Car ce feu ne fut onc: (comme sous la faveur)
Du Flambeau qui m'alume vne sainte fureur,
Toute ame pourra voir qui de sens est armée,
Qu'ē nous preschāt ce feu, lon nous paist de fumée,
Moins pour estre emporté d'vn ordinaire tour
Par le prompt mouvement du celeste séjour:
Car le Ciel ne meut point. Et quād il courroit ore
De l'Aube à l'Occident, du Ponant à l'Aurore,
De soy le mouvement l'ardeur ne peut cauzer,
(Car le Ciel, s'il mouvoit, se pourroit embrazer)
Ainçois souuēt l'ēpe, che, & souvēt mesme enfante
Les outrageux assauts de froideur violente.
Ainsi quiconque est seul la charge de son lict,

DE LA SEMAINE. 35

s'agite tousjours, la chaleur interdict,
d'un frequët mouvoir, bien souvët mesme apelle
la douce chaleur, ains la froideur cruelle.
claquette, il se sent le repos inhiber,
s yeux ne peuuent lors au sommeil succomber,
en loin d'estre plus chaud, & sa paupiere humide
gluer du sommeil du norme Epimenide.
Que si quelque chaleur naist du prôt mouuemët
st par le redoubler d'un aspre frottement,
ttement vain en l'air, si l'air suit volontaire
s bleus Temples du Ciel le contour ordinaire:
dinaire contour qui sans cesse roûlant,
oit en l'un & l'autre un mouvoir violent.
us grande absurdité que la main puisse escrire,
ureille puisse oüir, la langue puisse dire!
illeurs ce frotement, peut il, par sa roideur,
entre solides corps engendrer la chaleur?
fuzil matineux, de sa dent acerée,
it-il choir, à brins d'or, sa bluette etherée
drapeau my-brûlé, sinon qu'en se heurtant
corps solide & vif du caillou rezistant?
l'hoste des Autans, le logis le plus vuide,
Air qui cede à tous corps peut-il estre solide?
Ainsi n'ont ces raizons un rayon de clairté,
crayon d'aparence, un trait de verité,
ar la chaleur s'engendre en ce haut domicile,
nt pour estre basti de matiere subtile,
uzine des ardeurs, que pour ressentir mieux
ostre vertu secrette, ô chandelles des Cieux:
t qu'ayant sa rondeur des froids vents ignorante,
ont le vol deschainé les deux autres tormente,
loge, vray Ethna, les Cyclopes brûlez,
es vapeurs qui passants par les airs plus gelez,
ien souvët vrays enfants du Ciel & de la Terre,
orgent de Iupiter la foudre & le tonnerre.

Pour-
quoy
chaude.

B 6

De la basse region de l'air.

L'Air le plus bas est doux, quand sous noz soli-
La gétille Progné fait ses petits berceaux. (ueaux
Muable, quand souïllé de sa liqueur nouvelle,
Bacchus va chancelant de pieds & de ceruelle:
Froid, quãd l'Hiver au sein tiet ses doys escaillez,
Chaud, quãd l'Esté my-nu tond les chãs soleillez.
Mais non parce qu'alors les champs frapez reiettẽt
Tant de traits qu'icy bas dix mil Astres sagettent;
Ils le font bien l'Hiver, qui porte toutesfois
La leure fendillée, & tremblante la voix.

D'aleguer que les rais se renuoyants obliques,
Sont plus foibles d'hiuer, sont les vaines repliques:
Car obliques ou droits, si, comme il est tresclair,
Les Solaires flambeaux occupent tout nostre air,
Ils se refleschiront au cueur de l'Hiver mesme:
Des rais contre les rais naistra l'ardeur extreme:

pourquoy chaude l'Esté.

L'Hiver sera l'Esté: Mais la seule raizon
Dequoy plus embrazé que toute autre saison,
L'Esté grille les chãs: c'est que l'œil droit du mõde,
Haussant plus l'or brillant de sa flame feconde,
Regarde plus long tems, & darde plus d'ardeurs
Dessur le front des chams bazané de chaleurs.
Et ne pouuant des traits de son ardeur plus vive
Trapercer le corps dur de la terre massiue,
En l'air que nous puizons cette ardeur s'amassant,
Se multiplie autour, & tousjours va croissant,
Iusqu'à ce qu'Apollon, rechangeant de carriere,
Roûle, sur l'Africain son char porte lumiere.

Ainsi ô froids Teutons, voz poisles vernissez,
Eschauffẽt les planchers qui tost ne sont percez.
De là le chaud s'estend, & l'ardeur espanchee
Eschauffe tous les coins de la chambre bouchée.

De la moyenne.

Pour l'estage qui n'est ni le haut ni le bas,
D'une glace eternelle il ne frissonne pas:
Les Sages, la Raison, la seure experience,

Ne prestent leurs adueus à si vaine croyance.
  Pour en prouuer, Bartas, l'excessiue froideur,
Ne chante que la gresle y durcist sa rondeur:
Ta raizon, quoy que mesme Anaxagore en pense,
Panique espouuentail, n'a rien que l'aparance.
Ou vous estes tous-deux brûlants de volonté
D'opozer voz efforts contre la Verité;
Ou froids de peu de soin de sçauoir quel estage
Du cristal brizé espis cauze la dure rage.
Car l'air proche de nous, seul, congelle en tous tems
L'amas calamiteux des boulets craquetants.

Que tresmal est aleguée la gresle pour en möstrer la froideur.

  La region des airs entre-deux enfermée,
Non non, Bartas, n'est point de glaçons parsemée,
Froide excedant mesure: ains en comparaizon
Du froid qui dans châque autre à sa foible maizö:
Autant qu'il est requis pour gonfler transmuée,
La vapeur chaude-humide en espaisse nuée.
Et cauzer qu'Orion impetrant de nouueau
De son pere moiteux, de marcher dessur l'eau,
Dans l'air se mesconnoisse, & qu'aueuglé des armes
De la chaste Déesse, il tombe tout en larmes.

Cöment & pourquoy pl^9 trois que les autres deux.

  Mais penses-tu pourtant des fuites des ardeurs
Naistre dans l'air second ces humides froideurs?
Cette raizon fait bien par raizon aparente
La moyenne prouince estre la moins ardante,
Non frissonner pourtant de reelle froideur:
Tu le sçais Cheronée, & tesmoin non-menteur,
Dépozes que le froid n'est point la simple absence
De l'ardante chaleur, mais vne subsistance,
Qui d'vn réel effort, tousjours fait & refait,
Aussi bien que le chaud, par degrez son effet.

  Or l'humain jugement, aimant plus, miserable,
De bourdes se payer, que ployer, amiable,
Sous les forces du vray, nous couche, seducteur,
D'vne antiperistase en cette aspre froideur:

Que ce n'est par l'Antiperistaze.

Mais

Mais des airs du milieu la froideur ordinaire
Par l'antiperistase encor ne se peut faire.
Si ce froid rigoureux d'elle en l'air s'engendroit,
L'air auroit de nature en partage le froid,
(Qui du flãbeau du vray les clairs rayons n'ẽdure)
Car si ce flotant regne estoit chaud de nature,
Le logis metoyen des trainardes vapeurs
De par tout assiegé des voizines ardeurs,
En lieu d'estre plus froid par ces chaudes armées
Serreroit mieux en gros ses forces alumées.

   Mais ce qui de froideur rend tristement surpris
Les tremblotants climats du deuxiesme lambris,
C'est que l'ailé troupeau de maint froid meteore,
L'hydropique vapeur qui la chaleur ignore,
Des respirants nuaux les paresseux amas,
Et l'amas fremissant des aveugles frimas,
Ne trouvants dans les airs un plus propre repaire,
Font au moyen sejour leur sejour ordinaire:
Et froids le font transir d'un importun hiver,
Comme on voit refroidir & la Terre & nostre air,
Quand les Austres boufis, à pezantes guilées,
Des nuages rezoûts versent leurs eaux gelées:
Qu'en l'air vont au combat les freres furieux,
Que l'onde oste les chams, la nue oste les Cieux,
Et que, pasle de froid, au logis tu t'ennuyes
Des pluyes porte-vents, & des vents porte-pluyes.
Et ne faut s'estonner, si fondez sur raizon,
Nous dizons que des airs l'hivernale maizon,
Par son froid refroidist la vapeur pantelante,
Puis la vapeur en rend la chaleur plus cuizante,

Similitu-
des tres
propres.
D'hiver le chaud caché de noz corps engourdis
Donne de la chaleur aux habits refroidis,
Puis les habits doüez d'une chaleur plus forte,
Reschaufent beaucoup pl⁹ nostre corps qui les porte.
L'estomac cuizinier, par sa chaude vigueur

Eschau-

haufe tout ainsi la Bacchique liqueur,
is la liqueur Bacchique estãt plus chaleureuze,
nd du mesme estomac l'ardeur plus vigoureuze:
foye en est en braize, un feu rouge grimpant,
bordant l'œil qui nage, au front meurtri se rẽd,
nez d'ampoules gros le teint naif s'efface,
des sales boutons couperozent la face.

 Ainsi donc disposa l'Autheur de l'Vnivers   Meteo-
u bastiment de l'Air les estages divers: res.
fin que dans l'espars de ces chambres flotantes
nsent d'un vol pantois, deux vapeurs differẽtes,
i forgeants d'ordinaire ex boutiques de l'air,
s nuages, le vent, l'eau, la foudre, l'esclair,
res nous secourants, or' nous faizants la guerre,
nsẽt noz cueurs en haut, & nostre orgueil à terre.

 Quãd donc une vapeur à languissans roûleaux,   De la
ort du lict paresseux des croupissantes eaux,   bruine,
Que la nuict & le froid ont englué son aile,   ou
lle ternist le jour, vernist l'herbe nouuelle.   broüil-
Mais quand de la vapeur les sillons tournoyants lard.
Guindent plus haut leur vol dãs les airs ondoyãts,   De la
Elle blanchist de glace, arroze de perlettes,   rosée &
En Hiver les dezerts, au Printems les fleurettes.   glace.

 Dans les bois Hydriens, l'Esté cette vapeur,   De la
Par les nocturnes feux moderant sa chaleur,   Manne.
Se cuit en pain celeste, en grumeaux donne-vie,
En perles de Nectar, en sucrée Ambrozie.
Ambrozie, Nectar, grumeaux, celeste pain,
Des naturels doüillets le secours souuerain,
Et de qui les douceurs nous dispensent benines,
De l'amere saueur des Pontiques racines?

 Et quoy? celestes pleurs, quoy? boulets crystalins,
Qui benins, arrozez, qui destruizez, malins, (terre.
Plourez-vous sur les chams, greslerez-vous sur
Me celãts vostre azur, me cachants vostre verre?
                 Pluye,

De la pluye, & refutatió touchant sa procreation.

Pluye fleuve celeste, & rente d'ici-bas,
Quoy que chante Saluste, ez nuaux tu n'es pas
En eau desja formée, & ton flot ne se pousse
Vers ses ayeux pressé ny poussé de secousse,
Tandis que ta vapeur fait son sejour errant
Dans l'estomach enflé du nuage courant,
Elle n'est encor eau, car le nuage humide
Ne peut porter le poids de ton fardeau liquide.
Mais ta vapeur vient eau, quand espaisse, elle sort
Du regne où les hivers ont leur aspre ressort,
Contrainte à quitter l'air, pour retourner à l'onde,
L'Element où pour lors tu reviens vagabonde.

Cóment s'engēdre la pluye.

Ton humeur faite donc par la Lampe du jour
Chaude, mince, & subtile, arreste son sejour
Dans ces airs où le froid a sa chambre tremblante,
Où devenant apres, froide, grosse & pezante,
Tu nais en larmoyant, & lors tes pleurs soudains
Tūbēt dru, par cēt trous, au sein de leurs germains.
Comme au creux alambic la vapeur qui côtourne
Par le chaud esleuée, en la chape sejourne,
Et la trouvant frilleuze, au prix de la chaleur
Du ventre vaporeux, aquiert de l'espaisseur,
Puis par le bec courbé, toute en liqueur vtile,
Dedans le receptoir goute à goute distile.

Refutatió touchāt les grenoüilles de la pluye.

Par fois quād de tes pleurs les chās sōt abreuvez
D'azurez grenoüillons noz guerez sont pavez.
Non parce que l'humeur voltigeant dans le vuide,
Comprend le froid, le chaud, & le sec, l'humide,
Pour les créer dans l'air: ou parce que les vents,
Trainants leur long balay sur la face des chams,
Amoncellent là haut quelque poudre feconde,
Dont ce genre boüeux puisse sortir au Monde:
Titan de la Nature enfraindroit les edits,
Si ces parents morveux des crapauds engourdis
De ses feux s'engēdroyent, pour culbuter, humides,

Parmy

Parmi l'ondeux azur de tes larmes liquides.
Mais par ce que tes pleurs sous l'estivale ardeur,   Cóment
A grand's goutes brunchants de la moite vapeur,   elles
Tumbent ez gras terroirs, souuent en peu d'espace,   s'engen-
Ces baueux animaux germent dessur la place: drent.
S'eslevants tout ainsi que les noires souris,
Qui s'ëgendrët du chaud dans les chesnes pourris,
Groüillãts dãs les vieux trõcs des forests hérissées,
Dont le fer n'a souuent les branches renversées.
Ainsi du chaud terrestre humecté de tes eaux,
Naissent plustost qu'ë l'air ces cöassants troupeaux:
Tous les chams sont jonchez d'vne escadre vilaine,
Et les poissons chantants sautent parmi la plaine.

   C'est ce peuple enroüé, qui gazoüillant, ioyeux,   Presa-
La teste hors de l'eau, par les marais bourbeux,   ges de la
Nous prédit ta venue, ainsi que l'Arondelle,   pluye.
Frizant l'azur des lacs des cerceaux de son aile,
Et que les bruns scadrons des surannez Corbeaux,
Redoublãts leurs vieux cris, noᵉ prezagët tes eaux.

   Ainsi quand au matin la douloureuze Orfraye,
Les hauts sommets des Tours d'vn chant funeste
   effraye,
Ou quand l'oizeau du jour, pour sa grãde chaleur,
Des esparses vapeurs sentant ja la fraischeur,
Gay, chãte en heure indeüe: ou les meres glossantes,
Concubines des Coqs, s'espluchent couuassantes:
Les pleurs des tristes airs largement s'espanchans,
Feront bien tost nager de riuieres les chams.
Ainsi quand à couvert fuit la morne Choüette,
Quand au marbre des eaux se plonge le Moüette,
Quand nuds, rampent les vers, ou de son large nez
La genisse béante a les vents halenez.
Mesme lors que chez nous pëdãt la nuit ombreuze,
Pepetille à boüillons la lampe lumineuze,
Et pour l'air embroüillé d'vne humide vapeur,
Ses rayons hebetez sommeillent de langueur:

                            Ce

Ce sont signes certains que bien tost sans rivages,
Les torrents desbridez fendront les labourages.
Non moins que si Phebus, sortāt honteux de l'eau
Portoit dans le Ciel triste vn nebuleux flambeau,
Ou la mere des mois, d'vne pasle couronne
Cernoit les nouveaux feux que son frere luy dōne.

La gresle.
 O boulets, qui du Ciel sur terre bondissez,
Qui desbrizez noz seps, qui noz bleds fracassez,
Qui de nostre grand mere ostants la cheveleure,
En cruels diamants eschangez sa pareure:
Froide & blanche sandrée, ô gresle, si je dy
Que tu ne prens naissance en l'air plus refroidy,
Mais en l'estage bas: ma croyance non vaine
Suit du Stagiritain la doctrine certaine.

Non engendrée où dit du B.
Ne nais-tu pas, meschāte, en l'air que nous humōs,
Voire quand plus l'ardeur brazille en noz poumōs?
Car l'humide froideur des goutes distilantes,
Se voyant assieger des forces violentes
De cette aspre chaleur, qui va lors enflamant
Le plancher le plus bas du venteux bastiment,
Se retire en soy mesme, & ses forces ramasse,
Et lors des larmes d'eau fait des larmes de glace,
Le fleau celeste bruit, fait mentir, punisseur,
La promesse des chams, l'espoir du laboureur,
Rend plustost mort que né l'enfantemēt des arbres,
Pave les bois de feüille & les chemins de marbres.

De fait, l'on voit plustot ton grezil s'eslançant,
Quand du Printems jà mort l'Esté va renaissant,
Que quand l'Hiver grizon respirant mainte nüe,
Hérisse les poils blancs de sa teste chenue.
Et plustost quand Titan sur nous ouvre ses yeux,
Que quand la froide nuict seme d'Astres les Cieux.

De la neige.
Quand la vapeur se gelle, elle t'ūbe, & la plaine
Vest sur son dos frilleux vne robe de laine:
On voit sans bruit quelcōque, en nos chās devaler,
Mar

Marcher sans aucuns pieds, & sans ailes voler,
Vn camp vestu de blanc, qui par-tout s'esparpille,
Qui soudain s'espaissist, tous noz herbages pille,
Couvre d'vn teint noz chãs, se bloque dãs nos bois,
Noz murailles eschelle, & monte sur noz toits.   Des vẽts

   Pour vous, vents emplumez, Eolides gẽdarmes,
Qui dãs le chãp des airs faites bruire voz armes,
Si je dy le respir qui vous rend animez,
Ne s'engendrer sans plus des feuz au Ciel semez,
Ains de l'interne chaud de la Terre féconde,
Ie rends Saluste errant, & sans erreur le Monde.
Car lors que l'Hiver marche, horrible, à pas trem-
Sãs poil, ou s'il en a mõtre des cheveux blãcs (blãts
Que Phebus loin de nous ses grand's flames estale,
La Terre nonobstant mesme fumée exhale:
Des vents sortent des champs de nege enfarinez,
Ez climats & du Taur & d'Atlas voizinez:
Nõ moins que quãd l'Autõne, ou la saisõ nouuelle
Du Delphique brandon sent l'ardeur annuelle:
Et des esprits soufleurs souvent naissent divers,
Des fleuues, des estangs, des palus, & des mers.

   C'est pourquoy l'impiteux de l'horrible Tormẽte Tormẽ-
Esbranle de Doris la campagne escumante,   te causée
Quand le chaud sousterrain non la Solaire ardeur par eux.
(Qui ne sauroit des mers trapercer l'espaisseur,)
Vomist des grãd's vapeurs, qui se poussẽt, profõdes,
Hors de l'immense fond du Royaume des ondes.
Lors les fiers ennemis du serain escarté,
Accordants au destin du Nocher agité
Son importun vouloir, sortent de leur caverne,
Poussent les flots au Ciel, du Ciel jusqu'ẽ l'Auerne,
Sillent dezesperez, crayonnent mille horreurs,
Et sont du gouuernail les tristes gouuerneurs.

   De ses soûpirs ailez la troupe vagabonde,   Leur di-
En quatres égales parts s'est partagé le Monde: stinctiõ.

Au Nort l'Arctique escheut, la fraiche Aurore à
Au Sud l'ardēt Midi, le couchāt à l'Oüeſt. (l'Eſt
Mais faizants comme vn Roy, qui liberal partage
Son trop ample Royaume à ſon noble lignage.
Châcun diviẓe à deux de ſes flancs s'engendrants
Et ces deux à pluzieurs, ſes Royaumes trop grands
Nō pourtāt qu'infinis ſoyēt ces corps reſpirables
Pluſtoſt pluſtoſt le ſont tant d'erreurs deceuables
Qui faizants apres eux mon gozier alterer,
A châque bout de champ font Saluſte égarer.
Celuy qui ſur Tethys d'ailes boufantes vole
Du ponant au Leuant, du Midi iuſqu'au Pole:
Ny ſe docte quadran des Patrons le patron,
N'ont de ſi vain præcepte enſeigné la leçon.

Leurs divers effects.
Les vēts ſont de Phryné les oyzeaux veritables,
Ce ſont ces vrays Géans, ces Titans indomptables,
Qui touchent, terre-nez, du chef le Ciel panchāt,
D'vn bras l'Aube au crin d'or, de l'autre le Cou-
Tātoſt ſelō la part d'où leur pou̇m ō haleine, (chāt.
Ils rendent verds les prez, jauniſſante la plaine,
Or' leur bouche s'enflant d'effroyables aboys,
Egale au Ciel les mers, à la Terre les trois.
Or' leurs armes dans l'air ſe choquants peſle meſle
Bordent le Ciel d'humeurs, heurtent les champs de
greſle.
Ores leur ſoufle rend les climats ſans froideurs,
Sans roüilleure les airs, les terres ſans moiteurs,
Et ſerain, fait boufer à toiles ampoulées
Les panaches des naus ſur les plaines ſalées.

Des exhalaizons.
Mais que voy-je dās l'air? Quel Trait eſtincelāt
Quel Dragō, quel Chévrō, quel Chévreau ſautelāt
Et ſurtout quel flābeau ſur noz teſtes flamboye?
Quel eſclair ſubſiſtant ſous les Aſtres ondoye?

De la Comete.
Eſt ce point la vapeur non dans l'air s'enflamant,
Soit du branle du Ciel, ſoit du haut Element,

Comme

Comme chante Bartas, ainçois que l'œil Solaire,
Dont opozite elle est, le plus souvent esclaire?
Est-ce point ce Flambeau, dont le feu tout sanglãt
Se plaist à menacer d'vn lustre brandillant,
Les campagnes, les mers, les villes, les villages,
De tempestes, de vent, d'esmeutes, de pillages?

C'est se rendre complice à l'erreur monstrueux, *Qu'elle*
De dõner du prezage à l'Astre aux longs cheveux: *ne pre-*
Plus encor de penser que son crin porte flames *sage.*
Par son branle incertain doiue esbranler les ames,
Cauzer perte aux pasteurs, porter la gresle aux blez
L'orage à la marine, & le trouble aux citez.

Ie say que de Iunon c'est l'enfant veritable,
C'est bien le vray Vulcã, nõ vn Dieu formidable.
Tesmoins les vieux Romains, à ses crins nõ mortels
Ains doux envers Auguste, erigeants des autels.
De fait Vespasian reprit, comme ennuieuze,
La tourbe luy montrant vne estoile crineuze:
Ce crin n'est point pour moy, dit Cesar qui s'en rit,
C'est pour le Roy Parthois qui lõgs cheveux nourrit.

Que si depuis que l'Astre à tort nommé funeste,
A commencé briller sous l'arcade celeste,
Tandis qu'il rougissoit, quelque accident nouveau
Se trouve estre arriué, qu'en peut mais ce Flãbeau?
Quel est l'archer dont l'arc de descocher ne cesse,
Qui quelque-fois au blanc ses sagettes n'adresse?
Qu'est il de plus trõpeur que l'art de l'Hydromant,
Que ce que d'yeuz sillez nous voyons en dormant,
Que l'Auspice afronteur, que le vain Aruspice?
Toutes-fois bien que là le mensonge se glisse,
Est arrivé souvent le prezage nouveau
Des entrailles, du vol, des sõges & de l'eau:(Astre,

Puis où voit-on que Dieu nous ait prescrit cet
Pour predire aux Humains quelque inhumain de-
zastre?

Veut

Veut-il que nous lizions dans les airs agitez,
Non dans les saints fueillets, ses sainctes volontez?
Combien voit-on de fois que le Tout-puissant jette
La Comete sans maux, & les maux sans Comete?
 Quels troubles plus soudains, quels orages plus
  grands,

Exéples signalez.

Quelle Parque plus noire, & quels maux plus san
 glants,
Vit jamais le Soleil, que ceux que dans Hongrie
Fit en despit du Ciel, l'exécrable furie
D'Otoman Solyman, le bras des Asiens,
L'infidele ennemy des fideles Chrestiens,
Quand pour rendre du tout sans bords sa tyrannie,
Cinq cents mille soldats vindrent en Pannonie?
Quand des Hógres lon vit les puissants bouleverts
Mais bouleverts puissants du Chrestien Vnivers,
Iule & Ziget surpris, souffrir qu'Otoman entre,
Embrazāt iusqu'au faiste, & razāt iusqu'au cētre
Quels meurtres plus cruels que ceux des offēseurs,

Descripsiō de la pitoyable perte des villes de Iule & Ziget.

Qui tous souillez de sang, tous mouillez de sueurs,
De navreures couvers, marques de leur courage,
Et bréches pour donner à leur ame passage.
Changerent, massacrez ce manoir tenebreux
Au tresluizant sejour des Esprits bien heureux?
Vie heureuze vrayment de telle mort ravie?
Vrayment heureuze mort, source de telle vie!
Et sang heureux vrayment, quand il se dispersa,
Pour Christ qui tout premier, sō sāg pour eux ver-
Quels plus durs traitements, quels traits plus (sa!
 dezhonestes,

Du ravage du Turc.

Que de ces rudes-cy non plus hommes, mais bestes,
Non bestes simplement, mais Lions forcenez,
Voire & non pas Lions, mais Diables deschainez?
Lors que prestāts l'aureille au conseil de leur rage,
Ils mirent sous le joug d'vn infame servage

n monde de Chrétiës, entrainants cõme agneaux,
Les vierges au serrail, aux ceps les jouvanceaux?
La fidele Province au meurtre des siens nage,
L'œil ne voit de par tout qu'un horrible carnage,
Qu'un naufrage des corps dans leur sang se noyäts,
Qu'un furieux briller des glaives flamboyants,
Que cadenes, que fers, qu'un lac de pleurs ameres,
Et l'aureille n'oit rien que les plaintes des meres,
Que les crys des enfants, des maizons les esclats,
Les sanglots des mouräts, les clameurs des soldats.

 Figurez à voz yeux quelle grande levée
Des scadrons qui de Christ vont portants la livrée,
Pour relever l'honneur du Sauveur porte-croix,
Et le Chrestien Cesar des extremes abois!

 Quel Comete pourtant dispensateur des terres,
Homicide des Roys, alumette des guerres,
Fut nonce ny moteur d'un chaplis si mortel,
Ny de la mort en fin d'un Tyran si cruel?
Certes, tãt que les mers boüilliront d'eaux salées,
Que les monts seront hauts, & basses les valées,
Soit que l'Astre au lõg poil s'esbrãle sous les Cieux
Soit que son feu brillant ne treblote à noz yeux,
Par un ordre fatal de la sage Nature,
Les uns viendront au monde, autres en pourriture,
Voire on verra la Mort, rangeant tout sous ses loys,
Egaler aux boyaux les septres des grands Roys.

 Que si pour avoir veu cette flame crineuze
Durant maint cas sinistre, on la croid dezastreuze,
On pourra croire aussi que l'arc qui peint les airs,
L'image du Soleil, les messagers esclairs,
Et le vaste canon qui dans l'air moite gronde,
Enfantent les malheurs qui lors naissent au Mõde.
L'un cependant qu'il tonne, est de fiévre asseché,
L'autre roûle d'un toit, l'autre à coup tresbuché
D'un chariot branlant, dont le timon se casse

Et

Et l'aißieu se deboite, ensanglante sa face,
Dans les longes s'empestre, & par force tiré,
En cent menus lambeaux est des rocs deschiré!
Mais pourtant dira-ton la vapeur grommelante,
De ces divers malheurs la cauze efficiente?

<small>Histoire deplorable.</small> La Lune a par six fois acompli sa rondeur,
Dez qu'une tendre mere à son triste malheur
Lauoit un sien enfant, de ses mains retrempées
Au remuant cristal des ondes recrespées:
Elle oit l'autre à l'escart, mille cris espandant,
Elle a peur, elle y court, mais luy cheu cependant
Sur le couteau qu'il porte en sa main innocente,
Insere dans son corps l'alumelle tranchante.
Vn torrent empourpré de son sein dévala,
Son vizage paslit, son ame s'exhala:
Semblable au ieune lys, qui mol, panche la teste
Sous la froide espaißeur d'une roide tempeste:
Il se ternist, s'asseche, & plus n'a cette fleur,
Ame qui donne teint, basme qui donne odeur.
Lors la mere remplit pour si soudains alarmes
Ses propos de soûpirs, ses lumieres de larmes,
Le prend, baize, & relaue en son pleur qui, roûlant
Trace une humide orniere en son sein pantelant.

Ainsi de pleurs noyée, à lautre elle retourne,
Elle le void dans l'eau, l'eau funebre l'entourne.
Ià le feu de son ame en l'onde s'est esteint,
Elle outrage son poil, dezhonnore son teint,
Et voyant que le flot ses enfleures refronce
Sur le corps paslißant, qui se léue & s'enfonce,
Abaißant son espoir, & ses cris eslevant,
Fait rebruire à l'Echo Mon enfant, mon enfant!

Lors le pere frapant, pour ses joyes esteintes,
La Terre de ses pieds, le Ciel de ses complaintes,
De ses mains sa poitrine, arrive, transporté,
Sur son poil jà chenu jette un ongle irrité,

E

Et dās son cueur my-mort sentant sa douleur vive,
De parole & de coups offence la chestive,
Pauvrette! Le malheur la suiuant jusqu'au bout,
Se sert de sa moitié pour desfaire le tout.
Le malheur d'ordinaire, à pas inexorables,
Tel que le chiē hargneux, court sus les mizerables.
Son ame de regrets surcharge ses douleurs,
Sō cueur d'aspres sanglots, ses yeux d'ameres pleurs.
Elle veut s'excuzer, en vain elle s'escrie,
Ses cris n'obtiennent rien au profit de sa vie:
Si biē que sous l'horreur des coups s'entre-suivāts,
Son corps s'en va par terre, & l'esprit par les vents.
Quoy plus? Le dezastré paissāt ses yeux humides
De l'estrange forfait de ses mains homicides,
Ayant desjà privé son mal de guérizon,
Son ame de l'amour, son sens de la raizon,
Cherche dans le conseil de son courage impie
A vanger sa disgrace aux despens de sa vie,
Il tempeste, il forcene, en criant, Malheureux,
Puis-je orfelin des miens, voir le Ciel rigoureux?
Si ma main n'a daigné pardonner l'innocence,
Doit-elle pardonner ma detestable offence?
Et pressant son gozier d'un laqs qu'il esleva
Clost la voye à la voix, & son esprit s'en va.

  O prodige! ô malheur! Mais de si triste chose
Donron-nous imprudents aux Cometes la cause?
Tel cas est toutesfois. Et moy mesme pendant
Que de ces maux nouveaux je traçois l'accident,
N'en ay je point soufert? Quelles fleches recelle
Dans son maudit carquois la Fortune cruelle,
Quels orages mutins à puissants bataillons,
Tient-elle ez antres creux de ses fiers tourbillons,
Quel mortel aconit portent les mains despites
Dans le fond plus amer de ses boites maudites,
Quelles gresles peut-elle eslancer de fureur

Des maux & infortunes de l'auteur mesme.

Des nuages plus noirs de sa cruelle horreur,
Dont je n'aye esprouvé d'une ateinte trop vraye
La tempeste, le fiel, la bourrasque, la playe?
Ha! pertes de fortune, ha! soucys trop cuizans,
Ha! trop soudaine mort des auteurs de mes an
Me laissant un procez, miserable apanage,
Vous en estes un seur, mais fascheux tesmoignag
Cōment est-ce, ô vray Dieu, que tant d'estōneme
Tant d'assidu travail, tant de cruel tourment,
Tant de tort, tant de mal, tant de melancolie,
Minant mon foible corps, n'a terminé ma vie?
Comment las! accablé de malheur sus malheur,
Bastiroy-je, robuste, onques des vers d'honneur?
Cōmēt ne pouvāt-point nōbrer tous mes encōbr
Puis-je mesme ajouster les paroles aux nombres?
Aussi combien de fois ont mes plaints dezolez
Importuné de crys les lieux plus reculez?
Les Pans habite-monts les ombreuzes Dryades,
Les Sylvains corne-pieds, & les moites Naiades,
Ont apris mes regrets! Voire & jà mille-fois,
M'ennuyant d'ennuyer de mes plaintes nos bois,
I'ay souhaité finir mes larmes & ma vie,
Par les vagues dezerts où plus l'herbe est fanie,
Où les Tygres, les Loups, & les Ours vont rampāt
Où les prez venimeux bouillonnent de serpents,
Où gemist la Frezaye. Et d'exil volontaire,
Vray citoyen du Monde, ay souvent voulu faire
Comme Socrate fit soy-mesme bannissant,
Comme de gré Solon Athenes delaissant,
Et Rome Scipion. Voire & mesmes encore,
Sans vous sacré troupeau, sans vous, Sœurs qu
　　j'honnore,

Que　Sans vous je le ferois. Tant mes tristes malheurs
c'est fo-　Font mon espoir petit, & grandes mes douleurs!
lie d'e-　Mais le voile d'erreur coiferoit bien mon ame,
　　　　　　　　　　D'e

D'en acuzer cet Astre, & non l'Enuie infame,   stimer
Non l'impiteuze Mort. Car estant naturel,   que tous
Ce feu ne naist dans l'air pour nous estre cruel,   ces maux
Non plus que tant de feux que l'artiste Nature   soyent
Dans le tableau des airs portrait d'autre figure.   venus
Ainçois l'hoste des vents, ayant plus de santé   des Co-
Vuide de puanteurs, que plein de saleté,   metes.
Cet Astre est bien-heureux, car les ordes fumées
Qui font malade l'air, sont par luy consumées.

    Cesse je te supply, cesse donc maintenant
D'aler de ce brandon le vulgaire estonnant:
Contente-toy, Bartas du mal qui te tourmente,
Quite aux Ethniques vains cette vaine espouvā-
Et du moins au sortir de ce songe évident, (te:
N'embarque noz esprits en un autre plus grand: Du ton-
Ne nous conte qu'un feu renclos dans la nuée,   nerre.
S'esteignant par le froid, fait l'horreur enroüée
Du tonnerre grondant la voix de l'Eternel,
La bombarde d'Esté, l'effroy du criminel.

    Empedocle, ny toy, surpris d'erreur extresme,   Qu'il ne
Ne pesez voz raizons auec la raizon mesme: se fait
Car l'esclair tresmoussant, qui cōme un feu se voit,   cōmme
Comme une orde fumée à noz yeux paroistroit.   dit du
Mais la vapeur souphreuse, en prizon retenuë   Bartas.
Dans la moite espaisseur de la pendante nuë,   Cōment
Cerchant sa liberté, romt sa geole, s'enfuit,   se fair.
Forcene, & fend le Ciel par un horrible bruit,
Ainsi que la vessie un son dans l'air esléue, (ve,
Lors que pleine d'esprit, d'un coup roide on la cré-
Ainsi fait ce petard, qui brasmant par les airs,
Semble eslocker les murs de ce large Vnivers.

    Que si telle vapeur, à secousses frequentes,   Des mar
Heurte de sa cloizon les murailles flotantes,   monne-
L'air de bruits se crevasse, un trainard muglement   méts de
Court par les bleus recoins du venteux bastiment: l'air.

Bruyant murlant, roûlant au vagabond nuage,
Comme bruit sur le bord d'un murmurant rivage
Vn branlant chariot, qui rou-roûle pressant
Les caillous inégaux d'vn fleuve gemissant,
Ou côme vn Austre enflé qui grômelāt, bourdonne
Dans les feüillus rameaux des chesnes de Dodone.

De la foudre.

Mais si dans l'air tonnant la seche exhalaizon,
Se rendurcist, & sort fracassant sa prizon,
Vn dard ailé de flame, vne ronflante foudre,
D'vn effroyable esclat, met les rochers en poudre,
Met noz gerbes en feu, noz buschers en tizons,
En tronçons noz forests, en cendre noz maizons,
La terre fend de peur, les Ourses indomtées
En frissonnent d'horreur sous les roches voûtées,

De l'esclair.

L'air paslit, l'onde en boust, en trēblent les Enfers,
Tout le Ciel s'en entr'ouvre, vne presse d'esclairs
Sort du froissé nuage, & leur couleur vermeille
Frape plustost nostre œil, que le son nostre aureille.
Car l'œil reçoit soudain les obiets de son sens,
Mais aux plys de l'aureille il faut vn peu de tems.
Aussi voyant de loin dans l'espais d'vn boccage
Vn bucheron courbé fendre vn chesne sauuage,
Tu vois donner le coup plus soudain que tu n'ois
Des navrenes du tronc la gemissante voix.

Des autres impressiōs de l'air.

I'oubliray maintenant la fantasque Couronne,
Qui droit sous ses rayons vne nue environne,
Quand ne pouuant percer son espaisse rondeur,
Ils s'espanden ez bords de sa ronde espaisseur.

I'oubliray cette Iris au bigarré vizage,
Qui des rayons frapants sur l'opozé nuage,
Esmaille vn demy cercle & peind l'air en plissant
Vn arc, fils de merveille, arre du Tout-puissant.
Et vous tairay, flambeaux, ainçois idoles vaines
Figurāts maints soleils, & maintes Lunes plaines
Quand Phebus, ou sa sœur, darde à costé ses rai
Com

Contre le front vni des nuages espais.

Aussi nul est vostre estre, aussi vain vostre ima-
Qu'est de maint faux prodige incertain le prezage, (ge,
Pour qui Bartas s'esmeut: sêblable à qui voudroit
Pour prodige obseruer quelle part voleroit
Vn leger moucheron, qui, lors que l'esté grille,
Autours des creux palus du bas Poitou brandille.
De fait, l'huile, le lait, le sang coulant des Cieux,
Ne sont contre Nature vn cas prodigieux,
Ne sont sang, huile, lait. Car la terre blanchastre,
De ses moites vapeurs teint la goute en albastre,
La grasse fait la pluye à l'huile ressembler,
Et la rouge la fait côme en sang découler. (vapore,

D'ailleurs, par fois l'humeur qui en pleurs s'e
Selon l'estat de l'air, en tumbant, se colore: (corps,
Comme l'eau que mal-sains hument claire noz
Par l'urine souuent sort rougeastre dehors:
Et l'eau qui sans rougeur bout sur la flame viue
De la buée, enfin sort en rouge lessiue.
Aussi ne peut donner ce que sans fermeté
Nature a fait par fois, nul indice arresté,
Et de ces teintes eaux n'est moins faux le prezage
Qu'est faux ce feu qu'ô pêse auoir eu pour partage
De celuy dont la main distingua l'Vniuers,
La haute extemité des frontieres des airs:

De ce feu mensonger les ondes inconnues
Ne cheuauchent le dos des plus hautaines nues,
Tesmoins les saincts escrits, le fameux Samien,
Le trois fois grand Mercure, & le Roy Bactrien.
Ce corps imaginé, cet Element volage,
N'oze de la raizon regarder le vizage.
S'il auoit dans l'espece vn logis arresté,
Ce feu seroit charbon, flame ou simple clairté.
Mais rien moins n'est ce corps, ains cet ombre im-
    palpable:

Que les pluyes prodigieuses ne sont à obseruer pour presages.

Contre le feu Elementaire, combatu premieremêt par la raison puis par tesmoignages. La raisô a deux fondemments.

SECOND IOVR

Le premier la nature du feu, qui cõprend l'espece du feu, & les proprietez. Par l'espece il faudroit qu'il fust ou charbõ, ou flame ou simple lumiere.

Car s'il estoit charbon ce charbon improbable
Seroit esteint ou vif:si esteint, il faudroit
Que ce feu ne fust feu:si vif, il reluiroit:
S'il luizoit il faudroit qu'il esclairast les choses
Sous l'esparse rondeur de sa lumiere encloses.
Car tout corps reluizant doit verser rayonneux,
Dessur les corps voizins ses rayons lumineux.
 D'estre flame, il ardroit l'ardeur seroit luizante,
Ce lustre respandroit sa lumiere plaizante,
La respandant, Saluste, il illumineroit,
Et nous illuminant, chaud, il eschauferoit.
Or il n'eschaufe-point,n'eschaufant n'illumine,
N'illuminant n'espard sa lumiere benine.
Ne l'espandant ne luit, ne luizant-point ainsi,
Il n'ard point, n'ardant-point il n'est point flame
 Si pour te despestrer,lumiere tu l'appelles,(aussi.
Tu ne vas que plus fort embarassant tes ailes,
Toy mesme te perdant,tout ainsi que l'oyzeau
Surpris dans les gluons au coulant d'un ruisseau,
Qui plus il bat de l'aile,& plus voler s'efforce,
Plus son aile il englue,& plus perd de sa force.
Iusques à ce qu'enfin sur son duvet craintif
Il sent les doys crochus du chasseur atentif.
Si ce faux Element estoit simple lumiere,
Noz yeux apercé vroyent sa splendeur coutumiere.
Par les plaines de l'air, quand fasché de travaux,
Phebus a dans Neptun dételé ses chevaux,
Que la Nuit,sommeillant, moite, tiene embrassées
Sous son plumage noir, les campagnes lassées:
Et mesme quand Phebé sous le verre de l'eau,
Ne fait-point brandiller son liquide flambeau.

Qu'estãt tel, la nuit ny les eclypses n'auiẽdroyent.

 Ainsi la fraiche Nuit, de son aile brunette,
N'espandroit le doux somme en la Terre muette:
Son teint ne cacheroit des terres la beauté,
Les Astres n'esclairants de leur lustre emprunté

Le

Le tardif chariot de leur mere dormante,
N'atiediroient du jour la chaleur precedente.
Le Loup joyeux de sang, le Hibou malheureux,
Escumeur de la nuit, hoste des bois ombreux, (bres,
En-vain cerchât l'espais, en-vain cerchant les om-
Des plus obscures nuits, des forests les plus sombres,
Feroit sonner ses pieds, feroit pleindre sa voix,
Tousjours de jour ez chãs, tousjours de jour ez bois.
Et vous, Eclypses, vous, retardements Solaires,
Et vous, tristes defauts des resplendeurs Lunaires,
Rebouschãts les rayõs des deux Lampes des Cieux,
Ne pourriez desrober la lumiere à noz yeux.
Mais vous leur desrobez, & faites voir sans peine,
Dans le miroir du vray cette fausseté vaine.
Ainsi ce foible effort n'establist fermement
Dessur le troisiesme air ce quatriesme Element.
Car comment seroit clos en cet enclos supresme,
Vn feu du tout forclos de ses especes mesme?

Mais si ce feu non feu de l'espece ne tient, *Proprie-*
Des propres qualitez non plus il ne retient: *tez du*
Car la proprieté plus au feu convenante, *feu qu'il*
Voire en degré Royal, est la chaleur ardente. *n'a non*
Que s'il armoit ses rais d'vne ardente chaleur, *plus.*
Il auroit jà flestri des Elements l'honneur,
Consumé, ravissant, le Monde sous-lunaire.
Qu' l'air scintileroit d'vne braize ordinaire.
Dont tousjours par les airs, de son cours ondoyant, *Descri-*
Asope poursuivroit Iupiter foudoyant, *ption de*
Et verroit enlever par le dardetonnerre *seche-*
Sa fille amour du Ciel, & beauté de la Terre. *resse.*
Car les fleuves tousjours de chaud extenuez,
S'esleveroyent dans l'air, en vapeurs transmuez.
Et l'air où de chaleur les dards sulfureux grõdent,
Grilleroit leurs ruisseaux qui la Terre fecondent.
La pleine à gueule bée, & veuve de verdeur,

Cernant son triste front de myrtes sans humeur,
Et de lauriers ternis, invoqueroit sans cesse
Du nuage gris-brun la pleurante richesse.
Les Ours, les Cerfs, les Dains, tres-languiroyent cou-
Sur les bords passissants des fleuves assechez, (chez
Et l'bême auroit tausjours dans sa chaude poitrine
D'vn Vesbie enflammé la souphreuze racine.

Description des froidures.
Mais l'air mesme est souvêt si terni de froideurs,
Qu'il refroidit glacé, les corps inferieurs.
De là mainte vapeur toute espaissie en nues,
Se gelle, & tombe esparse à parcelles menues,
Poudre le poil frangé des arbres blanchissants,
Et met vn plastre froid sur la face des chams.
Lors les chauues sommets respirent les nuages,
Vous, flots, demeurez coys dessur les bleus rivages,
Les pleurs qui distiloyent des rocs entre-fendus,
S'empoulants de froideur, escoutent suspendus.
Sous l'orage enragé, Nerée est fait sans voye,
La mer à bôds boult boult, aux bords la boüe aboye,
La vague vagabonde au Ciel fait mesme horreur,
Remplist les airs de bruits : les patrons de frayeur.
Bref, l'Hiver frissonnant, esblouy de nuage,
Ne reuest que glaçons, ne respire qu'orage.

Et de vray, je m'estonne, ô grand Stagiritain,
Comme ayant avoüé cet argument certain,
Tu l'as mis pour rondelle aux coups de l'ignorance,
Pour montrer que des Cieux la singuliere essence
N'a point de parentage avec le feu gourmand,
Car leur gloutonne ardeur perdroit tout Element :
Et n'as sceu renverser d'vne adresse semblable
Que l'action de ce feu ne seroit empeschee.
Le fresle fondement de ce feu non probable.
Que la replique opoze à ces fortes raizons
L'influence des corps des celestes maizons,
Mesme les rais frilleux de Diane luizante,
Et du froid Porte-faux la desmarche pezante,

C'est

DE LA SEMAINE.

'est s'armer d'un festu pour combatre irrité,
e cours impetueux d'un torrent despité:
'est espandre son grain sur l'arene inféconde,
'est prescher dans le bois, c'est chasser dedãs l'õde,
mmoler ses escrits à la mercy du sort,
es raizons à rizée, & son nom à la mort.

 Du palais supernel les flambants luminaires   Ny des
versent bien sur les corps leurs vertus ordinaires,   astres.
Mais s'ils n'ont leurs aspets orphelins de vigueur,
Cette vigueur n'agist que par chaud ou lueur.
Or cette clairté chaude, & cette chaleur claire,
Est du feu penetrant l'entretien ordinaire:
Bien loin de luy ravir la force qu'il auroit
Par dessur tous les corps que son corps couvriroit.

 Ce n'est pas tout, Clion, sois encore en deffence,   Ny de
Puisque tu as voüé ton bras & ta puissance   l'air.
A la mort des erreurs, pare, en te deffendant,
Cette recharge encor du Mensonge evident,
Qui soustient que de l'air l'humidité prochaine
Pourroit bien de ce feu rendre la chaleur vaine.
Non non, ce fol erreur se voyant culbuter,
En-vain prend ce rameau pour sa cheute arrester,
Comment l'air vaincroit-il cette ardeur etherée,
Quand cette ardeur se paist de l'humeur aërée.
Et cette humeur ayant la chaleur pour sa sœur,
Contribue aux effets de ce feu ravisseur?
Et puis comment pourroit cette moiteur liquide
Domter l'effort goulu de ce corps homicide,
Quand ce Vulcan seroit d'autant plus dévorant,
Qu'autãt que l'air dix fois son cõtour seroit grãd?

 La nature du feu ne rend donc tesmoignage   Second
Qu'un tel feu soit espars sur l'air porte-nuage.   fonde-
Celle des Elements ne tesmoigne pas mieux   ment de
Qu'un tel feu soit campé sous l'arcade des Cieux: la Raisõ
Ils sont pour compozer ce grand globe du Monde,   qui est
                     la natu-

SECOND IOVR

re des   Ou pour mesler leur force ez corps dont il abonde
Elemēts   Mais ce prodigieux & menteur Element
Qu'iln'ē   Et pour l'vn & pour l'autre est vn vain parement:
tient nō   S'il eust esté creé pour maistresse partie,
plus que   Afin de façonner cette Boûle arrondie,
du feu.   Ce Tout en recévroit de la grace ou du bien,
Qu'il n'a   Car l'Ouvrier de ce Tout pour neant ne fait rien.
serui cō-   Mais onc de cette flame ez creux cerveaux cōceüe
me Ele-   Ne vint profit au Monde, ou plaizir à la veüe.
ment.   Pource donc l'appeller forgeron, cuizinier,
Ny pour   Alquimiste, soldat, orféure & canonnier,
le total   C'est le rendre, ô Bartas, semblable au domestique,
du Mō-   Qui pourtant d'Elemēt le vray nom ne s'aplique.
de.   Ainsi l'enfant credule, avizant par les airs
  Voler qui çà qui là des nuaux rouges pers, (forme,
  Bien qu'ils ne soyent riē moins que tels qu'il se les
  Dit l'vn Dragō, l'vn Cerf, & l'autre Chévre enor-
  Mais cet enfant seduit encor du tout ne ment, (me
  Car ces nuages sont, ce feu n'est nullement.

Ny pour   Que si Dieu l'eust assis sous la Lune argentine,
la com-   Pour se mesler ez corps de cette ample Machine,
position   Il faudroit que son vol en Terre descendist,
de ses   Afin que dans les corps sa vertu se rendist.
parties.   Ne plus ne moins qu'on voit lors qu'vn trouble de
  Nous recule le Ciel, des larmettes menues (nues
  Descendre en noz guerets, penetrants doucement
  Dans le sein alteré du massif Element.

Que   Mais ce feu charlatan qu'ez airs lon se figure,
pour   Si du Ciel il descend, ne descend de nature:
seruir   Car si châsque Element en sa sphere se tient,
aux par-   Par mouvoir naturel ce faux Vulcan ne vient,
ties du   Puis si le propre instinct des choses non pezantes,
Monde   Comme le corps ailé des flames ondoyantes,
il ne   Est d'aspirer en haut, ne s'ensuivrat-il pas
peut de-   Que le feu voltigeant n'aime à pancher en bas:
scendre

Mais

Mais je sēble au naucher, qui sur la mer profōde, — Ny par
Ayant jà long temps, pasle, estrivé contre l'onde, sa natu-
Roidi contre les vents, luité contre la mort, re.
A pensant respirer, à l'approche du port, Ny par
Oit ronfler vn escueil où s'embusche vn naufrage, violāce.
Qui fait qu'il s'arme encor d'esprit & de courage.
Ainsi pensant au hâvre amarrer maintenant
Mon navire vainqueur des basses & du vent,
Vn autre Ophelte, vn Gyre, vne autre onde aboyāte
Le mouvoir violent, devant moy se prezente.
Mais l'aide qui ma nef a gardé de plonger,
Ma Tramontane encor, me sort de ce danger.
De fait, par tel mouvoir, puis qu'il est ordinaire,
Ne dévale non plus ce monstre imaginaire:
Car le temps assidu ne contracta jamais
Avec la violence, vne durable paix. (mes,
Puis, il faudroit qu'il fust l'vn de ces deux extre-
Attiré des corps bas ou poussé des supremes:
Attiré, ne se peut, si lointain, & collé
Du ciment de l'amour, en son lieu reculé:
Poussé, non plus aussi, car sus son estendue
Il n'a que du Ciel rond la courtine tendue:
Et comment ce lambris, n'ayant, s'il peut mouvoir,
Qu'vn mouvoir circulaire, auroit-il le pouvoir
De faire cette flame estre en bas refleschie,
Puisqu'en bas il ne meut en tout ny en partie?
  Voyez donques, voyez si ce corps pretendu
Par mouvement quelconque est jamais descendu:
S'il faut, puisqu'aucun bien au Monde il ne confere,
Loger pres du haut Ciel cette fausse Chimere:
Et voyez que ce feu par raizon combatu, Est en-
Peut par maint tesmoignage estre encor abatu. core cō-
Il ne les faut puizer ez escoles antiques, bat i par
Ez foüillez monuments des vieux Academiques. tesmoi-
Pour faire vn ferme mur au Fort de Verité, gnages.

C 6

Tous ces sables mouuants n'ont point de fermeté,
Mais ez cayers sacrez, mais en l'experience,
Chez qui la Verité borne sa rezidance.

Par ceux de l'Escriture.
L'histoire où du grand Dieu les faits sōt descou-
Entre les simples corps de ce vaste Vniuers, (uerts,
Ne prezente à noz yeux que cette maizon ronde,
Ce domicile humain, ferme baze du monde,
L'eau qui tout à l'entour ce cantre environnoit,
Et le Ciel qui courbé l'un & l'autre entournoit.
Mais lon ne se repaist dans les diuines pages,
Du conte fabuleux de ces flames volages.
Voit-on au saint cayer que d'un vol effronté
Ayant du feu celeste en la Terre apporté,
Promethée au coupeau d'une roide descente
Paisse un Aigle acharné de sa chair renaissante?
Que si tel feu couuroit les campagnes des airs,
L'Escriuain descriuant ce superbe Vniuers,
Voulant de l'Immortel çà-bas rendre immortelle
Par un recit entier, la puissance eternelle,
Auroit-il bien voulu desrober enuieux,
Ce recit à l'histoire, & ces flammes aux Cieux?

Par ceux de l'experiēce.
Les sens sont sans vigueur, vaine l'experience,
Pour desterrer ce feu des cendres d'oubliance.
Car quels doys l'ont touché, quels yeux l'ont jamais
veu,
Ny quelle aureille ouy, ny quel sens aperceu?

Ocellus source de cet erreur.
Et toy toy, Petit œil, source de ce mensonge,
Qui fais qu'en cet erreur Empedocle se plonge,
Trainant maint Philosophe, as-tu veu clairement
Par un si petit œil un si grand Element?
Et vous, hostes plux vieux des Alpes farinées,
Et vous, vieux habitants des cimes Pyreneés,
Vous tous, vieux citadins des monts audacieux
Qui confinent la terre, & voizinent les Cieux,
Eustes vº onq par l'œil quelques preuues certaines

Du tournoyant eſtat de ces flames hautaines?
Toutesfois ſay-je pas que pour la rareté,
Ce corps veuf d'eſpaiſſeur fuit des yeux la clairté?
Certes de cet avis le mien je ne ſepare,
Car ce feu n'eſtant rien, il n'eſt rien de plus rare.

Mais ſi l'humain eſprit, nud de tout jugement, Des
Cà bas meſme ſe perd en cerchant l'Element,   Cieux.
Comme pourra trouver ſon aveugle paupiere
Du caleſte lambris la ſupreme matiere?
Auſſi l'eſtonnement ne ſaiſit mes eſprits,   De leur
Si celuy dont ma muſe amande les eſcrits,   matiere.
Chancelant tout ainſi que la feüille inconſtante
Qui au gré d'vn Garbis par les plaines s'evente
Prive ores d'Element ce plancher ſpacieux,
Ores comme Platon les met tous dans les Cieux,
Puis voyant devant ſoy ſa ruine jà preſte
S'il enfiloit plus loin, tout d'vn coup il s'arreſte.
Et dit des Elements, ſans craindre nul trepas,
N'eſtre ceux dont on voit les corps naiſtre ici-bas.
Bien qu'il ſemble pluſtoſt qu'vne pure ſubſtance
Qui de noz Elements ignore l'inconſtance,
Vn corps outre-paſſable, vne nette vapeur,
Vne eau clairement perſe, eſtendue en rondeur,
Voûte ces dais panchant, dont la page divine
Parangonne au chriſtal la courbeure azurine.

Mais ravi je m'eſtonne, auſſi toſt que je l'oy,   De leur
Profanant l'eſcrit ſaint, pipant ſa propre foy,   nombre.
Deſmentant l'aparance à chacun manifeſte,
Cinq fois double apeler la courtine celeſte!
De tant d'avis divers que le nombre des Cieux
Fait par maint eſcadron paſſer devant ſes yeux,
Son eſprit agité ne ſachant quelle eſlire,
Prenant loy de ſon doute, enfin choiſit la pire.
Tout de meſme eſloigné de maizons & de gens,
Le pelerin qui voit trois chemins differents.

Ramaſſe

62　SECOND IOVR

Ramaſſe ores ſes pas, or veut marcher, & n'oſe,
Ore au faiſte d'vn roc ſans repos ſe repoſe,
Penſe, regarde, eſcoute, & n'oyant nulle voix,
En fin prend le ſentier qui l'eſgare en vn bois.
Et les nauchers nouueaux, oyans rugir tāt d'ondes,
Qui la maizon flotante eſbranlent vagabondes,
Ayans couru craintifs, tous les coins du vaiſſeau,
Se iettent dans l'eſquif, qui les iette dans l'eau.

O pouuoir des Humains! La main qui tout enſer-
Si puiſſante, ne fit qu'vn Ciel & qu'vne Terre, (re,
(S'il faut croire aux eſcrits & plus vrays & plus
　　vieux)
Et l'humaine ceruelle a peu faire dix Cieux!
Si dans ce nombre faux le Firmament ſupreſme,
Que l'eternelle main eſtendit ce jour meſme,
Tient le huitieſme rang, les eſmaillez oyzeaux
Ont au huitieſme Ciel leurs brādillāts cerceaux:
Car s'il ne faut de Dieu deſmentir la parole,
Au voûté Firmament le peuple ailé bricole,
Si Dieu le Ciel huitieſme à ce jourdhuy cintra,
Seul, le huitieſme Ciel le Ciel ſe nommera,
Seul, ſera Firmament, ſera ſeul Eſtendue,
Et les deux yeux donnants à ce Monde la veüe,
Que leur facteur fit eſtre au doré Firmament,
Dans la huitieſme voûte auront leur branlement.

Qu'il　　Donq, eſprits abuzez, l'Eſtendue azurée
n'eſt　　Eſt des pendants oyzeaux la campagne aërée,
qu'vn　　L'eſtoileuze courtine, & les chams doucereux
Ciel, &　Des volants eſcadrons des Eſprits bien-heureux:
cōment　Chams qui des vrays Eleus ſont les vrays Elizées,
entēdu.　Où ſont de doux Nectar les plaines arrozées,
Où Sion noſtre mere eſléue ſes portaux,
Et viuent ſans mourir les plaizirs ſans égaux.
Ciel vraymēt aime-ſ○n, pour l'Angelique bouche,
Non le porte-flambeaux où rien ne s'entre-touche
　　　　　　　　　　　　　　　　　　　Pour

DE LA SEMAINE. 63

[p]our engendrer un son: son qu'on orroit la nuit,
[C]ar rien en-vain Nature au Monde ne produit.
 Ainsi de tant de Cieux le ridicule songe
[A] fort peu d'aparance, & beaucoup de mensonge,
[C]ar un seul Firmament porte au haut les Flam-
 beaux,
[A]u bas, (qui sont les airs) des nuages les eaux:
[D]ont vueille ou non Bartas, la main seule adorée
[N]'a roûlé nulles eaux sur la pante etherée.
 Neptun seroit vrayment du sceptre de la mer   Contre
[P]lus riche que Pluton, plus fort que Iupiter,   les eaux
[E]t plus grand que tous deux, si sa main vagabonde surcele-
[M]anioit sur le Ciel les resnes d'une autre onde.   stes.
[H]eureux vrayment heureux, si soudain que les ris
[D]'Eudore & de Spion, luy viennent à mespris,
[S]ûl des troupeaux gaillards des Nymfes azurines,
[I]l baizoit sur le Ciel d'autres nymfes marines!
[S]'il avoit sa retraite & sus & sous les airs,
[U]n pied sur le Soleil, l'autre au bas Univers!
 Cette ondoyante erreur, cette vague inventée,
[L]oin au delà du vray se trouve transportée,
[S]i l'on la veut chercher, en prenant pour flambeau
[L]a sagesse de Dieu, la nature de l'eau.
[S]a sagesse logeant les corps de ce grand Monde   Qu'elles
[L]es plus purs au plus haut, mit le Ciel dessur l'öde, contre-
[C]ar le Ciel est plus pur. D'ailleurs Dieu ne fait riẽ uiennẽt
[D]ont ce large palais ne ressente du bien. (ces à la sa-
[D]ieu n'est point cõparable à ces orgueilleux Prin- gesse
[Q]ui dans les chãs féconds des Mẽphiques prouin- du Crea-
[P]rodigues consumoyent leur tẽs & leurs moyẽs (ces teur.
[A] dresser pour neant des rocs Arabiens,
[S]oucieux d'employer en euvres difficiles
[L]eur peine & leurs trezors, non en choses utiles,
[C]ar cet Ouvrier ne met pour quelque vanité,
[S]a dextre à la bezongne, ains pour l'utilité:
 Mais

Mais quel bien contribue à ce Rond admirable,
De ces menteuzes eaux le songe veritable?

A elle   D'ailleurs, cette eau par l'eau se fond elle pas
mesme.   L'Element des liqueurs tend d'ordinaire en bas,
Comme on voit par les eaux paslement engendrée
Dans le champ moitoyen des plaines etherées.
Car lors que la vapeur du nuau sur-volant
Toute en eau s'est rezoûte, elle va dévalant.
La perse pluye adonc, à promtes eaux coulante,
Haste des beufs trainards la desmarche pezante
Le blond Soleil s'enfuit, l'Autan plombe les airs.
Vous diriez que le Ciel descend tout dans les mers
Et que les flots boufis montent à bonds humides,
Iusques au Ciel playé de navreures fluides:
Et tout pour n'auoir peu les eaux de la vapeur
Faire halte dans l'air, pour leur grand' pezanteur.

Donq le siege assigné de cette eau fabuleuze
Sur le doré sommet de la croupe estoileuze,
De Nature n'ensuit le train continuel,
Ne suivant point le train de ce cours naturel.
Il-faut que sur le Ciel violence elle endure,
Et nulle violence en mesme estat ne dure.

Obje-   Mais qu'entendé-je icy? N'oy-je pas vne voix,
ction.   Me criant, qu'il vaut mieux desmentir mille-fois
Mon humaine raizon, que la bouche Diuine,
Qui dit l'eau se camper sus la ronde Machine?
O Saluste, Saluste! ô la fleur du Gascon,
Toute les fois qu'on oit du tonnerre le son,
La foudre ne chet point: quand il tonne on s'estône,
Mais ce ton estonnant n'est nuizible à personne.
Ainsi cette raizon qui rezonne beaucoup,
Resueille bien du bruit, mais ne blesse du coup.

Respon-   Ie sçay bien quand le vent de la voix souveraine
se.   Soufle où s'en va flotant nostre raizon humaine;
Qu'il faut que nostre nef, en lieu de s'animer,

Humble

DE LA SEMAINE. 65

...mble, cale la voile, afin de n'abyſmer.
...is quoy? Ma nef par elle au port meſme eſt rēduë.
...ay que Dieu ce jour eſtendit l'Eſtenduë,
...ur ſeparer puiſſant, des flots ſuperieurs
...gromelant azur des flots inferieurs.
...is par ces flots d'enhaut, cette voix dit ces ondes
...i dedans l'air moyen vont errants vagabondes,
...s bleus amas, ces flots, pantelants orageux,
...elotons roûlants par les airs nuageux.
...r l'Air, le premier Ciel, par cèt excellēt Maiſtre
...ui fait tout en parlant, prit ce jourd'huy ſon eſtre
...opre pour diſtinguer des nuagex divers,
...s ſurjons, les torrents, les eſtangs & les mers.
...Ainſi, ce ne fut point, ô bourde manifeſte!
...flot vindicatif d'une mer ſur-celeſte,
...i fit en s'aliant avec les baſſes eaux,
...ez hauts pins les poiſſons deſnichoyent les oy-
    zeaux,
...uand le plus grād, plus vieil, & plus riche navire
...r l'olive eut la palme en triomfant de l'ire
...e ce deſbord qui fit, d'univerſels efforts,
...oter les corps pleins d'eau ſur l'eau pleine de
    corps.
...ar ſe voulant conjoindre à noſtre onde, cette onde,
...uſt-elle pas rompu le plancher de ce Monde,
...t le plancher ardant, (ſi ce plancher n'eſt feint)
...ar l'ondoyant plancher ſe fuſt-il pas eſteint,
...onde perdant le monde eſtage apres eſtage,
...t l'Ouvrier admiré, ſon admirable ouvrage?
...on non, c'eſt que les cueurs ne s'ouvrants au Sei-
    gneur,
...es goufres de la mer s'en ouvrirent d'horreur,
...ſſiſtez des nuaux, pour, verſants l'onde en l'onde,
...aire vne grand' leſſive à blanchir tout le Monde!
...Que puiſſiō-nous chétifs, helas! que puiſſiō-nous,
                                            Pour

cōment s'entēd ce que l'Eſcriture en dit.

Que par conſequēt le deluge n'avint comme dit du Bartas.

Pour appaiſer l'horreur du celeſte courroux,
Ouvrir ores nos cœurs, & des obſcurs nuages
De noz yeux atriſtez humettants noz viʒages,
Verſer ſus noſtre terre un deluge nouveau,
Blanchir noz noirs forfaits ez gouſres de cette ea[u]
Et fermes demourer d'ans l'Arche de l'Egliʒe,
Où vit du grand Noé la famille en franchiʒe,
Seul & flotant aʒile, où l'on peut eſtre ſeur
Au deluge à venir du courroux du Seigneur:
Où l'ancre de la Foÿ vainq les tormentes pires,
Où võt en vain heurtãts les cheutes des Empire[s]
Où la pure Coulombe, où l'Eſprit éternel
Porte de l'olivier le rameau ſupernel,
Et que toſt delogeants dé ce triſte deluge,
Puiſſe ancrer le vaiſſeau de noſtre ſaint refuge
Sur la croupe celeſte, où nous doint à jamais
L'Immortel apaiʒé ſon immortelle paix.

Fin du ſecond iour.

TRO

TROISIESME IOVR
DE LA SEMAINE
DE C.D.G.

PVIS Dieu dit, Que les eaux qui sont sous le Ciel soyent assemblees en vn lieu, & le sec aparoisse. Et fut fait ainsi. Et Dieu apele le sec Terre; & l'assemblée des eaux, Mer: & vid que cela estoit bon. Puis dit, Que la Terre produize verdures, herbe portant semence, & arbre faisant fruit selō son espece, lequel ait sa semée en soy-mesme sur la Terre: & fut fait ainsi. La Terre donc produizit verdure, herbe portant semence, & arbre faisant fruit lequel auoit sa semence en soy-mesme selon son espece: & Dieu vid que cela estoit bon. Lors fut fait le soir & le matin du troiziesme jour.

Es escrits enchanteurs qui produizent au Monde.
D'vne féconde veine vne vaine faconde,

Le Poete condamnāt la vaine & trom-

Qui

la vaine
& trom-
peuze e-
loquen-
ce pro
teste de
vouloir
repaistre
les es
prits de
verité,
&viādes
solides.

Qui gauchers au devoir, architectes d'erreurs,
En succrants leur venin, font humer aux lecteu[rs]
Leur douce tromperie, & dont l'experience
Veut que nous leur fermiōs l'huis de nostre croyā[ce]
Sont à ceux tous pareils qui dans le clair cristal,
Et le nacre emperlé, servent le reagal,
Qui font dās l'or meurtrier, que trahi, l'on dévo[re]
Le mortel Aconit, l'Absynthe, & l'Hellebore.
Pour moy, j'aime bien mieux beaucoup moins m[e]
    peiner,
Et dās des plats de terre, vn bon mets vous dōner
Que vous servir dans l'or, seduizant vostre veu[e]
Pour lamproye vn serpent, pour persil la cigue.
Mais je veux que ces plats, l'apétit aiguizants,
Plus que dōnāts desdain, soyent lauez, & luizants
Voire & peut estre encor vous donray-je à ma ta[ble]
En vaisselle d'argent, vn repas delectable.

Inuo-
q; Dieu
dere-
chef
pour e
stre as
sté en
descri
ption [de]
la ter[re]
& de la
mer.

Toy qui fis ce jourd'huy le fertile Element,
D'o[ù] [l]e sage animal reçoit son aliment,
[To]y des chams & des mers, à qui doit pour homage
Dyndime sa viande, & Tethys son breuvage:
Garny de mets ma table, ô pourvoyeur divin,
Preste ta main propice, apreste le festin,
Que des mers l'abondāce, & des chams la largesse,
Me descouvre ses flots, m'aporte sa richesse,
Et que rassazié, le bien vueillant Lecteur,
De son bon traitement te rende tout l'honneur.

Erreur
qu'il rē-
contre
d'étrée,
& con-
vainc,
sās s'ar-
rester.

Ie semble à qui d'vn jour cōmençant le voyage,
Trouve au matin vn trōc qui closs son droit passage
Il pēse vn peu d'abord, puis soudain s'avizant
Que l'obstacle est petit, & son dessein est grand,
Saute, franchist le tronc, son courage releue,
Env[oye s]e chemin, & sa journée acheve.
A peine ores je sors du toit & de la nuit,
Pour arriver la part où ce jour me conduit.

Qu'vne

DE LA SEMAINE. 69

...'vne ronce des-ja sur mon chemin trainée,
...ut retarder le cours de ma longue journée,
...ue le Chantre Gascon nous entonne, pipé,
...ept un n'avoir qu'vn jour tout le Monde ocupé:
...ais en si long chemin, pour si foible barriere,
...ō pied ne veut pas moins parfournir sa carriere,
...eut sauter ce buisson, & l'erreur mespriser,
...u'on voit assez de faux soy-mesme s'accuzer.
...ar si jusqu'aujourd'huy que la tierce lumiere
...du Monde naissant esclaire la paupiere,
...'onde à couvert le sec, l'Esprit nagé sur l'eau,
...'eau cacha plus d'vn jour cet ouvrage nouveau.
 Les chãs dōc deuoyēt naistre, & Doris vagabōde   Dieu se-
Auoit deux jours entiers fait vn lac de ce Mōde,   pare au
Quād l'Oauvrier qui traçoit tãt de portraits divers   troisies-
Pour peindre vn petit Monde en ce grand Vnivers,   me iour
Commanda que des eaux la face vniverselle   les eaux.
Montrast au nouueau Ciel vne Terre nouvelle.
 Neptune oyant sonner la retraite de l'eau,   Cōment
Fait vn gros, gagne au pied, cerche vn moindre   la terre
    vaisseau,   aparoist.
Les vagues qui dans l'air leurs chefs humides
    portent,
Humbles vont en prizon, les campagnes en sortent,
La Terre se desterre, & les chams limonneux.
Sechent leur moite dos, comme aux rais lumineux
Fait l'esponge trouée, aussi tost qu'vne estrainte
De son corps fistuleux a la liqueur esprainte.
De l'abysme des eaux vne part dans les airs
Se transforme en vapeurs, l'autre au bas Vnivers
Sert au terrestre corps d'ondoyante ceinture:
La plaine est assechée, & la Terre vient dure.   Compa-
 Qui a veu quelque fois d'vn humide cuveau,   raison.
Verser en vn lieu plat vn tas de cendreuze eau,
Par cy par là s'enfuit la lessive coulante,
                  Elle

70 TROISIESME IOVR

Elle roule icy droict, là se joüant, serpente,
Se diuise, se joint, & la cendre au milieu,
Sechant à gris monceaux, s'endurcit peu à peu.
Celuy presque à peu voir l'Architecte du Monde
Verser diuersement sur la Terre féconde
Les boüillonnantes eaux, en long, en large, en ron
Et la face des chams durcir son jeune front. (tun

C'est pourquoy tãt de mers, filles d'vn seul Ne
Baignent, qui çà qui là, nostre ayeule commune,
Servent d'humeurs au Monde, aux peuples
   confins,
Aux Monarques de bride, aux marchands de ch
   mins:

Isles plus remarquables. Font de la Terre vne isle, & des isles en Terre,
Basse-cours de la Mer, dont la froide Angleterre,
Sicile enfante-blez, Lemne, Crete, Lesbos,
Corse, Rhodes & Cypre, ont emporté le los.

Fleuues. Ainsi qu'au corps humain la mer rouge du foy
Le sang deçà delà par les veines envoye,
D'innombrables conduits, & de sentiers retors,
Par nostre veine caue abreuuant tout le corps:
Le profond Océan par les secrettes veines,
Fait couler le cristal de ses eaux soufterraines,
Et par les longs destours de ses rameaux divers,
Humecte tout le corps du terrestre Vnivers.

Les principaux.
De ceux d'Asie. De luy les Asiens ont le riche Arimaspe,
Le Gange au sable d'or le grand Inde, l'Hydaspe,
Et l'Euphrate engraissant, qui descharge, fameux,
Dans le Persique sein, son tribut escumeux.

De ceux d'Afrique. De luy les Africains ont la vague féconde
Qui les chams Memphiens vne fois l'an inonde,
Le Lybique Cyniphe, & toy flot recroissant,
Nigre, singe du Nil au sablon noircissant,

De ceux de l'Amerique De luy ce Monde d'or, où l'auare boussole
Par cent nouuelles mers a conduit nostre Pole
            Tient

DE LA SEMAINE. 71

ient le fleuve au long cours qui de Plate a le nõ,
e gemmeux Oreillan, Senegue, & Marignon,
t de luy, d'Agenor la campagne feconde,   De ceux
a mignonne du Ciel, & la perle du Monde: de l'Eu-
ient le Tage doré, le Danube, le Rhin,   rope.
a Tamise, le Po, le Tybre, le Thesin.
a Seine au ventre creux, la taciturne Sosne,
oire au long cours, la Viëne, & l'impetueux Rosne.
osne qui par mes vers tant peut-estre bruira,
Qu'en los ainsi qu'en flots, Garonne il passera.

Non que tous les surgeons de la Terre profonde,   Que tou
emblent tenir des mers leur source vagabonde,   tes fon-
Les uns naissent vrayment des Neptunides eaux,   taines
Les autres des vapeurs des internes caveaux,   ne vien-
Ou d'un air prizonier, qui dãs les creux humides, nẽt pro
Par la froideur se fond en perlettes liquides,   premẽt
En cryſtal murmurant, qui tordant maint cõtour,   de la
Ez boyaux maternels va courant nuit & jour,   mer.
Puis leger delivré des prizons souſterraines,
Fait des veines des rocs jazer mille fontaines.

Mais si toutes les eaux des rocs plaines & mõts, Que tou
Ne doivent à Tethys leurs ondoyants surgeons,   tes eaux
Elles portent pourtant d'une course azurée,   võt à la
Leurs liquides tributs ez coffres de Nerée,   mer, qui
Sãs que de tant d'humeurs aportants leur payment ne sẽ en
Dans son humide espargne, ils s'enfle nullement. fle d'avã
Ainçois autant ou plus, liberal, il en donne   tage.
Pour rabatre les feux de l'enfant de Latone,
Pour alenter l'ardeur des poitrines des vents,
Et border de flots pers la vesture des chams.
Contraire à vous, ô Roys, qui noirs de tyrannie,
Tirez de voz sujets la substance & la vie:
D'une pauvre richesse, & d'un miserable heur,
Enflãts voz bourses d'or, & d'orgueil voſtre cueur:
Qui pensez chevaucher sur les ailes d'Eole,

Comman

Commander dans les airs, toucher du doy le Po[le]
Verser d'un coup de pied les monts ambitieux,
Faire escouler la Terre, & nicher dans les Cieu[x]
Vous vous paissez de vent, vous n'imitez Neptun[e]
Et si fait bien, chétifs, vostre instable fortune.
De qui le vray symbole est l'accés inconstant
De tremblements divers Neptune inquietant.

Cōtroverse du flus & reflus de la mer.

Mais ceux qui recerchants la cause plus certain[e]
De l'estat reflotant de la courante plaine,
Estiment que la sœur du Prince des Flambeaux
Agite à son plaizir la surface des eaux,
Tous agitez des vents de leur inquietude,
Vont errants, vagabonds, ez flots d'incertitude,
Et voulants, obstinez, en cet erreur errer,
Ne sçauroyent tost ou tard, qu'vn naufrage esperer[.]

Que la Lune ne le cause montré par exēples & par raizons.
Par exēples.

Batant de deux endroits cet erreur non tenabl[e]
Ie voy qu'en l'ondoyant du Monde navigable,
L'Astre au front argenté ne regle aucunement
Du flus ny du reflus le rauque mouvement.
Si la Royne des nuits, l'autre Lampe du Mond[e]
Avoit ce moite Empire au Royaume de l'onde,
Son sceptre humide ayant vn Empire commun,
S'exerceroit au doux comme au salé Neptun.
Ainsi le feu rampant montre qu'il ne dezire
Qu'en tout corps combustible, exercer son Empire
Et le Pere du jour, Flambeau de l'Vnivers,
Regne sur tout l'espars des Prouinces des airs.
Or l'Astre porte-froid qui sur la nuict prezide,
Ne montre vn tel pouvoir sur le cristal liquide
Du Neptun dessalé, ny mesme en toutes eaux
Où les Tritons salez ont leurs moites caveaux.
Car quāt aux flots plus doux, cette Estoile argēti[ne]
Ne fit jamais ainsi mouvoir l'onde azurine
Des fontaines, des lacs, des palus ocieux
Supozez à son corps, expozez à ses yeux.

C'est

DE LA SEMAINE. 73

C'est pource, dira-ton, que ces ondes bornées　　Obie-
[...]t de grãdeur non grãde, & de môts entournées,　　ction.
[...]t pour leur petitesse, & leurs trop proches bords,
[...]ane n'y peut point desployer ses efforts.
[...]ubtile raizon! Encelade effroyable,　　Respon-
[...]urra bien esbranler vn Typhée imployable,　　ce.
[...]ais il ne pourra point de ses bras Ethnéans
[...]ire bouger d'vn lieu des petits Pygméans!
[...]us la froide teneur de la vague azurée
[...]vne grandeur petite, est de monts resserrée,
[...]utant plustost devroit l'Astre du Monde noir
[...]ercer en peu d'eau son humide pouvoir.
[...]cor tous les estãgs n'ont leurs perses campagnes,
[...]ns l'enclos resserré des pierreuzes montagnes,
[...]ceux qui de hauts monts environnent leur eau,
[...]aperçoivent pas moins le nocturne Flambeau.
[...]our vous, ô vastes chams de l'ondoyante plaine,
[...]l'azur refrizé sale la blonde areine,
[...]toile au front cornu ne peut pas sur vous tous
[...]uzer l'humide accez de ce flotant courrous.
[...]Pont, ny le Propont, l'Euxin, le Méotide,
[...]dansent point le pas de ce branle liquide.
[...]Ligustique mer ne se manie ainsi,
[...]la mer de Caffa, ny la mer morte aussi.
[...]Tyrrhene Tethys de mesme aussi ne bale.
[...]l'Hyrcanique mer, ny la mer Provençale.
[...]rs qui toutes pourtant sont de grande grãdeur,
[...]que tu n'estimes point qu'vne estroite largeur
[...]soit cauze, ô Saluste) & la sœur argentine
[...]l'œil qui tous les jours sur nos testes chemine,
[...]droit fil les regarde, & se garde pourtant
[...]transporter ainsi leur palais tremblotant.
[...]Que si ses rais mouvoyent les rides marinieres,
[...]verroit esbranler les mers toutes entieres:
[...]is mon œil curieux ne vit onq general

D

Le moiteux maniment de ce branle inégal.
La mer qui du Midy ressent le voizinage,
A son flus & reflus vers l'Africain rivage:
Mais tous ses vastes bras, qui des flots Africa[ins]
Comme tous continus, sont tous freres germa[ins]
(Qui sont la mer Tuscane & la mer Ligusti[que]
La mer qui aux Gaulois ses ondes communiqu[e]
Voire la plus grand' part du Neptun bazané)
N'ont jamais veu tel bal en leurs flots desmené[s]
Et toy, peint Océan, qui boufis dans ton onde
Les pl° gräds animaux qu'ait le poißoneux M[onde]
Qui serrant maints gräds flots au tien Erythré[en]
Ioins un goulfe Arabique au goulfe Perséan:
Fais-tu pas d'un endroit ces bruyantes balsade[s]
Sans ailleurs t'enfuir des bords iusques ez rad[es]

Montré par raisons.
Mais ainsi qu'un navire au combat courage[ux]
Ayant lasché d'un flanc ses canons outrageux,
Se tourne, & fait soudain mugir espouvantabl[e]
Devers l'autre costé, maint tonnerre imitable:
Il faut, ayant déjà maint exemple aporté,
Que la Raizon rezonne ore en l'autre costé.

Si la Lune esmouvoit de ses cornes humides
Le flo-flotant séjour des perses Nereïdes,
Amirale des mers, le Naucher connoistroit
Qu'à mesme heure Neptũ croistroit & descroistr[oit]
Or le flus dans un tems hors de sa rive arrive,
Le reflus va par fois dans un autre à sa rive.
Si bien que de Doris les accez reflotans
Sont égaux en leur course, inégaux en leur tem[ps]
Voit-on pas bien souvent en la cité qui fonde
Sont bastiment constant sur l'inconstant de l'on[de]
Qui pour crainte des Huns prit un estre si beau
La perle d'Italie, & la Reyne de l'eau,
Que le flus aboyant en tout son cours demeure
Ores six, ores sept, ores huit fois une heure,

Et l'ordinaire cours du reculant reflux,
Reprime ores sa fuite, & qu'ore il trote plus?
Voit-on pas vers le bord de la chaude Guinée,
Où le More frizé cuit sa peau bazanée,
Qu'en quatre heures le flus a le flot amené,
Et qu'en quatre fois deux il s'en est retourné?
Voit-on pas à l'endroit où la forte Garonne
Son immortel subside au fier Océan donne,
Que la vague du flus par sept heures se suit,
Et le craintif reflus en cinq heures s'enfuit?
Montrant que de tels flus la roüe ne s'agite
D'un ressort qui tousjours mesmes branles vzite?
  D'ailleurs l'effet divers qui des Astres parvient
Ez subalternes corps, de leur clairté provient.
Si l'Astre pasliſſant à donc cette-puiſſance
De causer à la mer sa constante inconstance,
Il l'a par l'esclairer: Et ce flus & reflus,
Quand la Lune se taist, ne se bougera plus.
Quand le Soleil des nuits ne se montrera guere,
Trainant d'un seul cheual le quart de sa lumiere,
Le tremblant arriver de ce train aboyant
Ne fera que le quart de son cours ondoyant.
Quand on verra troter dans le Ciel taciturne
La moitié des cheuaux de la Dame nocturne,
Le criard mouvement de ce branle marin
Parfera la moitié de son moite chemin.
Quãd la Lune aura joint vne corne à deux cornes,
Ce flus viendra de mesme aux trois quarts de ses
    bornes:
Et quand son rond solide à plein s'accomplira,
Ce flus lors seulement au bord arrivera.
Mais l'effet journalier produizant le contraire,
Fait voir ce cours ondeux estre autant ordinaire
Quand l'obscure Diane à serré ses flambeaux,
Cõme quãd tous ses feux võt trẽblãs sur les eaux,

Sans qu'aucun changement de l'Estoile changeâ
Face changer le flot de la plaine flotante.
Vraye cause du flus & reflus. Donques ce haut, puissant veritable Neré,
Qui pour royal trident a son sceptre doré,
Pour Syrenes le son de ses Sainctes loüanges,
Pour poissons les Eleus, & pour Tritons les Anges
Lors qu'il serra la mer dans son large vaisseau,
Et Veste eut dévestu son humide manteau,
Donna ce bal divers aux campagnes branlantes,
Qui feront en maints lieux, ces courses reculantes
Tant que Mars à Venus n'aura son cours pareil,
Qu'elle appelle l'Aube, & l'Aube le Soleil.
Voire & donna ce branle à des plaines verreés,
Plus eslever à luy noz ames atterrées,
Pour mieux servir à ceux qui vrais Bellerophons,
Sur des chevaux ailez vont ez chams vagabõds
Et descharger l'ordure & les glages immondes
Hors du Marbre estendu des plisseures des ondes.
Car lors que la bonace aux tranquiles sillons,
Regredille l'ondette en petits crespillons,
Le cristal frizoté de la plaine marine,
De mauuaises senteurs une vraye sentine,
Mainte crasseuze masse amasse incontinent,
Que par ce flus il jette en son bord marmonnant.
Ainsi le pot au feu des escumes amasse,
L'eau tournoye à roûleaux, une ondoyante masse
Court sur les flots baveux, le boüillon, en grinçãt,
Outre passe le bord d'escumes blanchissant,
S'espanche, & fait qu'alors la crasse boüillonnante
Suit le marbre versé de l'escume sonnante.

Digression. Mizerables humains! La mer suit, sans changer,
La divine ordonnance, à fin de se purger:
Et vous estans plongez en l'ordure du Monde,
Plus sales que l'escume, & plus legers que l'onde,
Vous pour qui l'Eternel a moulé rondement

Le bleu-verdastre corps de l'ondeux Element,
Ne suivez du grand Roy l'ordonnance establie
Pour repurger, meilleurs, vostre mauvaise vie:
Perdus & tous perdus, si l'Vnique des Cieux,
Par le flus sacré-saint de son sang precieux,
Espandu pour nous rendre à son Pere agreables,
Ne repurgeoit la mer de noz crimes damnables!
　Ce flus estant vn branle ordonné naturel
A la mere des eaux, par le Pere eternel,
Tout de mesme voulut l'ordonnance eternelle
La saleure des flots estre aussi naturelle.
Point que l'ample largeur de Neptun boüillonnant,
Non peu de monts de sel dans son sein contenant,
Par les grumeaux dissouts dans la vague assidue
Assiste au goust salé de l'amere estendue.
Car de fait ce n'est point le blond Cyrenéan,
Qui suceant le plus doux de l'immense Ocean,
O chantre de Garonne, en ses surflots ne laisse
Qu'vn amer, qu'vne mer, qu'vne liqueur espaisse.
　Si des rais d'Apollon la flambante lueur
Ne laissoit à la mer qu'vne amere sueur,
Les alterez flambeaux de cet Astre supreme,
En tous les bleus estangs en feroyēt tout de mesme:
Car cet Oeil aussi bien voit les estangs divers,
Que les chenus recoins de l'Empire des mers,
Le bon Glauque, Egéon, & le bleu Melicerte,
Auroyent, eux qui des mers ont la plaine deserte,
Ez estangs babillards leurs caveaux ampoulez,
Les estangs estants faits des Royaumes salez.
Ianire, Acté, Drymon, Polydore, & Cercée,
Prothon, la moite Ephire, & la perse Persée,
Tant d'Ondenes joustans sous le cristal amer,
Seroyent Nymfes des lacs, & Nymfes de la mer.
Et le jeune troupeau des fraiches Limniades,
Qui dās les creux estāgs font leurs douces passades,

De la sa-
leure de
la mer
& d'où
causée.

D 3

Naïs, Siringue, Enie, en la mer tous les jours
Par force iroyent tordans leurs humides contou[rs]
　Tu diras que l'aspect du grãd courrier du Mõ[de]
Agist mieux sur la mer, en grãds vagues profond[es]
Mais si ce Roy brillant ez grands flots pour regn[e]
Mieux peut son sceptre d'or ez moindres domin[e]
Encor faut-il du tout qu'vn tel bouclier on laisse
Car bien souvẽt boüillõne vne amertume espaiss[e]
Vne amere espaisseur, ez marbres tremblotants
Des flots contre poussez des lacs & des estangs.

Estangs salez.
　C'est pourquoy le passant (afin que je ne conte
Ny le lac Mantian qui tout autre surmonte,
Ny le Spute Medois, l'estang Agrigentin,
Ny l'esloigné Chopet, ny toy flot Tarentin)
Ne peut, si de tout voir l'éguillon l'espoinçonne,

Celuy de Marseillette en Languedoc.
Qu'il n'ait l'ame ravie ez Gaules de Narbonne,
Voyant l'azur parlant de ce lac boüillonneux
Qui pres de Marseillette a son flot poissonneux.
Vn rempart de cest aus ceind les plus de ses ondes,
Le bourg vize eslevé sur ses rides profondes,
Loin de la mer salée: & l'Aude (qui plus bas
A l'eau si paresseuze) avec vn roide pas,
De son eau non salée, en fuyant, avoizine
Ce lac autant salé comme est l'onde marine.

　Que si le cours journal du brandon annuel
Cauzoit ce sel flotant, son effet seroit tel
Sur les ondeux replis de tant de flots semblables,
Où son feu va dardant ses rais inévitables.
Ainsi vous tous, ô lacs du Mõde spacieux, (Cieux
Les clairs yeux de la Terre, & les miroirs de[s]
Nous donneriez des eaux d'amertume meslées,
Et Thesbite & Leman des rivieres salées.

　D'ailleurs si le piquant des Neptunides eaux
Procedoit du pouvoir du Seigneur des Flambeaux,
Neptun porte nauchers auroit cette saleure

Sur

DE LA SEMAINE. 79

les branlants sommets de sa liquide enfleure,
[...]ns que l'azur salé des coupeaux vagabonds
[...]st ez ventres cavez des abysmes profonds.
[...]nsi se dissoudroit cette espaisseur humide
[...]r le reste de l'eau du Royaume liquide,
[...]ui douce ne seroit expozée aux clairs yeux
[...]u journalier heraut qui poste dans les Cieux.
[...] Mais tournon nostre nef, & gainon le rivage,
[...]ue voguants si long tems ne s'esleve un orage.
[...]ui dans les longs destroits nous viëne ores pousser,
[...]' des goulets aux bäcs, or' pour mieux nous lâcer
[...]squ' au bas des Enfers, nous fousleve aux Estoiles,
[...] nous taschions en vain de destendre noz voiles,
[...]'ancrer, baisser le mast alleger le vaisseau,
[...]estacher le cordage, & vuider la nef d'eau.
[...]uis si le bleu cristal des escumeuses plaines   Eaux
[...]e merveilles est plein, la pluspart des fontaines merveil-
[...]ui couleuvrent aussi par les chams esmaillez,   ses de
[...]ient nostre esprit ravi, noz yeux esmerveillez.   diverses
[...]ue quand de traits naifs on ne peindroit encore   fontai-
[...]ue les rares surjons dont la France s'honnore,   nes.
[...]e dessein seroit long, court seroit le tableau,
[...]ans adresse la main, sans couleur le pinceau.
    Il me souvient aussi qu'au creux d'une valée,
[...]res d'un surgeon coulant dont l'onde reculée
[...]aisoit flamber le glay, pasir le rosmarin,
[...]lairer la sarriete & respirer le thyn:
[...]ù l'esventoir leger du brandillant Favone
[...]ousjours des vers lauriers les cheveux gredillône,
Et le gay Rossignol chante au murmure doux
Des petits flots parlants aux bigarrez cailloux.
I'estois assis tout seul, (si seul il faut qu'on die
Celuy qui de sa Muse est en la compagnie)
Lors que tout estonné, parmi l'obscur d'un bois
I'entr'ouys en tels mots une Nymfale voix:

D 4

Plainte de la France.

Dõques vuide d'amour, plein de mescõnoissã[ce]
Tu veux m'enveloper ez destours d'oubliance,
Moy la fille du Ciel, le recueil des beautez,
Qui du Monde ay chez moy toutes les raretez,
L'or des Americains, l'encens Asiatique,
Les jardins de l'Europe, & les dates d'Afrique.
I'ay, premiere, estendu ta bégayante voix,
Veu quãd d'vn mõt jumeau le bout tu mordillo[is]
Foiblet, à quatre pieds t'ay veu presser la plaine.
Puis cresper ton menton d'vne doüillette laine:
Et jalous de ma gloire, ô trop ingrat sonneur,
Tu caches ma loüange, & taches ton honneur.
Si dans mes chams féconds ne ruisselle l'eau rare
Des fontaines d'Amon, d'Eurimene, Silare,
Du Palestin ruisseau, du Sourjon Eleusin,
De Ceronne, Cephis, de Xante, ny d'Andrin,
Ny tant d'autres encor, dont credule, tu ranges
Dans ton labeur certain, les douteuzes loüanges:
Par mes bois, par mes chãs, par mes prez damassez
I'en ay qui plus encor doivent estre haussez.
Mais tu laisses le vray pour l'histoire incertaine,
Et ce qui t'est prochain pour la chose lointaine.
La poule ainsi gratant au coin d'vn tas de blé,
Croit de tous le meilleur le grain plus reculé:
Et pluzieurs qui jadis n'entendoyent miserables,
Ce Mõde où ils sõt nez en cerchoiẽt d'innõbrables.

Elle trancha ces plaints: L'Echo luy respondit,
Le sourgeon s'en esmeut, tout le Ciel l'entendit:
Puis sa fuite & les vents qui fort en murmurerẽt,
En me laissants l'esmoy, sa parole m'osterent.

Fontainesmerveilleuses en France.

C'estoit, je croy, la France, ô Bartas, & de fait
Mainte fontaine y vit, dont j'admire l'effait:
Maint surgeon qui au bruit de sa grande merveille
Rend la bouche béante, attentive l'aureille,
L'ame toute ravie, & qui, non emprunté,

Ex

fait estre noz yeux tesmoins de verité.
Sur les monts Daufinois vit vne onde enflamée
Qui souvent des soldats a la meche allumée,   Fontai-
Qui plus vomist sa flame, & plus ravist noz yeux,   ne ardā-
Quand l'air bruit enroüé des ruines des Cieux,   te d'au-
Et plus le Ciel roüillé sa froide pluye enuoye,   pres de
Plus la flame ondoyant dessus l'onde flambloye!   Greno-
Qu'ores l'Arcadien nous enfle des discours   ble.
De sa pierre flambante au Temple des Amours,
Le François vantera chose plus excellente,
Vn feu coulant en bas, vne onde en haut volante!

   Dans vn plaizant valon emmuré de ces monts   Autres
Pres d'où l'Isere brune, en courant bonds sur bōds,   du Dau-
Roule son trouble azur, vne eau porte au vizage   finé.
De la saizon future vn prezent tesmoignage.
Semblable à ce surgeon qui fendant vne fois
De sept ans en sept ans, les sillons Daufinois,
En trotant enragé de vagues poissonneuzes,
Prédit estre de biens les terres malheureuzes.
Le plant arreste beuf, les azurez bluets,
L'yuroye, les dent chiens, les obscurs vaciets,
Fatiguent les moissons, les verdeurs sont flestries,
La froideur nuist aux fruits, la chaleur aux prai-
Pomone est sans vergers, Priape sans jardins, (ries,
Les Dryades sans feüille, & Bacchus sans raizins.

   Non fort loin de ces monts, ô fontaine vineuze,   Fontai-
Boüillonne le vermeil de ton eau merveilleuze: ne vi-
Et la puissante humeur de ton surgeon divin   neuse.
Enyvre d'eau les gens, & la Terre de vin!

   Tairay je de Givret la source ains la merveille,   Fontai-
Iadis nymfe, dit-on, en beautez non-pareille,   ne em-
Et qui d'un cœur aux vns endurci de rigueur,   pierran-
Aux autres mol d'aimer, s'escoula toute en pleur?   te de
Son ame martyrée, vn jour qu'elle consume   Givret.
Des pl° ardāts tizons qu'ez cueurs l'Amour alume   Fiction
   poëti-
   que.

D   5

Ordonne à ses efforts de pousser furieux,
Des larmes sur la Terre, & des plaintes ez Cieux.
L'air respond à ses crys, un noir nuage efface
D'une Hyade de pleurs, le serain de sa face:
Elle crie sans fin, Source de mes malheurs,
Toy dōt l'œil peut secher les ruisseaux de mes pleurs
Si tu sents de l'amour, vien estendre ô chere ame,
Tes baizers sur ma bouche, ou mō corps sous la la-
Si tu crains d'estre veu, nul icy ne me voit,   (me.
Ce lieu n'auroit que moy, si l'Amour ny estoit:
Mais en vain m'est Amour compagnon ordinaire,
Puisqu'en sa compagnie, or je meurs solitaire.

 Elle eut dit & ses pleurs agitez par l'effort
Du vent de ses soûpirs, font un triste desbord
Qui fait nager les lys de sa beauté parfaite,
Des mignards Amoureux l'ordinaire retraite:
Si que leur flot menace en la mer de ses maux,
De naufrage asseuré son incertain repos.
En fin en finissant ses regrets & sa vie,
Elle chet, perd couleur, rend l'herbe ramoitie.
L'eau surgaignant son corps de larmes humecté,
Rend sans lueur ses yeux, & ses os sans durté.
Son ventre mol s'estend, jà ses liquides veines
En lieu d'un rouge suc, d'humeur claire sōt pleines,
Et comme fond la neige aux premieres chaleurs,
Elle se fondit toute à l'ardeur de ses pleurs.
Sa voix murmure encor serpentant par les prées,
Puis perd au Rosne pers ses ondes azurées.

 Si la mole Venus ne l'a tournée en eau, (veau,
L'eau tous les jours au moins se tourne en roc nou-
Et si l'eau n'est tesmoin d'une amour indicible,
Elle tesmoigne au moins une durté terrible.
Terrible changement! Le mol n'est que durté,
L'eau viēt seche en tems moite, & se gelle en Esté,
Court ensēble & s'arreste, enfle ses bords de pierre,
Et

DE LA SEMAINE. 83

pire que Gorgonne, elle-mesme s'empierre!
Semblable est ce ruisseau dont le marbre courant   Autre
fait vn pont espais de son flot empierrant,   d'auprés
Et s'enroche tousjours ez Gaules montueuzes (zes,   de Cler-
De ceux qui d'vn cueur gros, & d'ames vertueu-   mont en
firent des Gaulois nommer les plus hardis,   Auver-
Les freres des Romains, & des Troyens les fils.   gne.

   Fontaine limonneuze, ô fille de Protée,
Qui sur ces Gaules mesme, en l'Auvergne voutée,   Autres
Trompes les regardants, comment d'vn cours fatal,   fōtaines
De nuit n'es-tu que bourbe, & de jour que cristal,   d'Auver
Vne fois de l'annee? Et toy fontaine huileuze,   gne.
Source compatriote à cette eau limoneuze,
Dy moy, D'où tires tu cette espaisse liqueur
Qui fait luire ta face, & noircir ta couleur? (livre,
Hé, d'où vient qu'vn seul flot deux contraires nous
L'eau qui la flame esteind, l'huile qui la fait vivre?
Te tairay je ô surgeon, ô flot qui voizine
Des orgueilleux sommets de Cosme enfariné,
Enfrains de la saison les loys perpetuelles,
Brûles l'hiver gelant, & l'esté brûlant gelles?

   Doy-je taire Font-fort, qui froide bou̯t sans fin,   Fōtaine
Dont le tremblant azur pique ainsi que le vin,   deS.Gal
Qui les plus esloignez abreuve de merveilles,   miel en
Et les Forésiens de liqueurs nompareilles?   Forests.

Bien contraire à son flot est ton flot venimeux,   Source
Source qui confrontant le rivage escumeux   veni-
De l'estang de Peros, bouls d'escume blanchie,   meuse
Et donnant ta boisson, cruelle, ostes la vie!   dePeros
On conte qu'autres-fois ton surjon fut heureux,   en Lan-
Et qu'vn jeune berger à son dam amoureux   guedoc.
D'vne chaste Naïade, vn jour pres de ton onde,
S'efforça de forcer la nymfe vagabonde.
Ses sœurs viennēt au bruit, & troublans prōtemēt,
Le desplaizant plaizir de l'adversaire amant.

                D 6

L'arrachant de ses mains, puis se cachent, timide
Sous le cristal voûté de leurs grotes humides.
Iusques à quand, dit-il, me veux-tu faire voir
Sur les ailes des vents s'envoler mon espoir?
Cruelle, hé jusqu'à quant faudra-til que je trai
La nef de mon amour, sur les flots de ta haine?
Que te sert d'esclairer du jour de tes splendeurs,
Quãd je n'erre pour toy qu'ë des nuits de lãgueurs
Et te vouloir nourrir de ma pleur escoulée,
Puisque ta cruauté n'en peut estre soûlée?
 Il exhale ces cris, arrache le coton
Qui jà se frizotant, luy dore le menton.
Il prezente à Venus mille requestes vaines,
En vain secours implore, & déplore, ses peines.
Si bien que ne pouvant ez flots de volupté
Noyer l'ardente soif de son cueur hebeté,
Il veut dans ton eau pure, ô source ores changée,
Celle du corps impur du moins estre alegée.
Mais jà pour se vanger, sous ton flot murmurant
Les Nauondes ont mis de l'orpin dévorant.
Du brûlant arsenic, des poizons eternelles,
Leur vertu qui s'espard, rend les ondes mortelles,
Tandis l'onde il avale, & n'eut plustost humé
L'inusité breuvage, au flot accoutumé,
Qu'vne pezante odeur estourdit sa cervelle,
Vn venin va rampant de moüelle en moüelle,
Engourdist chaque membre, à l'estomac s'enfuit,
Et clost ses yeux pressez d'une eternelle nuit.

Des mains.
 I'effacerois les traits de ces vertus estranges
Dans le tableau parlant, où j'en pein les loüanges,
Si noz fidelles yeux n'apercevoyent au vif
Ce dont je contre-tire ore un portrait naif,
Et nous n'avions des flots dont les eaux nõpareilles
Ont plus d'utilitez, & non moins de merveilles
Pour les maux qui nous font d'un ordinaire effort
Les

DE LA SEMAINE. 85

de la bute de leurs traits, le butin de la Mort.
Ie tay du Vivarets les ondes sulfurées,
Du rocheux Perigort les sources dezirées,
Les bains chauds de Vichy, & les flots exaltez
Des sourcils du Mont-d'or, de neges argentez.
L'Auvergne porte Abein, le Quercy Crajac donne,
Languedoc Baleruc. Le Bassigni Bourbonne:
Bourbonne de qui l'eau, par son chaud vehément,
Les breches de santé repare impunément,
Vainq tous maux de froideur, guerist le sciatique,
L'vlceré, le galeux, le chancreux, l'hydropique.
Aux maux des Nivernois Pougues donne secours,
Et vous sources de Spa, des Liegeois le recours,
Pohons & Savinier, amirables fontaines,
Qui trouvez discourants par les terrestres veines,
L'ocre, le fer, le plomb, la ceruse, l'or fin,
Le vitriol, le nitre, & l'alun crystalin:
N'est-ce vous pas remede à la pasle jaunice,
A l'estomac, aux yeux, aux reins, à la matrice,
Au rhume, aux cruditez, au mal de teste, aux nerfs
A la rate, au calcul, aux vlceres, aux vers?

 O baïns, ô rares biens, eaux mixtes, minerales, Excellé-
Prezents toujours prezents, sources medicinales, ce des
Promt & commun bon-heur, salut non acheté, bains, &
Medecins naturels, fontaines de santé: des eaux
Balançant le secours de voz eaux vagabondes, par des-
Ie postpose la Terre au merite des ondes, sus la
Puis pezant le bienfait du terrestre Element, Terre.
Il fait de son costé pancher mon jugement.

 Le Neptune non-feint a bien voulu par l'onde
Môtrer sa grand' clemèce, & sa grand' ire au Môde,
Son ire ez flots noyants tout le Monde entaché,
Sa clemence au batesme, effaceant le peché:
Mais plus de los reçoit la Terre infatigable, Excellé-
Qui porte, enfante tout, & nourrist charitable. ce de la
           Plus Terre.

par des-
sus les
eaux.

Plus humaine que vous, Meres, qui enfantez,
Puis le titre de mere à d'autres transportez,
Faizans d'un soin sans soin, nourrir, meres ameres,
Vostre fruit naturel aux estrangeres meres!
  Genre imparfait de mere! animal hebeté,
D'avoir produit au Monde, & soudain rejeté!
D'avoir nourri dans soy de sa propre substance,
Ie ne say quoy fuyant de ses yeux la prezence,
Et ne vouloir nourrir, aussi bien que devant,
De son lait, ce qu'on voit, un corps desjà vivant,
Homme desjà, desjà qui son secours espere,
Et l'implore en plorant! Genre imparfait de mere!
  Pour s'efforcer çà-bas d'un riche enfantement
La Terre se marie à l'humide Element,
Ouvre à Neptun son sein, & Neptun qui l'ebrasse,
N'oze, ravi d'amour, sortir hors de sa place.
Ainsi s'entre-meslans ces corps au plus bas lieu,

De sa rō-
deur.

Font un rond qui du monde ocupe le milieu:
Non comme fait au Tour, aussi rond qu'une bale,
Ains tel que la rondeur d'une pomme inégale:
Raboteuze de nœus, ronde en son tout vrayment,
Mais au regard des nœus non ronde proprement.
Car la Terre or' se montre aplanie en campagnes,
Enfoncée en valons, rehaussée en montagnes.

De sa
ferme-
té.

Mais biē que rōde en soy, bien que pēdue ez airs,
Ta main luy sert de baze, Ouvrier de l'Vnivers,
Afin qu'elle en seurté, serve, nourrisse, enfante,
Les Mortels, comme mere, & nourrice & servante.
L'eau s'esleue en broüillas, en neiges s'espaissist,
En torrents se desborde, en gresle s'endurcist,
Le feu déuore tout, l'air forcene en orage,
En tonnerres marmonne, en tempestes enrage,
S'escartelle en esclairs, s'amoncelle en nuaux,
Et nature fait naistre aux Humains mille maux:
Mais la Terre en bonté plus envers l'hōme abonde
  Que

DE LA SEMAINE. 87

que Nature, que l'air, que la flame, que l'onde.
C'est elle qui tousjours ferme en son contrepoids,
Sied au siege ordonné par la Divine voix:
Aussi seure tousjours que Iunon est instable,
Que Vulcan est leger, que Neptune est muable.
Est vray que par fois ressentant mieux que nous   De ses
Les secrets mouvements de ton juste courrous,   tréble-
Elle en tremble d'horreur, & justement cruelle,   ments.
Dans son ventre engloutist mainte cité rebelle:
Non s'aydant seulement de ces vents forcenez
Qui dans ses intestins grondent emprizonnez:
Mais estant au dessous de cavernes troüée
Que la vieillesse escroüle, elle chet secoüée,
Comme un saule boy-leau, voizinant trop le bord,   De leurs
Tresbuche dans les flots, miné par le desbord,   causes.
Puis s'aydant quelque fois des ondes qui serrées
Dans ses obscurs boyaux roûlent dezesperées:
Elle bâille, elle tumbe: Alors les chesnes verds
Qui menaçoyent le Ciel, menaçent les Enfers:
Les monts anticipants la cheute universelle,
Pësët que la nature à soymesme est cruelle: (neau,
La Terre en s'aterrant, montre un front tout nou-
Des gouffres sont sur terre, & des citez sous l'eau:
Eubœe en soit tesmoin dans Bœoce enterrée,   Villes
Cume la Prophetique, Ephese & Cesarée,   englou-
Himole, & Sarde encor, toy Gournier Daufinois,   ties par
Et toy source de Dromme, une ville autres-fois.   tréble-
   Mais ce n'est sans raizon, ames courbes en terre,   mēts de
Si vous & voz citez dans son ventre elle enserre,   terre.
Puisque vous preferiez, alienez de sens,   Auertis-
Sa petite grandeur aux celestes prezens.   sement à
Si vous voyez d'en haut ce Rond qui vous atire,   l'hôme.
Vous en mesprizeriez l'universel Empire,
Et vous ririez de voir le plus riche heritier
Ne tenir sous cent clefs qu'un porreau prizonnier:
                            Car

Car bien que vous contiez en ce rond domicile,
Tant de mers tant de lacs, tant de plaine inutile,
Au prix du Ciel flãbãt ce n'est qu'un petit poinct.
Au prix des biẽs du Ciel ce point mesme n'est point.

Des zo-   Nõ que, biẽ quãd par-tout lõ n'habite ce Globe,
nes.   Vn Ciel trop chaud ou froid quelque liste en desrobe.
Car deux zones ont l'eau, deux le repaire humain,
De la   Et la Torride à l'homme encore ouvre son sein.
Torride. Dieu n'a fondé le sec, pour rendre inhabitable
La plus voisine part de cet Oeil admirable,
Dont les communs regards, d'vne annuelle ardeur,
Donnent aux corps vivants subsistãce & vigueur.
Et de fait, mon Bartas, tant d'ames vagabondes
Qui dans des murs de bois, on traversé les ondes,
Cõvainquãs nos majeurs, savent qu'ẽ tout sõ tout,
Son Ciel preste aux Humains vn passable sejour.

     Dieu donques non content d'avoir separé l'õde,
Et preparé les chams, rend la Terre féconde,
A fin que son giron contentast dezormais
D'esmail, d'odeurs, de sucs, l'œil, le nez, le palais.
Preteri-   Ici je tais si Dieu enfondra les valées,
tion.   S'il fit les dos voûtez des montagnes enflées,
Ou la Terre imitoit du haut Ciel la rondeur,
Lors que sa triste robe elle orna de verdeur.
Ie tay qu'on tiẽt que l'eau qui mõta iusqu'ez nues,
Fit, cavant les lieux mols, ces terrestres verrues:
Que les vents soûterrains, implausibles Typhons,
Font souvent que les chãs se boursouflent en mõts,
Et comme vrays Géants cerchants par tout issue,
Se destordants, boufi., font la Terre bossue.

     Ie dy sãs plus que Dieu fit ez chãs les verdeurs,
Ez verdures l'herbage, ez herbages les fleurs,
Il commande, & de vert la Terre ores s'habille,
Parfume de senteurs son chef qu'elle entortille
D'vn chapeau triomfal, & ses liqueurs espard
Du

Du poil couvrãt son frõt qui s'orne d'vn beau fard.
Soudain à grands troupeaux naissent les pins sauvages, — Dieu ayãt decouvert la Terre, la fait produire toute sorte de plantes.
L'aulne, le sauls, l'ozier, bordent les mols rivages,
Icy l'orme s'estend, là sort le grenadier,
Le Tremble tremble ez bois, ez guerets l'Olivier.
Là naissent non sujets à la Parque inhumaine,
Le geneure, le buis, l'if, le cedre, l'hebene,
Là le cyprés, le myrte, & le laurier vainqueur,
Ornent leurs chefs brûlants d'immortelle verdeur.
Et le fertile Eden, la beauté de ce Monde,
Et le Ciel de la Terre, en beaux arbres abonde,
Et les arbres en fruits. Arbres sur tous prizez,
Quoy? vo² venez au Mõde, & voz fruits produizez.
Trõcs de brãches põpeux, vo⁹ naissez à cette heure, — Leur excelléce.
Naissãt vo⁹ enfantez, vostre enfãce est tresmeure,
Voz fruits meurs sont tresbons, sans que telles bõtez
Soyent d'avoir pris par art des cheveux adoptez.
C'est vous, jaunes pommiers, qui faites que lõ pense
Que ce riche Vnivers en Automne commence,
Puisqu'en telle saizon les arbres peinturez
Branlent entre leurs bras leurs enfants colorez.

Vous troupe crespelue, ô vegetal lignage, — Leur rapoit avec les animaux leurs vertus, & les erreurs qui s'en sont ensuivis.
Presque des animaux égalez l'avantage,
Ainsi que l'animal, vous qui ce jour croissez,
Et naist, & vit, & meurt, mourez, vivez, naissez,
Ainsi qu'a l'animal jeunesse, ardeur foiblesse,
O plantes, vous avez tendreur, force, vieillesse,
Il a bras, ventre, chef, vous teste, tronc, rameaux,
Tiẽt mers, plaines, sommets, vous mõts, campagnes,
Là le poivre icy pẽd, là la noix muscadelle, (vaux.
Là le succre est figé, là flaire la canelle,
Là distile la myrrhe, & toy sep plantureux,
Au fruit le plus vtile, & le plus dangereux,
Vigne, mere qui crois, & ton fils diminue,

Qui

Qui te revests l'Esté, l'Hiver vis toute nue,
Rampante, aime-baston, sur le pli verdissant
De ton debile bras, portes vn fils puissant,
Et jà fors à l'envi de mille & mille plantes,
De mille & mille fleurs en vertu differentes,
Qui pour Royne ont le Lys de neiges argenté,
De noz Roys l'armoirie, odorante beauté,
Le Lys éblouïssant, qu'à bon droit j'acompare
Pour sa nette candeur, à la chasteté rare.
Elle entre les vertus dispute les honneurs,
Le beau Lys les conteste entre les belles fleurs,
Elle embellist nostre ame, & le Lys nostre face,
Lys qui d'argent & d'or, tant de plantes surpasse
Qui fraudĕt bien souvent, en faveur des humains,
De l'avare Pluton les homicides mains.
Mais biĕ que leurs odeurs, leur suc, leur voizinage,
Afoiblissants noz maux, fortifient nostre age:
Si n'en doit on forger maint discours apasté
Pour trahir laschement: la simple Verité.

Vrayment je livrerois ma fidelle créance
Aux escrits qui pour foy n'ont riē que l'inconstăce,
Pour loy que feintize, & pour salaire en fin
Que le juste guerdon du mensonge malin,
Si je l'émancipois d'estimer veritable,
Du peuple racineux mainte excessive fable.

Louäge de Dioscoride.
Ie m'en veux raporter, non à divers esprits,
Dont l'erreur cōversant parmi leurs vains escrits,
Fait leurs langues parler de la part de leur songe.
Et leurs plumes entrer au party du mensonge.
Ains à ce grand Pedace, enfant Titanien,
Peintre de la nature, honneur Cilicien,
Qui dans son docte escrit qui par le Monde vole,
A la Verité pure a donné sa parole.
Qu'au nom de son pur los, qu'au los de ses hŏneurs,
Qu'à l'honneur du plus net des simplistes auteurs,

Les

Nymfes sur sa tombe espandent des fleurettes,
pourpre des œillets, l'azur des violettes,
amethiste des glais, le fin or des Soucys,
es rozes le cinnabre, & l'albastre des lys.
u'elles l'affublent tout d'odorantes Melisses,
Hyacinthes sacrez, d'Adonis, de Narcisses:
uy disants, Pren ces fleurs, belle fleur des esprits,
ui dans le champ des fleurs as remporté le prix,
ren ces dons que des tiens toy mesme tu renforces
e moins de ton merite, & le plus de noz forces.

 De ce solvable autheur le sincere discours, De la
'aprend la cicorée aux yeux donner secours, cicorée.
ant s'en faut qu'elle puisse, à nostre col pendue,
hasser les noirs broüillas qui nous sillent la veüe.
ue si l'œil enflamé se prevaut de son jus,
u'avec du lait de femme on aplique dessus,
aut-il produire au jour chose dont l'aparance
nterdit au lecteur d'y joindre sa créance?
oire, ensuivre abuzé, ces cerveaux ofusquez
Des mortelles vapeurs des Démons invoquez,
ui pour de quelque mal repousser les ateintes, (tes
luftost au col qu'au cueur, portent les lettres sain-

 Cest ainsi que lō veut que le Pain de porceau Du pain
Donne à l'enfantement vn remede nouveau, de por-
Pendu de mesme au col: & que la femme enceinte, ceau.
Le foulant sous les pieds, d'afoler soit contrainte:
En lieu que par son suc, il pousse seulement,
Le fruit emprizonné, du ventre au monument.

 Ainsi veut-on le chaud, l'envenimé breuvage De l'Ar-
Ny le poizon rampant, ne faire aucun dommage moise.
A qui porte sur soy, la plante dont le nom
De la noble Artemise a puizé son renom:
O vous noirs citoyens des Provinces hastées,
Pourquoy pour n'avoir point voz faces si brûlées,
Ne portez-vous l'Armoise? O vous race de Mars,
         O Con

O Conrads, ô Louys, ô Conſtans, ô Céſars,
Qui de pavois aſtrez bruliez parmy la plaine,
Et qui beuſtes, trompez, voſtre mort inhumaine,
Que n'eſtiez-vous touſiours, (caualiers renõmez,
Veſtus d'Herbe Saint Iean, & d'Armoiſes armez
Que ne la portiez-vous, belle & pauvre Heſperie
Quand ce venin rampant ſous la verte prairie,
En fuyant voſtre Eſac, de ſon tourbe aiguillon
Laiſſant la playe au corps, vous preſſa le talon?
Si vo⁹ euſſiez pour lors d'Armoiſe & d'Eſpargout
Ceint voſtre corps tendret, ce remede ſans doute,
O Nymphe, euſt auſſi bien ce poiʒon repouſſé,
Que le doré ſafran, fraichement amaſſé,
Si toſt que l'on en ceint la chancelante teſte,
Du boüillonnant Bacchus repouſſe la tempeſte.
Car relevants tous deux de meſme vanité,
Tous deux ſont partiʒans de l'infidelité.

Du Sa-   Tant s'en faut que l'on puiſſe apaiʒer cet orage
fran.   Par l'odoreux ſafran (ſinon pris en breuvage
Au ſuc des blancs raiſins) veu que meſmes recent
Il trouble en ſon doux flair, le cerveau qui le ſent,
Esbetant l'ame en l'ame, ainſi que quand on cueille
De la   La jaune Peucedane à la longuette feüille,
Peuce-   Par les monts de Tubinge, vne tardive humeur
dane.   Hors des racines ſort, de l'humeur vne odeur,
De l'odeur monte au chef vne douleur cruelle,
Qui nous fait chanceler de pieds & de cervelle,
Preſque ſemblable au fruit qui ſans plus ſouſtenu
Du Pa-   D'un pied pl⁹ lõg qu'un pied, couvre ſõ corps menu
vot.   D'vn chef rougemẽt gros, charme les ſẽs de l'hõme,
Et cheri du ſommeil, ne dort d'un propre ſomme.

De l'An   Ainſi ſert le ſafran aux Bacchiques vapeurs,
gelique   Autant que l'angelique aux carmes enchanteurs,
Des vierges, qui, dit-on, vont chantant vagabõdes
Sur les baveux replis des campagnes des ondes.

Car

ar mesme à quelle aureille onques heurta la voix
y le chant enchanteur des Nymfes d'Achelois?
uisque ton sens s'opoze à si vaine créance,
her Athlete, ozes-tu, malgré ta cognoissance,
pres tant de propos riches de vanité,
nfiler ce discours pauvre de verité?
omenter vn erreur qu'aucun autre n'excede,
 d'vn mal controuvé controuver le remede?
  Ozes-tu bien confondre, ô nombreux Escriuain   Du Pa-
ans tes mets mezurez le faux & le certain,   stel, &
insi que tu confonds dedans l'indifference   de la
 Pastel jaune d'or, & la rouge Garance,   Garãce.
esmentant sans sujet, noz fidelles ayeux,
 sans yeux ny raizon, la raizon & les yeux?
ar les yeux sont tesmoins de cõbiẽ ces deux plãtes
n tige, en feüille, en fleurs, se montrent differẽtes:
t la raizon aprend que touchant le dehors,
lles ne teignent point les humeurs de nos corps.
a Garance peut bien, non portant sa racine,
inçois prize en boisson, empourprer nostre vrine:
Mais l'herbe qui fournist mesme grace aux couleurs
ue le sel à la chair, l'ambre aux bonnes odeurs,
u Guesde au crin doré la belle & riche plante,
e fait des corps humains l'humeur estre sanglãte:
ar sa saine liqueur mesme tout au rebours,
u flus immoderé bride le rouge cours.
  O erreurs sus erreurs! d'autãt moins tolerables,   De la be-
Qu'on les voit talonnez d'autres innumerables.   toine.
eux qui ont cultivé, jadis plus fleurissants
e champ delicieux des simples renaissants,
'ont ils dit que cernez de Betoine odorante,
es serpents font sifler leur gueule menaçante,
nt dãs leurs rouges yeux deux flãbeaux alumez,
ompent leur nœu de paix, font choquer, animez,
enin contre venin, pourprent l'herbe fleurie,

                                          Don

94 TROISIESME IOVR

Donent leur corps aux coups, à la larque leur v[ie]
  Pline qui ne deffend à ses crayons legers
De figurer les traits des contes mensongers,
Dans son tableau tracé de couleurs differentes
Grifone aux simples yeux ces grotesques plaiz[antes]
Mais cet amy d'Antoine, & ceux qui l'imitan[t]
Des Simples simplement les vertus vont train[ant]
Ne trahissent menteurs, par ces fausses merveil[les]
Du curieux lecteur les credules aureilles.
Ne nous font tresbucher en tant d'autres erreur[s]
Où tu fais en brunchant, bruncher mille lecte[urs]

Du Di-
ctame.

Ny ne content qu'aussi le Dictame rejette
Pris par le Daim navré, la sanglante sajette
Contre l'archer voizin. Repoussement plus vain,
Vanité plus errante, erreur plus incertain,
Que l'incertain erreur, les vanitez errantes,
Et le vain repousser des escadres courantes
Des Psylles estourdis, qui du vent offencez
S'armoyent contre le vol des Eures insensez,
Croyants par le tranchant des armes inhumaine[s]
Dans la gorge du vent rejeter ses halaines.

Loüages
du vray
& sainct
Dicta-
me, où
sont mé-
tionées
plu-
sieurs
autres
plantes.

  Mais nous auös heureux, vn dictame immort[el]
Dont ce grand Vnivers n'enfante rien de tel,
Qui par son suc pourpré non seulement arrache
Les fleches que dans nous nostre adversaire cach[e]
Ains rejette soudain hors des cueurs entamez,
Contre l'archer d'Enfer les traits envenimez!
De son jus sacré-saint la boisson gracieuze,
Guerist du noir serpent l'ateinte malheureuze,
(Mieux que ton Aconit, n'aprochant trop morte[l]
Comme doit l'Antidote, à l'humain naturel.)
C'est vn plant qui des plants n'a suivy l'origine,
Ains a de haut en bas fait germer sa racine:
Fleur qui douce espandant mille basmes d'odeur[s]
Au doux tems de la fleur refleurist de ses fleurs:

Fleu[r]

Fleur des fleurs la plus belle, & racine choizie,
Fleur sans aucune tache, & vray jeton de vie,
Où se doivent enter, pour verdir en honneur,
Sur le tige immortel, les plantes du Seigneur.
Plantes, qui profondants leur feconde racine
Dans les riches parvis de la maizon Divine,
Croissent par l'encizer, mesprizent tous les fers,
Et par la pasle mort ont leurs tiges plus verds.

 Les arbres tant prizez des Seriques Provinces,
Où trëblët ces toizös, digne habit de grãds Princes
(Si la soye y pendille en rameaux forestiers,
Et ce ne sont plustost des paresseux meuriers,
Dont ce climat foizonne, ordinaire pasture,
Des vers dõt les grãds Roys empruntët leur vesture)
L'arbre porte-coton des montaignards Maltois
L'herbe qui son nom change entre les gresles doys
Du sexe enquenoüillé, le Maiz qui tant abonde.
Ny le poil blond-doré de Ceres vagabonde,
Ny cet arbre Indien dont le riche tribut
S'exige en fruits divers, dans l'isle de Zebut:
Ne sont à comparer à ces heureuzes plantes
Dans la maizon de Dieu pour jamais fleurissantes.

 O mere des Humains, Terre porte-trezors, *Des mi-*
Tu ne veux tous tes biens estaler par dehors, *neraux*
Comme ces Dames font, qui trompeusement belles, *metaux,*
Chargent, comme Bias, tout leur bien dessus elles. *& pierre*
Ains montrant ton mãteau chamarré de couleurs, *pretieu-*
Et ton poil diapré de mille & mille fleurs, *ses.*
Tu renfermes encor des richesses secrettes
Dans les profonds recoins de tes seures cachettes.
Telle qu'vne Princesse, à qui maint Diamant
Fait briller de par tout le Royal vestement,
Qui jaçoit que l'esclat de sa pompe achetée,
En prevenant des yeux l'ordinaire portée,
Montre mille trezors, vomissants radieux,

          Les

Les feux qu'ils ont receus des scintilles des Cieux
Ne met point tout au jour, ains prudente, recelle
Dans ses clos cabinets sa richesse plus belle.
Ainsi tes biens cachez surmontent mille fois
En nombre & en valeur, les arbres de tes bois,
De tes arbres frangez des dentelles tremblantes,
Les plantes de tes chams, & les fleurs de tes plantes,
Car ton ventre fecond n'enfante seulement
Le sel donne saveur, necessaire aliment.
L'ardoise, le jeyet, le marbre, le porphire,
Le fer de noz outiz le meilleur & le pire,
L'argent traine-soucy, le rougissant airain,
Le plom au front terni, le mercure, l'estain.
Mais plus prodigue encor cêt joyaux tu nous bailles
Du magazin gemmeux de tes riches entrailles:
Tesmoin l'ardant Rubi, l'Opale bigarré,
Le Royal Diamant, le Topasse doré,
L'Agathe, le Beril, la Carchedoine dure,
L'Onyce, & l'Esmeraude au front gay de verdure.

Cómēt se fait le Cristal. Non que le clair Crystal doiue estre assis au rāg
Des trezors entassez dans les plis de ton flanc,
Et qu'il faille chercher dans ta creuze poitrine
Ce qui naist ez durs os de ta fertile eschine:
Non qu'il soit glace aussi, côme on croid vainemēt,
Et qu'il naisse des eaux quād d'vn froid vehemēt,
En eternelle glace on les voit devenues,
Par les gelez coupeaux des montaignes chenues.
Si l'eau s'enfloit, figée, en Cristal, par grand froit,
Par grand chaud le Cristal en eau redeviendroit.
Les transparants rameaux de ses tiges verrées
Tourneroyent contre bas leurs pointes azurées
Qui contemplent le Ciel, & dans ses froids canaus
Il ne croistroit tousjours à six angles égaus.
Mais vn suc s'espaississt par les froideurs puissantes
Ez rocs entre-fendus des cimes blanchissantes,

Et

Et s'vniſt en Criſtal, qui fourniſt quelque-fois
Aux Dames de miroir, & de coupes aux Roys:
Qui paſſe en beauté l'Or, autant que l'Or ſurpaſſe
Du ſecond des metaus le renom & la grace,
Et ne fait fourmiller tant de maux inhumains
Que ce doré metal adoré des Humains.

 Certes l'Or ſert au corps, La macule il efface
Qui peu civilement ſe perche ſur la face:
L'impudente verrue il ſappe peu à peu,
Et mis au deſpartir de l'incarnat du feu,
Tout rouge, au rouge vin, les membres fortifie,
Par ſa douce ligueur noſtre cueur vivifie,
De polypes, de dartre, & de tigne rend net,
Aide aux eſprits vitaux, & l'etique remet.

 Mais bien fut malheureux ce penetrant Lyncée,
Qui dardant les rayons de ſa veüe inſenſée
Dans les profonds ſecrets des cavains infernaux,
Fit connoiſtre au Soleil le Soleil des metaux!
Que pleuſt à Dieu qu'ēcor les doys croches du vice,
Livrant l'homme en ſervage à l'infame avarice,
Sous le mont Pangéan, pour troubler l'Vnivers,
N'euſſent de l'Or caché les malheurs deſcouverts!
Du pleuſt à Dieu que l'Or nous fiſt naiſtre des ailes
Pour guinder noſtre vol ez choſes les plus belles:
Qu'il doraſt les vertus, & que ſon riche prix
Du vice abominable egendraſt le meſpris.
Car lors nous ne verrions tant de Sardanapales,
A qui l'Or ſert d'amorce aux voluptez brutales,
Tāt de Nains qui du front p̃ẽt heurter les Cieux,
Tant de pauvres prudents, de riches vicieux!
L'Or en ce tems ferré qui de vertu n'a-cure
Eſt des vices humains l'inhumaine paſture,
In charme de l'eſprit, apaſt des deſloyaux,
Semence de ſoucis, element de tous maux.

 C'eſt pourquoy les Teutons au déclin de leur age

Plus beau que l'or.

Vertus medecinales de l'or.

Du mal de l'abus d'iceluy.

De ce fils des douleurs interdirent l'vsage,
Tels q̃ les vieux Romains, & tels qu' Emile enc[ore]
Qui permettant le fer, sage, deffendit l'Or.

Confe-
rencé de Ceſt ce corps demy-vif, cette ame morte-viu[e]
luy à Qui de toute raizon l'humaine raizon prive,
l'Aimãt. Cet aimant rauiſſeur, qui d'inviſibles mains,
Tire les cueurs ardants des eſclaues Humains.
Qui puiſſant, fait tourner noſtre ame miſerabl[e]
Vers ſes rais tire-cueurs, choſe plus admirable
Que voir qu'vn fer aigu froté contre l'Aimant
Vers les brandons Vrſins tourne ſon mouvement.
Car noſtre ame n'eſt point de l'eſſence mortelle
De ce brillant metal qui ſur tout autre excelle,
Et doit ſans plus tourner les ſaints traits de ſe[s]
    yeux
Vers le luſtre immortel du Monarque des Cieux.
Mais l'honneur Idéan, mais cette ame ſans ame.
Mais cet aimant amant de l'Arcadine flame,
Fait que le fer aimé qui de ſon frotement
A ſenti les apas, tourne ſon branlement
Devers les feux dorez des celeſtes chandelles
Que Caliſton la vierge attize en ſes prunelles.
Ou ſoit que, comme on dit, vers ce climat tranſi
Des môts pregnãts d'Aimant eſlé vent leur ſourc[e]
Dont ce corps eſperdu vers ſon ſemblable aſpire,
Comme le flot grondant vers la mer ſe retire.
Ou ſoit que les Flãbeaux qui vers ce meſme lie[u]
Vont roulants eternels, à l'entour de l'eſſieu,
De rayons animez, d'vne amorce atrayante,
Et par l'influs ſecret d'vne vertu parente,
Ils le facent vers eux ſe tourner, tout ainſi
Que vers le blond Soleil ſe tourne le Souci.

N'ignorant tes raizons, au bien du navigage,
Flaue inventa premier de l'aiguille l'vzage,
Si je doy toutesfois, l'oyant ſi fort loüer,

                      A cet[te]

cette invention du los contribuer,
uand souvent elle sert d'attraits à l'avarice,
De conduite à la mort, aux pirates d'Helice.
☞ Mais si l'humain esprit descouvre aucunement   Autre
Les ocultes raizons de ce subtil Aimant,   sorte
N'admireron-nous pas l'autre aimantine pierre,   d'aimāt
Qu'aussi nous arrachons des rongnons de la Terre,   merveil-
Cet amoureux caillou, cet Aimant feminin,   leuſe.
Qui s'atachant, acort, d'vn nœu diamantin,
D'vn lien sans lien, d'obscure sympathie,
Non au guerrier metal, comme l'autre se lie:
Ains subtil esventant vne douce vapeur,
De ses esprits boüillants d'amoureuse chaleur,
D'acrochements secrets, nous presse, nous acole,
Et d'amour importun, à noz lévres se cole?
Ainsi que le lierre à replis tournoyants,
S'agrafe contre vn mur chargé de mousse & d'ans,
Ou serrémènt estreint d'vne tortisse alleure
D'vn orme perruqué l'esparse cheveleure:
Ou comme la pucelle espointe esperdûment
Des fleches de l'Amour, embrasse estroittement
Son jeune favorit, & sur la bouche aimée
Imprime vn doux baizer, l'arre d'vn Hymenée:
Ainsi ce corps friand, cet Aimant vigoureux,
Atache en nostre bouche vn baizer amoureux:
Voire vn baizer si joint, que la main envieuze
A peine fait lascher sa prise audacieuze!
  Mais bon Dieu qu'avon-nous du solide Elemēt
De plus prodigieux que ce subtil Aimant,
Qui froté, comme on dit, aux lames inhumaines
Fait sās trespas, leur pointe outre-passer les veines
Fontaines de la vie, & glisser au travers
Des peaux, fibres, tendons, muscles, arteres, nerfs,
Sans effroy, sans douleur, & sās que mesme on voye
Qu'vn torrent par la pluye à flots rouges ondoye?

F 2

Quelle forte vertu, quel vertueux effort,
Fait qu'vn glaiue aceré, l'image de la Mort,
En faizant vne pluye heureuzement traitreſſe,
Sãs tuer nous maſſacre & ſans naurer nous bleſſe

O Monde porte-fleurs, ô maſſif Element,
Qui fondes non fondé tout ce rond Baſtiment,
Cité porte-citez, belle, large féconde,
Cueur du Mõde animãt les cueurs de tout le Mõde
Dame au frõt de Protée, aux cheueux de rameaux
Aux eſpaules de rocs, aux veines, de ruiſſeaux,
Terre aux entrailles d'or, quand ta main liberale,
Tes precieux rongnons, ton eſchine Dédale,
Ne feroyent tant de rente au Roy des animaux,
Et quand toy-meſme eſtant de toy-meſme le los,
Ne lairois exiger de tes flancs tributaires,
Vn immortel trezor des terres ſalutaires:
Tu fournirois encor d'aſſez ample ſujet
Pour, eſleuant nos cueurs, faire que l'homme abje
Eſtimaſt, admiraſt, adoraſt, redeuable,
Ton ouurier eſtimable, admirable, adorable.

Qu'on ne priſe que trop la Terre.

Mais biẽ que tes prezẽts inſtruiſent les Humain
De n'auoir dãs tõ ſein leur cueur cõme leurs main
Ils l'enterrẽt dans terre: Et bien que tout le mond
N'entre-fende du ſoc ton eſchine féconde, (mai
Bien que les cueurs plus grãds n'ẽployẽt point leu
Pour la ſemence enceinte eſpardre dans ton ſein,
Pour rendre du boyau plus vineuzes les croupes,
Pour d'vn ſouci chãpeſtre ez chãs paiſtre les trou-
Des camuzes brebis, amoindrir quelque fois, (pe
Pour ſe chaufer l'hiuer les ombrages des bois,
Et rezignent à ceux de qui l'ame eſt plus dure,
La nourrice des arts, l'vtile agriculture:
Si eſt ce, ô Terre, encor que les plus grands eſprits
Ignorants ta leçon, ne t'ont qu'en trop grand prix:
Et ceux dont aujourd'huy la mondaine hauteſſe
Meſprize

DE LA SEMAINE. 101
Mesprize plus ton soin, prizent plus ta richesse:
Trompez prenent tes biës pour ceux que le Ciel a,
Comme pour Creuse Enée vn fantosme acola,
Et l'amour d'Ixion, prit de sens desnuée,
Pour vn corps veritable, vne feinte nuée.
  C'est pourquoy si souvët les plus grāds font effort   Amplifi
D'esteindre leurs voizins pour estendre leur bord,   cation
Le Magistrat qui bée, afamé d'avarice,   sur ce
En sa chaire nous vend si chere la justice,   suiet.
Et des ames de loup, le Profete menteur,
Trompette de Satan, trompe son auditeur.
C'est pourquoy vend aussi le Docteur sa science,
L'avocat son caquet, l'orateur l'eloquence:
Le mauvais citoyen d'avarice tenté,
Pour trouver des moyens fait perdre sa cité,
Le marchand hazardeux fend la vague aboyäte,
L'vsurier vend son prest & represte sa vente.
  Quoy? bourbier animé, petits nains, petits vers,   Detesta
Vous voudriez, non contents de ce large Vnivers,   tion des
Au delà de ce Tout voz limites estendre,   cœurs
Vous que si peu de terre, ô terre, peut comprendre!   terrestre
O vains balons d'orgueil, ô bouillons inconstans,   & avari-
O terrestre fumée, ô les jouets du Tems,   cieux.
Quoy? la seule largeur d'vne forest secrette
A pluzieurs Elefants peut servir de retraite,
Et la vaste grandeur des terres & des mers
N'assouvist d'vn de vous le courage pervers!
Triste & maudit estat, de ces ames béantes!
O chétifs espions des richesses fuyantes,
Crevāts plustost de biës qu'ils ne s'en soûlent-pas,
Qui cōme vrais porceaux pour autruy se font gras,
Poursuivent, fols chasseurs, vne proye incertaine,
Sement parmi les leurs la discorde inhumaine,
Versent l'eau de despart qui les cueurs desvnist,
Et dressent le buscher qui leurs ames punist.

E 3

Il fou-
haite
plus heu-
reuſe
vie que
celle-là.

Que puiſſay-je tous-jours, côtent de ma fortune,
Loin des flotants hazards du muable Neptune,
Loin des bruits citadins, loin bien loin de la Cour,
Mizerable ſplendeur, des flateurs le ſejour,
Loin de l'Ambition & loin de l'Avarice,
La roüille des vertus, la racine du vice,
Savourer l'heur des chams, nõ pour ſuivre le train
De tes ignobles Roys rayants le champ Romain:
Car ce ſuant labeur, quoy que ta Muſe en chante
(Bartas) eſt du peché la peine renaiſſante.
Le champ ſans cet areſt ſur noz crimes donné,
Euſt prodigué ſes dons, ſans eſtre éguillonné, (re,
Tousjours tousjours la plaine euſt fourni de paſtu-
L'herbe de lict molet, les vapeurs de veſture.
Les prez euſſent tousjours, des fleurs camelotez,
Rempli le nez d'odeurs, ravi l'œil de beautez, (ze
Et neuſt-on veu des vẽts l'haleine eſtre ennuyeu-
Nul animal nuizant, nulle herbe venimeuze.
Mais plus heureux puiſſay-je exẽt de tous eſmois,
Ore aller ſous l'obſcur des creſpines d'vn bois,

Vi heu-
reuſe des
chams,
par la
brieue
deſcri-
ptiõ de
la ſoli-
tude.

Ore ez cimes d'vn mont, ore au fond des valées,
Ore ez bruyants contours des rives reculées
Et vᵒ ſuivãt, mes Sœurs, mes Muſes, mes Amours,
Aupres de vous couler le reſte de mes jours.
    Deſſus le mol tapis des fleurettes brunies,
J'orray de voz doux airs les ſaintes harmonies.
Or' ſous l'ombre mouvãt des trẽblẽtãts ormeaux,
Doucement ventelez des mignards Fauoneaux,
Les oyzeaux caquetards par leurs douces merveil-
D'incroyable plaizir flateront mes aureilles. (les,
Ores la petite eau des ruiſſeaux ondoyants
Fendant diverſement de ſes flots bégayants.

Et de la
venerie.

Les prez veſtus de verd, fera d'vn doux murmure
A mes plus griefs ennuys vne griéve cenſure
Tantoſt je pourray voir le Cerf ſemmé des cors,

En

En broſſant les haliers, ſortir hors de ſes forts,
Mettre en defaut les chiës par ſes ruzes ſoudaines,
Ez landes forlonger, gagner ores les plaines,
Or' ſon rembuſchement, & rentrant dans le bois
Eſtre abatu des chiens, & rendre les abois.
Or' verray le Limier qui à l'horrible Laye,
Hardi, fera quiter le reſſuit & la haye,
Puis au trantran du cor, promtement ſe lancer
Les léuriers atirez, la beſte eſcumaſſer,
Bourſoufler, & ſa trace aprocher, foudroyante,
Du Veneur qui l'eſpieu vers l'eſcu luy prezente.
Bref, j'auray tous plaizirs, & mon aize immortel
Vaincra l'heur de Datyl, de Scylle & de Metel.

Que ſi fuyant le ſoin des afaires publiques,
Ie ne fay ſous mes loys trembler les Républiques,
Si d'vn drap tiſſu d'or je ne charge mon corps,
Mon ame de deſſeins, mes cofres de trezors,
I'vzeray le cours brief de ma tranquile vie
Sans reproche, ſans peur, ſans peril, ſans envie:
Libre, ou ſi quelque choſe eſclave mes bonheurs,
Douces Sœurs ce ſeront voz charmeuzes douceurs:
Riche ou ſi de ſes biens la fortune m'eſt chiche,
Si vivray-je content, & content ſeray riche.

Fin du troiſieſme iour.

E 4

QVATRIESME
IOVR DE LA
SEMAINE
DE C.D.G.

PRES, Dieu dit, Qu'il y ait luminaires en l'Estendue du Ciel, pour separer la nuit du jour, & soyent en signes, en saizons, en jours, & en ans. Et soyent pour luminaires au firmament du Ciel, afin de donner lumiere sur la Terre. Et fut fait ainsi. Dieu donc fit deux grands luminaires, le plus grand pour gouverner le jour, & le moindre pour gouverner la nuit, & les Estoiles. Et les mit au firmament du Ciel, pour luire sur la Terre, & pour gouverner le jour & la nuict, & separer la lumiere des tenebres. Et Dieu vid que cela estoit bon. Lors fut faict le soir & le matin du quatriesme jour.

Ayant à traiter des Astres, il reprimed'en-

VBTILS *Endymions, esprits trop curieux,*
Qui rampez sur la Terre, & volez dans les Cieux,

Qui

Qui cerchez feüilletants au regiſtre ſublime
Qui les Aſtres contient, du monde le regime,
Qui taſchez noſtre aureille enrichir de raiſons,
Pour enrichir d'argent voz frilleuzes maizons,
Et voulants precõnoiſtre & la mort & la vie,
Empliſſez voz eſprits d'une docte folie:
Vous trompez voz labeurs, voſtre vain baſtiment
Ne peut qu'il ne s'eſboule, il manque au fondemẽt.
Pluzieurs q̃ mieux q̃ voº ſur les voûtes ſupréſmes
Ozẽt droit le niveau, baſtiſſent mal eux-meſmes,
Et donnent à ma Muſe aujourd'huy pour eſbat
De leur palpable erreur le penible combat.

O Gouverneur du Ciel Roy des Aſtres qui armes
Le Soleil de ſplendeurs, les Pleiades de larmes,
D'ardeurs la Canicule, Arcture de glaçons,
Et du peuple brillant ſçais le nombre & les noms:
Donne-moy libre entrée, ente à mes flancs des ailes,
Enleve enleve-moy, deſbouche mes prunelles,
Pour, d'un œil Lyncéã, mieux qu'autre appercevoir
Du Ciel & des Brandons l'empire, le mouvoir,
La clairté, les travaux: qu'armé de raizon j'oſe
Infirmer les raizons qu'on afirme ſans cauſe,
Promener le lecteur par les Cieux azurez,
Et guerir les cerveaux d'erreur plus vlcerez.

Dieu, le peintre excellẽt des beautez de Nature,
De ce riche deſſein n'eſbauchant la peinture,
Pour d'un laſche crayon, au bezoin la quiter:
Ains y voulant ſa gloire au vif reprezenter,
Ayant donné ſon luſtre au tableau de la Terre,
Il couche les couleurs du rideau qui l'enſerre,
Semant l'azur du Ciel de flambeaux radieux,
Conducteurs de l'année, & Lampes de noz yeux:
Mais ainſi que noz mains n'ont la force d'ateindre
Aux fleurons, qu'à traits d'or, au Ciel il voulut
    peindre,

trée les Aſtrologues judiciaires.

Inuoque derechef le vray Dieu, pour eſtre eleué ſur les cieux parler des corps celeſtes, & eſtre toujours armé de raiſons. Pourſuite de la Creation.

106 QVATRIESME IOVR
L'humain esprit ne peut sonder jusques au bout

Refutatiō touchant la substance des feux celestes.

L'essence des clairs yeux qui contournent ce bout.
　Si le pinceau divin, en dorant leur paupiere,
Du premier-né des jours prit la blonde Lumiere,
Si Dieu, la divizant, des Estoiles fit l'ost,
Ce n'en fut la matiere, ains la forme plustost.
Car du peuple estoileux la matiere excellente
Est vn corps qui transmet la lumiere brillante,
Et l'esclairante forme est la mesme clairté
Pour qui ce corps brillant vn astre est reputé.
　Autant est differente à l'antique Lumiere,
De ces flambants rubis la lucide matiere,
Que le léton bruni du chandelier creuzé,
Differe du long suif dans la doüille pozé,
Et la chandelle fait de la meche alumeé,
Qui vomissant, tremblante, vne grasse nueé.
Vainq de flames la nuit, & par son long veiller
Fait vn petit Phebus dans ta sale briller.
　Nous de Dieu les enfans, differons tout de mesme
Du grād Dieu qui tout seul est la splēdeur supresme
Et nous par son esprit des flambeaux, qui divers,
Luizons ez tors sentiers de ce Monde pervers.
　Nō que biē qu'en ces feux recognoisse nostre ame
Et le lustre & le chaud, accidents de la flame,
Leurs corps soyent composez de ce feu qui reçoit
Sa vie en sa viande, ou d'autre que ce soit.
Car ces balons ardents, ces roûlants luminaires,
Ne pourroyent estre feu sans estre elementaires,
Ny sans estre asservis aux divers changements

Quelle est leur substance.

De qui sont homagers les jumeaux Elements.
　De ces fauves brandons l'admirable substance
Mon Saluste, est plustost vne cinquiesme essence,
Vn Estre relevé sur ce qu'on voit compris
Sous la vaste rondeur du celeste pourpris.
Que si du nom de feu ces torches on apelle,

Faut-il

Faut-il croire pourtant leur substance estre telle?
Si lon nomme Phebus, si lon nomme Phebé,
Vn or estincelant, vn argent recourbé,
Croit-on l'œil donne-jour, croit-on l'Astre muable
Vn metal iaunissant, vn argent veritable?
Si lon nomme le Ciel, si Neptun floflotant,
Vn estendu cristal, vn azur tremblotant,
Croira-ton ce lambris, croira-ton la marine,
Vn crystalin plancher, vne plaine azurine?
Ainsi du large Ciel les courriers estoilez,
Quoy qu'ils ne soyêt des feux, dez feux sont apelez:
Parce qu'aux yeux seduits leurs flameches reſſëblët
A des nocturnes feux qui loin de noz yeux trëblent.
Comme il semble, le soir, que le rouge Titan
Se couche au moite lict du vieillard Ocean:
Ou qu'il semble à pluzieurs, dont l'erreur populaire
Couvre les yeux maillez d'vne fraude contraire,
Que le Ciel sursemé d'escus estincelans,
Courtizant nostre Mere, aille autour de ses flans:
Bien que cette grandeur d'escussons mouchetée,
N'entourne en se roülant, la rondeur habiteé.

 Ie ne dy point pourtant que nostre rond sejour
En châque jour parfait parface vne mesme tour:
Que nous semblïos ceux-là qui se fiants aux rames
Cōmettët aux vëts prōpts leur navire & leurs ames
Et s'esloignans du port, cuident d'un œil seduit,
Que la nef ne se bouge, & la rive s'enfuit.
Ie ne donnay jamais, aueuglé d'ignorance,
Telle prize à l'erreur sus ma ferme croyance:
Ny jamais Copernic ne voulut, abuzeur,
Abatre son renom pour bastir cet erreur.

 C'est trop estre atizé du feu de jalouzie,   *Apologie pour*
Bartas, c'est trop fouler sous les pieds de l'Envie   *Copernicus, ex-*
L'incomparable honneur de ce docte Germain,   *cellent*
D'enseigner que voulant d'vn precepte si vain   *Astronome.*

Noz ames alaiter, il mist pour veritable,
Le journal mouvement de la Terre habitable.
Non non, ce rare ouvrier, pour bastir seurement,
Ne met-point comme ferme, vn si vain fondemẽt:
Nõ cõme vn cas certain, mais cõme vn fait capa-
Pour mieux mõtrer au doy, sa doctrine probable. (ble
Or ceux qui pl⁹ experts, foüillẽt d'esprit & d'yeux,
Les esmaillez recoins des campagnes des Cieux,
Ne tirent pas tousjours de leur doctrine pure
Les preuues, les raizons, des effets de Nature,
Ny des diuers subjets dont leurs doctes escrits
Dans le Cirque d'honneur exercent les esprits.
Ains de cent fictions, dont il n'est necessaire
Qu'on les expoze aux yeux de la Verité claire.
Car ce subtil sauoir mesme assez peut trouuer,
Quand ses nombres il peut iustement retrouuer,
Quand des Signes il suit l'insigne experience,
Et des Astres glissants desmontre l'aparance.

Que si telle hypotbese en si graues escrits,
Semble par trop estrange aux estranges esprits,
Nostre œil n'en voit-il pas, mais de pl⁹ incroyables,
Dans les doctes feüillets des Atlas veritables,
Qui portãts leurs regards dãs les chãbres des airs,
Le Ciel dessus leur dos, leur nom par l'Vniuers,
Soyẽt modernes, soyẽt vieux, no⁹ descouurent fidel-
Les vertus & les noms des celestes prunelles? (les
Puis, comme encore escrit ce studieux Germain
A Paul qui tiers du nom, tint le siege Romain,
Si ceux qui déuançants de maints ages son age,
Au celeste sauoir ont bien feint dauantage,
Sans foüiller leur renom. Pourra til pas sans peur
Que l'enuieuse dent deschire son honneur,
Forger sus son papier des feintes controuuées,
Puisque ses feintes sõt mieux sãs feinte aprouuées
Que de ses déuanciers, & respondent bien mieux
Aux

DE LA SEMAINE. 109

...ux offices divers des chandelles des Cieux?
Certes, entre ceux là qui remparants leur vie
...es armes du sauoir, triomfent de l'Envie.
...orne ses lauriers de ce los souuerain,
...'auoir mieux fait toucher par le faux le certain,
...ue Ptolemée enflé d'un sauoir si extresme,
...y les Alfonces n'ont le vray par le vray mesme:
...insi donque plaidant de son dire l'exces,
...euant vn juste juge, il gagne son proces.
...insi de Copernic la feinte non croyable
...st de son bel esprit un effet veritable:
...ans que des animaux le fertile sejour
Dedans un jour entier face un entier contour.

Non que pourtant du Ciel la voûte reluizante   Refuta-
...ourne tourne à l'entour de la Terre pezante.   tion du
...a main du grand Ouurier dans le Ciel se seant. mouue-
Ny nature en ce Tout, ne font rien pour neant.   ment du
...i comme roüe un pan chaud d'amoureuze flame   Ciel.
Le Ciel raude sans cesse à l'entour de sa Dame,
Il faut que le grand corps de ce Rond s...ernel,
Pour soy mesme, ou pour autre, ait ce cours perēnel.
Que si tel roülement pour soy-mesme il reserue, Que le
Quelque chose il aquiert, ou l'aquis il conserue. Ciel ne
Semblable au mesnager, qui prevoyant de loin,   meut
Egalement chargé de famille & de soin,   poursoy
Ny de corps ny d'esprit nuict ny jour ne repose, mesme.
L'ardeur du gain boüillonne en ses veines enclose,
Ou tasche à conseruer: car les los n'est moins beau
De conseruer l'aquis, qu'aquerir de nouueau.

Si le palais luizant de la Cour immortelle   Que le
Aquiert par ce grand tour quelque chose nouuelle, Ciel par
Son rond d'Astres broché de soy donc ne l'aquiert, le mou-
Car sa noble Estendue a l'heur qu'elle requiert. uement
Puis en mesme respect cette sale supresme,   ne pour-
Agente & patiente, agiroit sur soy mesme.   roit rien
                                                  aquerir
                                        Que   de soy.

Que si ce Monde actif par son propre mouvoir
Vn plus illustre estat de soy pouvoit avoir,
Il l'avoit jà desja, dont il n'est necessaire
Qu'il cerche en tournoyãt, ce qu'il tiẽt d'ordinaire:
Ou si, pauvre, il n'avoit ce qui devoit l'orner,
Donques son bleu crystal ne se l'est peu donner.

Ny d'ail- N'oy-je point repartir quelque ame fantastique
leurs. Qu'il l'a dõques d'ailleurs? Belle & docte replique
Qui chancelle douteuze, ainsi que le vaisseau
Qui sur les creux sommets des mõtagnes de l'eau,
Divague entre deux vẽts: L'vn d'une aspre secousse
L'eslance contre mont, l'autre à val le repousse,
Et le pasle naucher ne voit pour tout confort,
Que l'image du deute, & l'ombre de la Mort.

Si le riche lambris du Ciel porte-chandelles
D'ailleurs se revestoit de richesses plus belles,
Ce plancher marqueté son defaut supléroit
Des vertus que d'embas sa course atireroit.
Mais les choses d'ẽbas qui rãpent moins parfaites,
A si rondes rondeurs si parfaictement faites,
Ne pourroyent en vertu d'aucun valable effet,
Imparfaites, fournir quelque estre plus parfait.
La plus blanche blãcheur de la laine plus franche
A la nége n'ajouste vne blancheur plus blanche,
Du plom estincelant la plus belle clairté
Ne peut doüer l'or blond de plus claire beauté,
La plus froide froideur du glaçon le plus roide
Ne fait que du cristal la froideur soit plus froide,
Ny d'aucun ver luizant la verdastre lueur
Ne sauroit de Phebus acroistre la splendeur,
Car le blanc, la beauté, le froid, l'ardeur pourprée,
De la nége, de l'or, du crystal, de Thymbrée,
Vainq la blancheur, le beau, la froidure, l'esclair,
De la laine, du plom, de la glace, du ver.
De mesme des corps bas le plus parfait n'ajouste

*n plus excellent estre à la celeste vouste:
Car le toit estoilé surmonte en son esclat
Des corps du Monde bas le plus parfait estat.
   Or quoy que de Raizon la vainqueresse espée
En ce monstre fécond cette teste ait coupée,
Vne autre encor renaist, qui d'un erreur nouueau
Croid pour d'enhaut s'orner, se tourner ce rideau.
Mais des choses d'enhaut, cette Tente azurée
En vertu du mouuoir, n'est-point plus decorée:
Pourquoy s'en preuaudroit le cambré Firmament,
Pustost que par le corps, par le promt mouuement?
Seroit-ce, je vous pry, que sa vaste Machine
Des choses de dessus, en roüant, s'auoizine
Ou pour se preparer, sous la faueur d'enhaut,
A mandier quelque aide à son propre defaut?
S'en auoizine til quand la vouste estoilée
De son centre arrondi n'est jamais reculée:
Et l'insigne Artizan, qui ce plancher a fait,
Dont la supresme main le rendroit plus parfait,
Comme estant tout par tout, tousjours se manifeste
Pres du brillant azur de l'Olympe celeste?
Si tu tiens qu'il se meut pour se mieux preparer.
Ce champ doré de fleurs pourroit donc s'alterer,
Car la susception aboutist la souffrance.
Mais l'azur estoffé de la Courtine immense,
(Comme vous qui pensez, esprits d'erreur espris,
Que sa grand chape meut, l'auez mesme compris)
Non plus qu'aux chāgemēts, aux passions ne plōge:
Dont c'est marcher pipeur, sous l'adueu de mēsōge
D'enseigner par le cours d'vn inuenté mouuoir
Que le Ciel porte-feux puisse rien receuoir.
   Mais ayant despoüillé de ces legeres armes
Le scadron formillant des contraires gendarmes,
Ils grincent de furie, & reuenant sur nous,
Ores, faute d'espée, ils s'arment de caillous.

Qu'il ne
pourroit
nō plus
par le
mouue-
mēt cō-
seruer ce
qu'il a.

Ce

Ce champ semé de feux où rayonne la gloire,
En qui l'or & l'azur contestent la victoire,
Remplissants à l'envi nostre cueur de dezir,
Nostre esprit de merveille, & nostre œil de plaizir,
Conserve, dizent ils, son heureuze abondance
Par l'eternel retour de son antique dance.
Mais quel puissant effort peut rendre sans vertu
Le sacré pavillon d'estoiles revestu ?
D'autre part le mouvoir (pour suivere dans Lycée
La lice dez long temps par les doctes tracée)
Est plustost pour s'armer d'vn estre plus exquis,
Que pour garder l'estat qu'vn lōg tems s'est aquis.
Puis perdant, cōme on croid, ses cadances à l'heure
Que les morts non plus morts delaissants leur de-
   meure,
Auront, les vns haussez au Royaume d'honneurs,
Plaizirs dessus plaizirs, bonheurs dessus bonheurs,
Et les autres lancez dans les flames severes,
Regrets dessus regrets, mizeres sus miseres :
Le plancher recourbé du Fort de l'Eternel,
Tout ainsi qu'il perdroit son contour perennel,
Veuf, ne perdroit il pas sa vertu coutumiere,
Ne la pouvant garder par sa course premiere ?
Que si lors l'Artizan de tout ce grand pourpris
Peut de sa forte main prezerver ce lambris,
Peut-il pas ore aussi par la mesme puissance,
Conserver ce grand toit sans aucune cadance ?

Qu'il ne   Mais desja je t'oy plaindre, ô lecteur curieux,
meut nō Qui me taxant d'oubli, croids la voûte des Cieux
pl° pour Pour autruy tournoyer. ô créance hommagere
autruy.   Du mensonge pipeur ! ô fuite trop legere !
Se perdant comme fait l'oyzillon descendu
Pour bequeter le grain sur la plaine espandu
Qui chassé d'vn caillou, soudain s'enfuit, & donne
Dans la trompeuze ret qui son vol emprizonne :
                               Car

Car si le cercle astré se roule pour autruy,
Se roule, ou pour ceux qui regnent dessus luy,
Roule ou pour les égaus, ou roule pour les choses
Dessous le daiz cambré de sa vouteure encloses.
Pour les hauts, quel profit leur peut estre aporté
Par le branle assidu de ce rond moucheté?
Quel bien peuuent prester, roulants continuelles,
Aux natures sans corps les choses temporelles?
D'égaus, il n'en a point. Quant aux choses qui sõt
Sous l'egale hauteur de cet Estage rond,
C'est là vrayment c'est là que le Cygne qui chante
Dessur son bord Gascon la Machine naissante,
Estime pour certain seruir plus proprement,
De ce lambris vanté l'inuenté roulement.

Mais toy texte sacré, mais toy Diuine page,
Qui de l'Ouurier du Ciel dis le celeste ouurage,
Qui sort par le droit fil de tes discours hautains
S'arrest aux plus subtils, & de reigle au plº saints
Nous aprends que ce sont les ardentes lumieres
Qui par ces chams dorez vont courants leur carrieres,

Que ce sont les Astres qui meuvent par preuues diuerses

Les Topases du Ciel qui font par leur mouuoir,
Cà-bas, aux corps diuers, diuers biens receuoir.
Et toy grand Iesséan, grand Chantre, grand Poëte,
Grand sonneur, grand guerrier, grand Prince, grãd
    Prophete,
Toy dy je, ô grand Dauid, en exaltant le cours
De ce courant Flambeau flamboyãt tous les iours.
Dont la course est par tout la source de lumiere,
Ne donnant point au Ciel de dance coutumiere,
Chantes que l'Eternel dans ce champ a donné
A l'ornement du Monde un palais bien orné:
D'où sortant matineux, & devant son vizage
Chassant l'horreur, le froid, le somme & le nuage,
Il semble un bel espous de sa chambre sortant.

Qui

Qui d'vn poil frizé d'or & d'vn œil esclatant,
Resjouïst, attendu, la presse deZireuze
De voir le doux aspet de sa face joyeuze.
Puis il va s'esgayant, tel qu'vn grand cavalier,
Qui voulant pour l'honneur emporter le laurier,
Ietant le feu devant, la fumée au derriere,
Enfonce de roideur vne longue carriere,
Par-court dedãs vn jour les campagnes des Cieux
Par-tout ses rais eslance, & dévance tous yeux.

Retro-
gradatiõ
du So-
leil.

Ie tay que Dieu cassant, en faveur d'EZechi
L'arrest qui arrestoit la course de sa vie,
Recula, non le Ciel, ainçois de dix degrez,
Du postillon du jour les cheuaux alterez,
Tesmoin ce grand Proféte à qui fut parricide
Manassé menacé, tesmoin le Siracide.
O Roy vrayment plein d'heur, pour qui le Roy des
    Cieux
Fit trangresser ses loys au Soleil radieux!
Le Soleil se faillit! les bois s'esmerveillerent
Quand au lieu d'avãcer, leurs ombres reculerent
Nature en fut esmeüe, & prenant son manteau
Tout sursemé de fleurs, tout passementé d'eau,
Portant le Monde ez mains, & sur ses blõdes tresse
Vn cofin d'or comblé de fruits & de richesses:
Cuida s'en plaindre à Dieu, s'avança par trois fois
Trois fois se recula, trois fois tança sa voix,
S'avizant que Phœbus, dans sa carriere immense,
A la voix du grand Dieu se recule & s'avance.
  Quoy? ce Prince aussi saint qu'ërichi de pouvoir,
Dont rien n'a peu fuïr les yeux de son savoir,
Ce grand fils de David, des Mortels le plus sage,
Aux Astres dans l'azur donne libre passage.
Le saint fils de Sirach fait errer sans erreur
Sur les costes du Ciel, des brandons le Seigneur:
Et donnant course à l'ost du brillonnaut Empire,

De

s vaſſaus du Soleil l'ordre & le train admire.
r de croire ces feux reſſembler proprement   Que les
ux cloux d'vn char roûlez, d'vn autre roûlemēt, aſtres ne
rner que de Phebé les courtiẑans agiles   ſont
t des endroits eſpais au mouvoir inhabiles,   cloüez
ſt ravaler, pervers, la grave authorité   au Ciel.
l'auteur qui de tout le naiſtre a recité.
Cette fidelle voix de tous fidelles creüe   Montré
dit point qu'au cryſtal de la perſe Eſtendue   & par
Ouvrier du Mōde ait fait des endroits plº eſpais l'eſcritu-
i de jour & de nuit eſpandiſſent leurs rais,   re S.
ar meſme au jour puiſné deſjà furent baſties
s campagnes du Ciel les totales parties)
ins ſans plus que l'Auteur de cet ample Vnivers
n l'Eſtendue a mis deux ornemens divers,
our regir lumineux, l'vn le jour amiable,
autre l'empire obſcur de la nuit effroyable)
t les Signes marquāts l'An qui marche touſjours
vec ſes quatre pieds, ſur les mois & les jours.(me
inſi ces clairs Flāmbeaux ne ſōt point du corps meſ
ins ſont des corps diſtincts de la croupe ſupreſme.
t comme hier Dieu fit des campagnes le clos,
our y faire au ſiẑieſme errer les animaux:
Du Ciel au ſecond jour il a tiſſu les toiles,
Pour y faire aujourd'huy promener les Eſteiles.
 De fait ſi l'on diẑoit que le Maiſtre eternel
Les mit partie fixe au poiſle ſupernel,
Ce ſeroit renverſer le ſens indubitable
Des eſcrits emanez de l'Eſprit veritable.
Et faudroit dire encor qu'Adam fut mis jadis
Comme partie fixe au plaiẑant Paradis!
Car cōme on lit que Dieu mit ces corps en la ſphere
On lit qu'au riche Edē Dieu mit le premier Pere.
 O impure doctrine, ô pure fauſſeté?
O d'vn tresgrand erreur plus grande abſurdité!
                                    Erreur

Erreur qui va poussant la raizon incertaine
Cōme un vent fait la nef sur la vague inhumai
Il l'eslance en un banc, luy contre un roc cruel,
Et le roc l'envelope en un gousfre mortel.

Et par la raizon.
Les armes dont Raison combat insuperable,
Convinquent elles pas cet erreur non croyable?
Si les Astres estoyent comme des clous espais
Es planchers lambrissez du Celeste Palais,
Ne receuriez-vous pas, grand muraille du Mond
Semblable aux Elements, la qualité seconde?
Ne logeriez-vous pas, ô sejour souhaité,
Ces qualitez chez vous, espaisseur, rareté,
Ce que mesme n'acorde aucun auteur qui oste
La course aux parements de vostre arcade haute.
Que si l'estat second de ces deux qualitez
Se rencontroit, ô Ciel, en voz rares beautez,
Ne racévriez-vous pas, lambris porte-lumiere
Des autres qualitez l'inconstance premiere,
Le sec, l'humidité, la chaleur, la froideur?
Ainsi verriez-vous pas souffrir vostre grandeur?
Ainsi craindriez-vous pas l'ordinaire ruine
Qui suit les corps diuers qu'ēceind vostre Machi- (ne.

Et par l'experience.
Que si l'Experience adresse sur l'esgard
De ce dire menteur son asseuré regard,
Elle fait esbloüir des rais de sa paupiere
L'erreur bridant le cours des corps gros de lumiere,
Ce grand Egyptien qui aux Grecs studieux
Enseigna tout premier de lire dans les Cieux,
Ce sauant Astronome & Deltique Monarque,
Dit qu'au siecle fameux où le subtil Hipvarque
Voyoit le jour vital, le Flambeau maintenant
Trois degrez & demy, pres du gond, rayonnant,
Tenoit loin du pivot portant ce rond estage,
Plus de douze degrez son flamboyant vizage.
Dont tout jugement clair peut juger clairement

Que

que de soy ce brandon a certain mouvement.
  Encor ce vain erreur desment les tesmoignages *Et par*
Des nō-menteurs Escrits des plus grāds personnages *les tes-*
Soit du peuple Payen, soit du troupeau qui suit *moigna-*
Celuy de qui le frein ce grand Monde conduit. *ges des*
Ceux qui clouët au Ciel ces clairtez nō-pareilles *Philos.*
Qui du Dieu merveilleux sōt Divines merveilles,
Ont veu tous leurs rāpars de maint Payens cernez
Dont le renō n'est sourd qu'à ceux qui ne sont nez.
Tesmoin le fils subtil du docte Nicomache, *Des Pe-*
Qui cōtr' eux empoignant son savoir pour rōdache, *ripateti-*
Et pour glaive sa plume, a voulu, mais en vain, *ciens.*
Mette en leur propres Forts, sō fer dedās leur sein.
Telsqu'vn qui chaud de sang, gros d'hōneur, brillāt
Itāg genereux, vn scadrō de gēsdarmes, (d'armes
Et comme estant de fait docte au mestier de Mars,
Pour quelque tēs, rezifte au dur choc des soudarts,
Mais en fin c'est en vain, car si forte deffence
Rend ses coups sans effet, sans fruit son esperance.
  Ceux qui du grand Zenon retiennent le savoir *Des Stoi-*
De ces grāds yeux d'Argus soustiennēt le mouvoir. *ciens.*
Des antiques Docteurs les plus celebres plumes *Des SS.*
Vōt celebrant le mesme en leurs doctes volumes, *Peres.*
Et font courir sans fin par leur vol glorieux,
Leur renommée en Terre, & les Astres ez Cieux.
Tesmoin Iustin Martyr, tesmoin soit Emissene,
Tesmoin en soit Eusebe, & tesmoin Origene.
Origene qui dit les clairs Astres voler.
Et n'estants parts du Ciel, dans le Ciel s'en aler
Comme le camp brutal sur la Terre feconde,
Les oyzeaux dedans l'air, les poissons dedans l'onde.
Le grand Prestre de Tarse encor l'ateste ainsi,
Toy Procope de Gaze en es tesmoin aussi.
Voire & toy Bouche-d'or, & toy docte Philastre,
Qui tiens l'opinion qui détient cloüé l'Astre
                                   Pour

Pour vne orde heresie, & dont la noire odeur
Sent des Ethniques vains le precepte abuzeur.

Conclusion de cette dispute.

Ainsi l'erreur qui mët que les torches supres[ses]
Sus leurs erres d'azur n'errët point d'elles-mesm[es]
Fait la guerre aux escrits des feüillets sacré sai[nts]
Contredit aux raizons des jugements plus sains,
Combat l'espreuve encor des ames les plus sages,
Et la iuste teneur des plus seurs tesmoignages.
Mais quand la Nuit sortant de son obscur mano[ir]
Vient le pauot au front, trainant le somme noir,
Qu'elle impose vn silëce, & rië ne bouge au Mö[de]
Que des Astres tremblants la clairté vagabon[de]
Ont auroit mille fois plustost nombré les yeux
Dont les clignäts regards trestuizët däs les Cieu[x]
Que poncé les gros traits dont l'aspect montre nu[ë]
De cet aueugle erreur la raizon ridicule.

Du mouuement des Signes du Zodiaque.

Donc par leur propre cours, tousjours poste[rs]
    glissants,
Du Ciel porte-tizons les courriers jaunissants.
Le Mouton qui tout d'or, suit la sente etherée
Qui biaize du Ciel la campagne azurée,
Par les nouvelles fleurs broütelant jour & nuit.
Ramantoit la charüe au Taureau qui le suit.
Ez sillons du Taureau, d'vne course soudaine
Marchët s'entre-tenants, les deux freres d'Helei[ne]
Le Cancre à pas tardifs, esclairé de neuf feux,
Suit les talons fuyards des Bessons rayonneux.
Ainsi que le Lion qui d'Hercul fut la proye,
Tout esclatant de rais, par la celeste voye,
Suit le Cancre brulant, & va de ses longs crins
A la Vierge aime-espys balayant les chemins.
Apres l'Astre puceau, vient l'Astre qui balance
Et les jours & les nuits d'vne égale distance,
Pour ajuster au poids de sa tiede froideur
D'Astrée aux yeux ardants l'excessiue chaleur.

Mai[s]

ais toſt du Scorpion la courſe intemperée
endant de pieds madrez cette lice dorée,
ique d'vn froid aigu. Voire en vain court apres
alopant contre luy Chiron armé de traits,
ar en lieu d'amoindrir ſa froideur vehemente
u vent des dards ſiſlants la froidure il augmente
andis roy Chevre-pied, pour de froid t'exemter,
ondis apres l'Archer ſans ſes traits redouter.
'Eſchanſon qui te ſuit d'vne aleure diverſe,
eut noyer ces froideurs dans les ondes qu'il verſe.
t les aſtrez Poiſſons talonnants ce Verſeau,
oivent au tremblotis du cryſtal de cette eau.

 Ie tay de mille feux la diverſe nature,   Eſtoiles
u Nord l'ailé Dragon, les deux Ourſes, l'Arcture, du Pole
a Couronne aux plis d'or emperlez, de neuf feux, Arcti-
eſpoüille d'Ariadne: Et le Trait lumineux. que, ou
amyre agenoüillé, la Lyre delectable, Septen-
'Herculide portrait, le Serpent redoutable, trional.
e dos-ailé Cheval, l'Aigle Promethéan,
e Sauveur d'Arion, & l'oyzeau Ledéan.
ndromede qui voit non loin d'elle ſon pere,
ous ſes pieds ſon eſpous, ſur ſa teſte ſa mere:
e Triangle brillant, le chef Gorgonien,
t le Coche pourpré du Prince Athenien.

 De l'Auſtre je tairay l'Orion & le fleuve De l'An-
ui flotant par le Ciel, la Lombardie abreuve: tarcti-
a Baleine, le Chien, l'Avant-chien haletant, que, ou
'Hydre, le Lievre, Argon, le vaſe bluetant, Meridio
e clair Loup, l'encenſoir, le Courbeau la Couronne, nal.
t le Poiſſon doré qui vers Midy rayonne.

 Mais tairay-je que Dieu n'a câpé par troupeaux Que les
n vn huitieſme Ciel tant & tant de flambeaux? Eſtoiles
t que la main qui d'or brocha ces larges toiles fixes ne
e fit autant de Cieux que d'errantes Eſtoilles? ſon en
enni Bartas, nenni: tant de Cieux s'embraſſants vn 8.
              Ciel
         Que

Que tu dis l'vn dans l'autre en rond s'estrecissant
Comme ez eufs sous la coque on trouve vne pe[au]
   claire,
La glaire sous la peau, le moyeu sous la glaire:
Sont des traits (que je pense) à qui ton prop[re]
   honneur
Ne permet que ta foy preste aucune faveur.

Preuves par l'escriture.
   L'Hebreu qui du grãd Dieu les faits nous repr[e]
   zente.
Vne simple Estendue en sa page nous chante.
L'Apostre des Gentils, contant l'air vapoureux,
L'estoilé Firmament, & l'Eden bien-heureux,
N'en remarque que trois, luy dont l'ame portée
Des ailes de l'esprit, au tiers Ciel est montée,
Où luit le Paradis, qui passant en hauteur
Les ouvrages divers des mains du Créateur,
Monstre aux plus lousches yeux la grand' sale estr[e]
   vnique
Où du Roy des Flambeaux luit la cour magnifique.

Par les anciens docteurs
   Ainsi creus-tu jadis (Damascene Gregeois,)
Ainsi le saint Prelat du peuple Milanois.
Ainsi des Bysantins le prescheur treshabile,
Ainsi Theodoret, ainsi l'a creu Basile.

Par les propres sens.
   Celuy qui bien sensé croid au sens de ses yeux,
Au cave Firmament ne supose des Cieux.

Par la raizon.
Que si de la Raizon cerchant l'apuy valable,
O Cygne en belle voix sur tous autres louable,
Tu chantes que le Ciel de plus grande grandeur
Tous les Cieux envelope en sa promte roideur,
Et les traine en vn jour de vitesse inoüie,
De l'Indie en Espagne, & d'Espagne en Indie,
Doy-je par ces roideurs de plein vol emporté,
Contre l'effort du vray bander ma volonté?
Car des Astres flameux la celeste science
Doit tousjours de Nature observer la constance,
   Sans

DE LA SEMAINE.

ans permettre à l'erreur de prester dangereux
on infidelle fer pour en rompre les nœuds.
Mais pourtant cette vaine & vulgaire doctrine,
Ce precepte fondant la nature ruine,
ntroduizant en elle vn cours qui violent
De si notables corps va sans cesse roulant,
oire & contre son gré, si de course obstinee,
ls marchent du Ponant vers l'aube safranee.
  Si tu tiens châque Ciel voizinant plus hautain   *Obje-*
'inescroulable mur du palais souverain,   *ction.*
aire tant plus long cours, & si telle créance
emparant ta raizon d'vne foible aparence,
e fait fantazier que ce courbe rideau
ù l'immortel brodeur parsema maint flambeau,
oit en sept fois mil ans ses courses terminées,
t qu'au neufiesme il-faut sept fois sept mille an-
'est-ce pas no⁹ instruire en l'escole d'erreur? (nées   *Respõ-*
'est-ce pas t'apuyer sus vn rozeau mal seur?   *ce.*
t n'estant esquipé d'armeure deffensible,
ontre les roides coups du mensonge nuizible,
e laisser atterrer au premier choc donné
ar l'erreur que les Iuifs ont au Monde amené?
ais-tu pas que de Dieu l'eternelle ordonnance
yant aux fils d'Isâc prescrit la remembrance
u solennel Sabat, pour observer, prudens,
t la septiesme annee, & la semaine d'ans:
es Rabis dans le champ de cette ample matiere
leurs esprits legers voulants donner carriere,
nt détorqué le cours de sept ans redoublez
u resveur mouvement des planchers estoillez?
  Si l'adresse distincte ez courses differentes
t des fixes charbons & des torches errantes,
yant esté conceüe ez esprits curieux.   (Cieux,
fait dans leurs cerveaux naistre vn monde de
Car des fixes flambeaux la fretillarde dance

F

Dans l'azur grivolé garde mesme distance,
Et des brandons errants les branles incertains
Sont or' joints, ore espars, or' loin, ore prochains,
Quelle raizon les meut? Quelle forcenerie
Les fait dessur le vray s'eslancer de furie?
Et quel noir tourbillon, fils de leur vanité,
Fait branler inconstant, leur discours agité.
Ainsi qu'un papillon, qui vacilant, s'envole
Chassé des esventoirs de l'incertain Eole?
Nõ non, tãt de courriers en ces chãs toujours-clai[rs]
Par dedans maint espace, ont leurs branles diver[s]
Semblables aux poissons: l'vn à fleur d'eau se jou[ë]
L'vn nage entre deux eaux, l'autre raze la bouë,
L'vn va plustost qu'vn trait, l'autre fend bellem[ent]
Le cristal redoublé du baveux Element.
Sans que divizant l'eau, nul si fol s'imagine,
En lieu d'vn seul Neptun, mainte sphere marine.
Ainsi, vrayment ainsi, l'azur d'Astres doré
Par l'erreur ne doit estre en maint corps separé.
Ains nous faut raporter, esclairez de prudence,
Des clairs-brillãts flambeaux la diverse cadenc[e]
Non à divers lambris, mais à l'instinct divers
De ces balons ardants qui raudent l'Vnivers,
Cet instinct à l'arrest du Monarque supreme,
Et ce supreme arrest à sa sagesse extreme.

Donque nõ cõme vn clou, mais comme en libert[é]

Du cours des planettes.

Saturne à l'age d'or, à la chiche clairté, (âg[e]
A l'œil morne, au frõt chauve, au corps froid, au l[ong]
En six lustres parfait son celeste voyâge.
Aussi libre que luy son fils alme & benin,
Fait en deux fois six ans son oblique chemin.
Tandis que court son char pres le char de son per[e]
Mars enfumé de poudre, alumé de colere,
Enluminé de sang, trois ans ayant erré,
Borne le cours brillant de son coche ferré,

Flambeau qui dãs soy plus de splendeur enserre
ible fils de Dieu gouverneur de la Terre,
son char janté d'or, ajouste en tout son cours,
heures à trois cents & soissante cinq jours,
tournant châque jour d'une eternelle ronde
le Ciel & les airs, & les terres, & l'onde.
mignarde Cypris, menant à son costé
but, le ris, l'amour, les graces, la beauté,
ouze du Soleil, puis devant, puis derriere,
dans un char d'airain, le Prince de lumiere.
si que sous Phebus elle roule tousjours,
s elle en neuf jours moins parfait sõ viste cours
rcure ayant le chef armé d'ailes legeres,
une verge sa main ses pieds de talonnieres.
la claire Diane en son coche argenté,
gabonde, en un mois a le Ciel arpanté.
O Diane changeante, ô flambeau Cyllenide,
iante Cypris, ô splendeur Titanide,
Mars chaud de furie, ô Iupin bienfaiteur,
Saturne chenu, qui montrent leur Auteur,
turne estre doüé de prudence indicible,
iter liberal, Mars justement terrible,
an plein de clairtez, Cyprine gracieux,
rcure estre savant Diane ingenieux!
Mais Mercure en ce lieu m'arrestãt, me fait dire, *Des fau-*
il n'est point, ô Saluste, Herme guide-navire, *ces E-*
ns brille au Ciel gemmeux sa natale maizon, *stoiles*
en plus noble que n'est la crasse exhalaizon *de Ca-*
çà bas s'alumant, & d'Eole agitée *stor &*
emble comme une Estoile ez navires plantée: *Pollux,*
semblant les guider sous les noms anciens *& com-*
Herme, d'un Nicolas, des deux Tyndariens, *ment se*
d'une Heléne encor, suit d'ailes incertaines *font.*
le mast, le beaupré, la mestre, les aubaines,
les flancs du tillac, & d'un vol inconstant

Est semblable à l'oyzeau, qui larron bequetant,
Suit or' les grains d'une aire, or' parmi les verdu[res]
Bricolant, sautelant, cerche ses advantures.

 De ces legers Ardants souvent le lustre pers[e]
Court ez sejours bossus des dortoirs descouverts:
Car quand des longs Soleils la torche r... mée
Rostist la Terre pasle, une huileuze fumée,
Sur la face des chams des corps morts s'esleua[nt]
S'enflame, & court legere au seul branle du ven[t]
Vray folet, vain effroy, nuiteuze furiole,
Bas-voletant flambard, visqueuze flamerole,
Qui pour sa foible ardeur ne pouvant escheler
Les nuages venteux, fait son feu vaciler,
Ore au frond d'un valon, ore ez cimes d'un[e] ond[e]
Et tantost va percher sa clairté vagabonde
Sur le branlãt toupet du cheval qui fumant, (m[e]
Fait de son prõt mouvoir naistre un chaud veh[e]
D'où nage une vapeur qui s'enflamant facile,
Sur le corps cheminant, fausse Estoille, scintile.

 Mais cependant Mercure, en lieu de me guide[r]
Fait sur les longues mers mon vaisseau retarder.
Et tandis en leurs rangs, sans bruit & sans envi[e]
Des celestes brandons va la gendarmerie,
Qui d'or a ses harnois, qui de meches reluit, (produ[it]

Contra- Tousjours marche, & tousjours des grãds exploi[ts]
diction (Car je puis bien vanter la desmarche tres juste
touchée De ces brillants soldats puisqu'or' mesme Saluste
en pas- Les dit, faizant par fois sa fleche au but donner,
sant. Dans un palais si large au-moins se promener.)
Des in- Or il est bien certain que la flambante presse
fluences De ce vistes courriers, onq oyziue ne cesse:
des Que les doys dont ces feux sont au Ciel figurez,
corps ce- Nous peint dans ce tableau tant d'images dorez,
lestes. Pour repaistre sans plus par leur couleur vermeill[e]
D'estonnemẽt noz yeux, nostre esprit de merveill[e]

Et que ces grãds Archers lancẽt des traits divers
Sur les corps fourmillants par ce vostre Vnivers.
Mais ces courses, ces rais, ces portraits, ces sagettes,
Ne tiennent sous leur joug les choses si sujettes,
Qu'il faille qu'Apollon ne desrobe jamais
A noz yeux, en plein jour, la clairté de ses rais,
Que quelque grãd n'éclypse, & l'Enfer ne noº dõne
Les grifes de la faim, les glaives de Bellonne,
Le poizon de la peste, & verse plein d'horreurs,
D'vn nuage de maux, vn deluge de pleurs.
Tous les ans quelque grãd est raui de la Parque,
Vn publiq accident quelque part se remarque,
Et le Roy des flambeaux cependant tous les ans
Ne desuie en plein jour ses regards tressuiz ans.

  Quelle Eclypse anonça tant de morts signalées
Les tragiques exploits des Françoizes meslées?
Que la Flandre ore à peine exemte d'estendarts,
Seruiroit de theatre aux sanglants jeux de Mars,
Et qu'Ostende où le sang encor montre la voye,
Seroit par vn long siege vne nouuelle Troye?
Quelle Eclypse a predit que ce Duc qui sacré,
Changea son chapeau rouge en vn bonnet ferré,
Contr'elle ayant assis le Martial tonnerre,
Feroit gemir les airs, feroit fremir la Terre,
Et que cet autre Hercul qu'on peut bien dire encor
D'vne seconde Troye estre vn second Hector,
Ce Maurice, ce Mars, à l'Espagnole engeance
Ayant jà pres d'vn lustre opozé sa vaillance,
Ferroit battre ses murs, ses rempars enfoncer,
Tant de moyens tarir, de braves éclypser?
Que si par fois Titan voile son clair vizage,
Le peut-on desmasquer pour marquer le prezage,
Ny rendre consentants ses mouuements soudains
Aux tresjustes malheurs des injustes humains?
Si de maux suruenus quelque exẽple on ameine,

Refutation cõtre les presages de l'eclypse du Soleil.

F 3

C'est fonder un rampart au mouvant de l'aren[...]
Car le soustien du Monde, & postillon des Cieu[x]
A souvent en plein jour, obscurci ses beaux yeu[x]
Faillant, pour ne faillir aux decrets de Natur[e]
Et le succés contraire desmenti l'augure.
D'ailleurs l'humain esprit ne peut s'imaginer
Quel genre de malheurs doit l'Eclypse atraine[r]
Tesmoin l'essay frequent des ames les plus belles[,]
Qui voulans deziner ces mizeres nouvelles,
Se trōpent, nous trompants, & d'un travail ing[rat]
Font enfanter les monts, & naistre un petit rat.

 Heureux, trois fois heureux, qui docte en la N[...]
Aux yeux de son esprit des songes ne figure, (tu[...]
Et dont l'ame à leur naistre estoufant les erreu[rs]
Ne se laisse à tous coups terracer de terreurs!
Si de son grand bouclier la Lune a rebouschées
Les fleches que Vulcan à Phebus a forgées,
L'éclypse ne l'effraye: il n'atend, plein desmoy,
Le fameux accident de la mort de son Roy:
Et contraire au sot peuple, à qui le pied chancel[le]
La voix fault, se poil dresse, & l'estomac pantelle[,]
Voit d'yeux secs, le Ciel morne, en sachant, veuf d[...]
Du rōd palais du Ciel les immortelles loys. (fro[...]

Eclypses vraymēt dangereuses.
 Or un heur malheureux des Eclypses redou[...]
Mais ce n'est point au grād, ains c'est au petit M[...]
Au cueur & au cerveau, q d'un lustre divers, (l[...]
Sont Phebus & Diane au petit Univers.
La Syncope du cueur est l'Eclypse Solaire,
Où cet Astre interdit sa chaleur ordinaire,
Tout est saizi de deüil, les yeux n'esclairent plus,
Le front triste est plombé, les membres sont perclu[s]
Les Astres de cet Astre empruntants leur puissan[ce]
Rebouschent leurs rayons, perdent leur influence,
Le cerveau la refuse au foible sentiment,
Jà le venteux poumon languist sans batement.
         L'afflu[...]

l'affluence du mal l'influence desnie
Que doit verser le foye aux esprits donne vie,
Et les mourants esprits de vivre dezireux,
Chacun en son donjon se retirent peureux.
Les esprits animaux du chef prennent la voye,
Les vitaux vont au cueur, les naturels au foye.
Bref, en ce petit Tout, d'aucun endroit ne sort
Que l'ombrage hideux du portrait de la Mort.
 Si les defauts du cueur sont l'Eclypse Solaire,
La froide Apoplexie est l'Eclypse Lunaire.
Car en ce grief conflit une terrestre humeur
Barriquät les chemins du cerveau jusqu'au cueur,
Du cueur, Soleil humain, le rayon n'estincelle
Iusqu'au rond argentin de l'humide cervelle.
Lors le Monde abregé ses lumieres fermant,
Perd son influs Lunaire, il perd son mouvement:
Sur sa bouche le lys jà les rozes efface,
Son cueur va pantelant, ses membres sont en glace,
Sa voix n'a plus de voix, ses sens ne sentent-pas,
Et son corps declinant encline à son trespas.
 C'est, là Bartas, c'est là l'Eclypse dommageable,
Non l'autre dont ta main nous crayonne une fable
D'ineffables mal'heurs, dont ta bouche, en s'enflant,
Et comme d'un trepied, des secrets revelant,
Conseillere du Ciel interprete d'Oracles,
Prononce aux idiots des sinistres miracles
 L'homme admire peu-sage, un nouvel accident,
Plustost qu'un ordinaire où l'effet est plus grand,
Et l'esclatant Phebus na nul qui le regarde,
Si Phebé s'opozant, la clairté n'en retarde.
Tant il est naturel de voir l'humain cerveau,
Plustost que l'admirable, admirer le nouveau!
 Encor ta main sans crainte oze doner aux flames *Que les*
De l'euidente voûte, un Empire en noz ames: *Astres*
Les veut faire regler nos mœurs & noz humeurs, *n'ont pouvoir sur noz ames.*

F 4

Les veut faire troubler noz humeurs & noz mœu[rs]
Mais ces feux n'exerceants que sur ce qui préd v[i]
Des mortels elements, leur haute seigneurie,
N'estendent point sur l'ame, enfant de l'Eternel,
Ny sur l'entendement, leur pouvoir perennel.
Voire moins fait encore ez choses engendrées
L'influs & le concours des Lampes etherées.
Moins excite les corps leur brillante clairté
Que des bas Elements, la mesme qualité, (parēt[e]
Moins qu'vn train coutumier, moins qu'vne humeu[r]
Et moins que l'aliment dont l'humeur se fomente
Aussi du sep pampré le sang delicieux,
Au mestier d'Eryon souvent incite mieux
Ceux qui nagent au vin, que l'ardante lumiere;
Et l'aspect rougissant de l'Estoile guerriere.
Aussi plus sont encor qu'on voit changer vilains,
Par la Circé d'Amour, en pourceaux les Humains,
Les cerres, le cresson, la roquette amoureuze,
Le friand artichaud, la rave tortueuze,
Le panicaut, l'oignon, le safran, le naveau,
Que de l'alme Venus le liquide Flambeau.

Mœurs de diverses nations d'où procedent.
Que si j'oze tracer du crayon de ma plume
De plusieurs nations la diverse coutume,
Tu verras découler leurs estudes, leurs mœurs,
Soit des divers instincts de leurs vieux geniteurs,
Soit de l'air, soit des lieux, des loys, ou des vsages,
Et non des yeux roüants des celestes images.

Des peuples plus esloignez.
Ainsi des Patagons le peuple Occidental
Est superbe & sans foy, le Caribe est brutal,
Les Parthes bons archers, invincibles les Getes.
Les Numides cruels, cruels les Massagetes.
Ainsi les Thraces fiers, gauchissants au devoir,
Tousjours auec la fraude acordent leur vouloir,

Des Galates.
Les Galates sont fols, les Cretois deshonnestes.
Vrais vētres paresseux, mēteurs, mauvaises bestes
Ain

nſi ceux qui d'Itale habitent les doux chams,   Des Ca-
t abſtinents, diſpos, en veſtement décents,   diens.
ints en faits, mols en lãgue, en parade heroïques,   Des Ita-
treſbons artizans en mauuaiſes pratiques.   liens.
nſi les Eſpagnols ſont graues, rezolus,   Des Eſ-
iſtes, ſobres chez eux, mais chez autruy gouluz,   pagnols
pour des chãs voizins paiſtre leurs ames gloutes
nt touſjours l'œil au guet, & l'aureille aux eſcou
s Anglois grãds & beaux, ſõt ſur mer furieux (tes   Des An-
r terre outre-cuidez, en mets delicieux,   glois.
uſſi friands des chairs que le peuple indomtable
es Germains inuentifs, l'eſt du vin delectable.   Des Ale
nſi les blonds Flamãs ſont vaillants & dizerts,   mants
nt leur langue fléchible aux langages divers,   Des Fla-
nuls autres ſeconds, ſi languiſſante à terre,   mans.
ur vertu ne giʒoit entre Amour & le verre,
ils n'aprenoyent ſi bien, tels que les Brabançons,
es vermeils Holandois les Bacchiques leçons.   Braban-
ais ſi ceux-cy pourtant au vin s'enſeueliſſent,   çons.
t le ſang de la Terre en poiʒon convertiſſent,   Holan-
loin de l'eſtomac leur gros ventre s'eſtend,   dois.
ãs leurs logis meublez brille vn luſtre eſclatant,
eur cœur qui la paix aime, & la fraude n'avoüe
ouſiours avec leur langue à meſme reſſort joüe.
t les François humains, aime-lettres, ouverts,   Des Frã
rõts, ſubtils, biẽ-dizants, ſont d'vn eſprit divers,   çois.
e ſont eux qui vrayment fils aiſnez de vaillãce,
nt la force aux exploits, aux cõſeils la prudence,
nt aux armes l'adreſſe, aux entrepriʒes l'heur,
euls au lict honnorable enfantants la terreur,
eroyent naiſtre à ce Tout vn dezir de ſe rendre,
ils daignoyent conceuoir les deſſeins d'Alexãdre.
t ſeroyent Demy-Dieux au prix des eſtrangers,
il n'eſtoyent à tout ſoufle inconſtants & legers.   Divers
Qui plus eſt la grãdeur d'vn mõt hautemẽt rude   naturels

F 5

En un mesme climat, en mesme latitude,
Voire en mesme degré, fait paroistre en tous te[mps]
Vn changement notable ez mœurs des habitants.
Ceux des monts seront hauts, mais petits ceux [des]
  plaines,
Ceux-là d'agrestes mœurs, ceux-cy des m[œurs]
  humaines.

Ceux des monts sourcilleux postposeront guer[re]
La lyre à la trompette, & l'Olive aux lauriers,
A l'ombre d'un oreneau le frais d'vne myrtaye,
Et le flot doux-coulant au torrent d'vne playe.
De la plaine au rebours les trop mols citadins,
Bien souvent de Mavors voyants les fils mutin[s]
S'iront abandonnants à des lasches retraites,
Guidez de la frayeur, chercheront les cachettes,
Et comme Cerfs sans cueur, armez, ne sauront p[lus]
Leurs cornes opozer à leur proche trespas.
Car les gens, le bestail, l'air, le bois, la pasture,
Sont ez monts escarpez de plus forte nature:
Et la plaine estant grasse, enyure les Humains
Dans les flots doux-amers des delices mondain[s]
Tãt de mœurs q̃ pourtãt sãs espãdre aucũ blas[me]
Ie seme sur mon champ, enseignent à nostre am[e]
Combien l'vzage, & l'art, non l'influant mouv[ement]
Des Carboucles roüants, sus elle ont de pouvoir
Et sans priver d'honneur des Astres la science,
Iettent vn rude frein sur qui trop loin s'eslance.
Car mesme sur noz corps de ces feux ne descend[
Que le destin permis par l'Ouvrier tout-puiss[ant]

Cette verité claire, ô Cynthien Saluste,
En fin te faizant voir cet Empire estre injuste,
Ne te laisse attacher d'un nœu diamantin
Dieu qui des Astres clairs tient en main le dess[ein]
Si bien que t'agitant sur ces vagues mutines
Par un flus & reflus de contraires doctrines,
Tes tourbillons, mon Tous, brizent sans nul rec[ours]

des gẽs
des plai-
nes, &
de ceux
des mõ-
taignes.

Contra-
dictiõs.

on navire aux escueils de tes propres discours.
C'est ainsi que souvent à toy-mesme contraire,
Ce que Saluste a fait Saluste veut desfaire:
Car nous ayant plaqué tant de flambeaux dorez
Comme testes de clous, ez lambris azurez,
Pas d'eux-mesmes mouvoir: Suivãt or' pl⁹ croyable   *Effect du*
Du Prophete Royal le dire indubitable,   *cours du*
Tu dis que comme court vn Prince qui vaillant,   *Soleil.*
Et du brazier d'amour dans son ame boüillant,
D'vne course d'honneur la couronne conteste,
Ainsi brosse Apollon par le Cirque celeste.
Saluste, aussi fait-il: & si le Roy du jour
Fait, d'vn libre galop, ce journalier contour
Aussi libre court il sa carriere annuelle
Et suit châque journée vne lice nouvelle.
Afin que sa lumiere, & sa vive chaleur,   *Cause*
Porte à tous yeux le jour, à tous climats l'ardeur.   *des qua-*
Que le Printems succede à l'Hiver qui grizonne.   *tre sai-*
Au Printẽs l'Esté lasche, au lasche Esté l'Autõne.   *sons.*

   Aussi quãd pour trois mois du logis des Poissons,   *Briéve*
Il va chez le Belier, le Taureau, les Bessons,   *descri-*
Des oyzeaux caquetards les maizõs porte-brãches   *ption du*
D'esgail & de fleurette alors sont toutes blanches: *Printés.*
Par les prez jaune-verts couleuvrẽt les ruisseaux,
L'Abeille vole ez fleurs, l'Aronde ez soliveaux,
Et les petits Zophyrs ba-batants de leur aile,
Vont pantelants d'amour, apres Flore la belle.

   Quand il va redorer de son jaune flambeau,
Le Cancre, le Lion, & le Signe puceau,   *De l'E-*
L'Esté tout desbraillé par les plaines béantes,   *sté.*
Poursuit à doys ternis les Cigales criantes:
Le vent frais se retire ez sapins chevelus,
La bergere se plonge ez ruisseaux mousselus,
On tond le poil des prez, & des mains de Nature
Du prest du laboureur Ceres paye l'vsure.
                                                    Quand

QVATRIESME IOVR

De l'Automne.

Quand du char roule jour le celeste cocher
Va chez le Scorpion, la Balance, & l'Archer,
La Terre se desvest, sous les treilles Pomone
Tortille au cuisse-né de pampre vne couronne.
L'Automne en haletant soüillé jusqu'aux genou[x]
Fait roûler du pressoir vn torrent de vin-dous,
Et le fruit du figuier, la noix, la pomme franche,
La mesle, & l'abricot, laissent veuve la branch[e]

De l'Hiver.

Puis hantãt le chéureul, l'Aiguerol, les Poisson[s]
L'air est plein de frimas, la Terre de frissons,
Les froideurs d'Aquilon d'ailes Hyperborées,
Par les chams despouillez volent dezesperées:
Tous les oyzeaux oyzeux s'aperchants, hérisse[nt]
Ont pour geine la neige ez cavernes musse[z],
Les arbres semblent morts l'Hiuer fait la grimac[e]
Et son nez teint de froid a des lingots de glace.

Loüanges de la Lune.

Pour toy, belle Diane, au croissant argenté,
O tousjours constamment inconstante beauté,
Disciple du Soleil, maistresse du silence,
Que réprouvant Saluste, à bon droit je ne pense
Princesse de la Mer, (car les rais de tes feus (deu[x]
N'esmouvroyent point Neptũ, sans vouvoir l'entr[e]
Sans les airs agiter: Et quand ta lumiere alme
Court les signes d'Autã l'eau du Nort seroit calm[e]
Ornement de la nuit, si l'illustre grandeur
De ton brillant espous agrandist ta lueur,
I'estime qu'on ne doit d'vn blasme si estrange
Obscurcir neantmoins ton corps & ta loüange.
Qu'il nous faille prescher sans les Solaires rais,
Ton front n'estre de soy que sombrement espais:
Comme si de ton œil la brunette paupiere
Encor n'avoit de soy quelque peu de lumiere.
Car levant noz regards vers ton front esloigné,
Il ressemble vn miroir au dos esgratigné,
Dont le plom de par tout n'acompagnant la glace,

Rend mainte tache blanche au cristal de sa face.
Et quand d'vn cercle vni ton vizage plaizant
Oeillade vis à vis ton mari reluizant,
Des transparents endroits sur tō frōt se connoissent,
Cōme au serain des nuits, des lieux clairs aparois-
Dans l'estoilé sentier, dōt l'Ethnique surnom (sent
Vint du laite spanché du poupeau de Iunon.
Voire quand l'ombre espais du terrestre nuage
Au plus haut de ton cours voile ton clair vizage,
De diuerses couleurs se montre la clairté
D'vn masque de léton, sur ton front tacheté.

Ie tay l'emprunt des feux dont ta face s'illustre, *Ses chā-*
Le terme de ton mois, la vertu de ton lustre, *gemēts,*
Et de ton chef cornu le diuers changement *& Ecly-*
Selon que de Phebus tu fuis l'embrassement. *ples.*
Le buscheron ez bois, le bouuier ez campagnes,
Ez blez le moissonneur, le berger ez montagnes,
Connoit mesmes assez d'vn effet non-menteur,
Ton change, ta vertu, ton terme, ta splendeur.
Sait que de tes yeux clos le froid rayon s'éface
Quand à plom ton espous chet sur sa belle face.
Que sortant peu à peu des bras de ton amant,
Vn arc dessur ton front se voûte blanchemēt,
Puis fait vn demy-rond, puis ta blonde paupiere
Vis à vis de Titan, fait ta rondeur entiere.
Puis de là derechef, ton Soleil r'aprochant,
Les cornes de ton front menacent le Couchant,
Iusqu'à ce que sous luy d'amour toute rauie,
Ton demy-rond d'embas la clairté nous desnie.

Ie tairay que par fois quand mesme de ton front
Les cornes vont ensemble, & compassent vn rond.
La Terre à tes rayons opozant son ombrage,
Estend vn crespe noir sus ton morne vizage.
Cōme logeant ton globe entre nous & Titan,
Tu bandes les beaux yeux du grand Pere de l'an:
Bien

Bien que contraire à toy sa beauté ne descroisse,
Son Eclypse soit rare, & par tout n'aparoisse,
   Or ô jour de la nuit, ô Croissant descroissant,
Si son obscur defaut ne va rien dénonçant,
Moins sinistre est le tien, qui bien plus ordinaire
Nous inhibe les feux de ton blanc luminaire.

De l'admirable Eclypse du Soleil, avenu le Jour de la mort de nostre Sauveur.

   Mais ce voile, ce deüil, ce bandeau non-pareil
Qui pour le Monde aveugle aveugla le Soleil,
Quand il vit eclypser sur le bois detestable
Des celestes brandons l'ouvrier inimitable,
Fut vrayment prezageux. L'Eclypse que depuis
Le Soleil de Iustice a faite sur les Iuifs,
Pour dessus nous darder les rais de son vizage,
De cet augure obscur porte un clair tesmoignage.
   Ce frein qui fit jadis rebrousser dans les Cieux
Les flamboyants coursiers d'Apollon radieux,
Qui fit de dix degrez, en faveur d'Ezechie
Prolonger du Soleil la course jà franchie:
Celuy qui pour punir le peuple Amorrhéan,
Retint ferme la bride au char du Tymbréan,
Voulant qu'au fils de Nun, sa coche vagabonde
Fist voir le plus grand jour qui fut onques au Monde:
   Pouvoit bien faire encor transgresser une fois
Au grand Courrier du jour de Nature les loys,
Pour anoncer au Monde une Eclypse divine,
La lumiere aux Payens, la nuict en Palestine:

Conclusion de ce jour par une priere à Dieu.

   Mais toy qui pour l'Hebreu luizois par les dezerts,
Redempteur des Gentils, Soleil de l'univers,
Si ton regard encor sa splendeur a gardée,
Regarde d'un œil clair cette ingrate Iudée:
Conserve ton rachet, & des mains de la Foy
Fay nous ravir à nous, pour nous ravir en toy.
Fay que les rais sacrez de ton œil amiable

Luizent

uyxent par tous les coins de la Terre habitable.
u si pour donner gloire à ton bras irrité,
u fais, en des endroits éclipser ta clairté
e ferme au moins sur nous l'œil doux de ta pre-
sence,
Espan ses clairs rayons sur l'espars de la France,
Et fay par la splendeur de cet Agent vital
Qui la Nature oblige à son feu liberal,
Que dessus tous sans crainte, & sans cesse s'estende
Le vol de mon esprit vers cette autre plus grande,
Où nostre aile ne peut hautement s'eslancer,
Que par l'humble recours d'un tresprofond penser.

Fin du quatriesme iour.

CIN

CINQVIESME IOVR DE LA SEMAINE
DE C.D.G.

N apres Dieu dit, Que les eaux produizent reptile ayant ame viuante, & volaille vole sur la Terre, enuers le firmament. Dieu donc créa les grandes Balenes, & toute créatur viuante se mouuant, que les eaux produirent selon leur espece. Et Dieu vid que cela estoit bon. Adonc il les benit, disant, Croissez & multipliez sur la Terre. Lors fut le soir & le matin du cinquiesme jour.

Il demāde à Dieu nouuelle force pour resister aux erreurs, & descrire au vray

SPRIT qui me guidois ez celestes alées,
Par les riches maisons des citez estoilées.
Toy par qui deuant moy l'aduersaire a fremi,
Et mon glaiue irrité moissonné l'ennemi:
Ores, qu'il reprend vie & ses troupes soudaines
Courent toutes les mers, couurēt toutes les plaines
Aujourd'huy qu'ocupant, deux Empires diuers,

Ses

DE LA SEMAINE. 137

s fuſtes fendent l'onde, & ſes voiles les airs,   la Crea-
n ſecours coutumier à bon droit je demande,   tion des
quipe mes vaiſſeaux, vien couper ma Commäde,   poiſſõs,
lets en furain mes naus, fay qu'vn Zephyr heu-   & oy-
reux   ſeaux.
uſſe leur cours ailé ſur les flots dangereux:
ue voguant remparé d'armes & de prudence,
travers tant d'erreurs, chamaillant, je m'eſläce:
s bleſſe, les deſpoüille, & ſur le bord vaincueur
honnorable troſée appende à ton honneur.

Vous poiſſons, vous oizeaux, dont l'eſchine dorée   Apoſtro-
aye les bleux ſillons de la plaine etherée,   phe aux
ernez voz chefs brillãts ce jourd'huy de laurier;   aſtres
uizez mieux que deuãt, joyeux que voſtre ouvrier   qui en
ãs l'onde & dãs les airs fait fourmiller vn mõde   ſont nõ-
oyzeaux dedans les airs, de poiſſons dedãs l'onde.   mez.

Quand ce docte tourneur eut arrondi les Cieux,   Premie-
a dextre les ſema de flambeaux radieux: re partie
uand l'Vnivers naiſſant ſa ferme baze eut eüe,   de cette
y fit ſurgeonner mainte race feüillue: journée
e meſme ayant aſſis, l'Amphitrite & les airs,   traitant
les veut ce jourdhuy peupler d'hoſtes divers.   de la
ivers, mais qui pourtant ont certain parentage: création
e poiſſon a ſon aile & l'oyzeau ſon plumage,   des poiſ-
vn fend l'air trãſparẽt, l'autre vn criſtal ondeux   ſons.
vn court, l'autre va viſte, & toº naiſſẽt des œufs.   Leur cõ-
Mais ô Dieu! que d'erreurs ô vray Dieu! que de   formité
fables,   auec les
ar dedans maints eſcrits trompeuzement aſſables,   oyſeaux
Des differents troupeaux des enfants de la mer,   Qu'on a
Et des peuples ramants ez campagnes de l'air!   forgé
a Muſe, il eſt certain, jeune encor, s'eſt bien veüe,   vne in-
uivant leur ſente ombreuze, avoir eſté deceüe.   finité
ais ſõ œil qui plus meur darde vn ray plº ardãt,   d'er-
a d'vn plus ferme aſpect la clairté regardant.   reurs,
                                                        ſur la
                                                        nature
                                                        des poiſ-
                                                        ſons.
                                          Tant

Tant que l'Aigle est jeunet chevauchāt les nua[ges]
Il tourne fois à fois, ses yeux vers les ombrages:
Mais quand l'age plus ferme a renforcé ses yeux,
Fixe il va contemplant le Soleil radieux.

Qu'il n'est poussé d'vne vaine gloire à les refuter.
Ainsi mon esprit ore à la clairté s'atache, (sac[?]
Content pour toute gloire, au-moins qu'vn jour
Combien mieux vaut le vray que l'escrit afrōte[?]
Et combien vn Gamon recharcha la candeur.

Premier erreur.
Quand ez chams vagabonds du liquide Portu[ne]
On verroit, ce que non, floter Soleil & Lune,
Cōme on sait pour certain, vivre l'Estoile en l'e[au]
Flairer l'œillet, la rose, & veautrer le pourceau[x]
Ie ne saurois souffrir, non plus que les descrire,
Les songes inventez du navigable Empire.

Second erreur.
Le trop libre escrivain par ses contes nouveau[x]
Par ses carmes Bartas, Zeuxe par ses pinceaux,
Ne sauroyent tant farder l'abus irrecevable,
Que le Cheval marin n'ait le nez d'vne fable,
Qu'il ne soit tout grotesque, & son front deceva[nt]
Ne paye ses vendeurs de rizée & de vent.
Timante en ses tableaux ce qu'il veut reprezente[r]
Mais il-faut regarder que Timāte ne mente.
On peut feindre, & lon feind, qu'ez grand's plai[nes]
                des eaux
Quand les mols ailerons des mignards Zephyreau[x]
Vont refrizans l'azur par leurs contraintes douce[s]
Et le petit flot flotte à petites secousses,
Neptun tout entourné de Trit[on]s trompetants,
Et Tethys au milieu des croupeaux foletants
Dés Nymfes de Neré, pour labourer les ondes,
Sortent des creux vitrez de leurs grotes profondes
Et font mille tournois en domtans refrenez,
Des chevaux par derriere en poisson terminez.
L'esprit en le lizant, de l'ennuy se rachette,
Le papier le reçoit, mais la foy le rejette.

Ie ſay qu'on voit raui, ſe joüer en maint lieu
La Nature ſauante, & ſeruante de Dieu:
Mais mõ aduveu n'admet mille erreurs où noꝰ plõgẽ
Sous ce pretexte vray l'infidelle Menſonge.
Ie ſay bien que Doris ſous le branle des eaux
Fourniſt de mil outils, au peintre de pinceaux,
De glaiues menaçants au gendarme oſte vie,
D'aiguilie au couſturier, au charpentier de ſcie,
De coins au buſcheron, au veneur de maints dards,
De jougs aux laboureurs, aux clers de calemars:
Et que des froids bourgeois de la plaine ſalée,
Dieu, d'vn ſeau different, châque eſpece a ſeelée.
Mais ſans teſte il ne fit, quoy qu'il nous ſẽble à voir   Troiſieſ-
Aucun des citadins du liquide manoir.   me er-
La ſoigneuze Nature, à la plus vile beſte,   reur.
Auec quelque inteſtin, donne vn ventre, vne teſte:
Pour pouuoir l'aliment propre à la ſubſtenter,
Receuoir, retenir, & cuire, & rejetter.

Non plus ne fit l'auteur de tãt de mers preſõdes,   Quatri-
Si grande la Tortue ez Arabiques ondes,   eſme.
Qu'elle ſerue à l'Indois par ſon large manteau,
D'hoſtel deſſus la riue, & de nef deſſus l'eau.
Grand cas que plus la choſe ateint de loin la veüe,
Plus à l'aigu des yeux ſa grandeur diminue:
Cependant plus de loin on vient nous l'amener,
Et plus grande, au contraire, on la nous veut dõner!

Bartas du Veronois croyant les hyperboles
Nous paiſt, ſans y penſer, ſous ces feintes paroles.
Et la Muſe qui jure au menſonge effronté
Vn diuorce immortel, court ſus la Verité.
La Verité pourtant, bien qu'à grãds coups on taſche
De la faire deſmordre, onq ſa prize ne laſche,
N'acule ny recule, ains ferme environnant
Son courage d'vn feu, mil honneurs rayonnant,
Cette braue guerriere à l'erreur ennemie,
                                         A tant

A tant d'heur, tãt d'ardeur, tãt de nerfs, tãt de v
Qu'aucũ ne peut sortir hors de son bras veincue
Que la mort dans le corps, le remord dans le cueu

  La dextre anime-tout fit vrayment la Tortue
De l'Arabe Océan, d'vn grand test revestue:
Mais non qu'il l'ait formée en grandeur surpassa
Le poisson dans la mer vne mer vomissant,
Ou que sa docte main à l'œuvre si certaine,
En lieu d'vne Tortue ait fait quelque Baleine.
Sa main jamais ne faut: Ce qu'or mesme elle a fai
Suit encor sans faillir, son supreme decret.

  Les bataillons quarrez dont cette main puissant
Iadis voulut ranger des Thons l'armée errante,
Gardẽt tousjours mesme ordre, en l'enfance de l'an
Gaignent les chams verd-bleus de l'Euxin Océan
Et quand l'Autõne meine ombrageant son vizage
De rameaux d'oliuier, le bal du labourage,
Sans dezordre & sans peur ces nageans bataillon
Revont des mers d'embas voir les moites seillons

Naturel divers de plusieurs poissõs.
  Pource encor des sujets de la perse Amphitrite,
L'vn dans les flots amers, l'autre ez doux flots ha
Et l'autre, voyageur, trafiquant tous les ans, (bite
De l'vne & de l'autre eau boit les flots differents
Tel est le gras Saumon, la Lamproye estoileuze,
L'Ange delicieux, & l'Aloze aresteuze:
Qui fuyants au Printems les marines rumeurs,
Vont ez flots doux coulants entourez de verdeurs
Mais ny le coy des eaux, ny l'esmail des rivages,
Ny l'apast des douceurs, ny le mol des ombrages,
Ne leur ravist l'amour de leur naturelle eau,
Et vont cercher leur tumbe en leur propre berceau
Mille fois plus prudents que l'homme mizerable
Qui pipé des atraits du Monde decevable,
De sa haute patrie oubliant le retour,
Ez tentes de Kedar veut bourner son séjour.

L

DE LA SEMAINE. 141

Le Liévre en haute mer pourfend l'õde plus viue
Le Merlan suit les rocs, l'Ecreuisse la riue,
Le Loup, brigand de mer, vit de maint poissonneau,
Le Haran de l'eau seule, & d'alge le Corbeau,
L'vn ez mornes palus a son palais humide,
L'autre fend les torrents, l'autre ez fleuues rezide:
Sans que l'orgueil qui fait que l'hõme ambicieux,
Non content de la Terre, attente sur les Cieux,
Leur face outre-passer l'eternelle ordonnance
Qui sans bornes borna leur moite demeurance.
Mais s'ils gardent ces loys, le Canthare loyal
Garde à sa chere espouse vn deuoir conjugal,
Aussi bien qu'vn Orphée à sa chaste Eurydice,
Vn Antoine à Faustine, vn Idas à Marpisse.
Et la Muge en amour, remarquable sur tous,
Fidelle veut mourir pour son captif espous:
Comme pour son Lentule autre fois Sulpicie,
Aria pour Cecinne, & pour Brute Porcie.

De leur diuerse nourriture.

Diray-je le poisson qui contemple tousjours,
Astrologue courant, des clairs Astres le cours,
Et Mercure muet, attire sans harangue
Les peuples escaillez, par l'apast de sa langue?
Je diray ce nageur qui voyant entr'ouuers
Les poissons emboistez, jette vn coin au trauers,
Puis se paist de leur chair. Mais non pas que ruzée
De ses flancs piolez, la Torpille accuzée,
Jetant au long du fil des rampantes vapeurs,
Engourdisse le bras des estonnez pescheurs.
Par fois le bras tendu sur la vague retorce,
Tout gourd, roide de glace, & dezarmé de force,
Laisse choir son butin, non tant par-ce qu'au flanc
De la Torpille habite vn pestifere sang,
Et qu'vn secret poizon, qu'vne haleine cruelle,
Glace d'vn air infect ceux qui s'aprochent d'elle,
Que par-ce qu'estendant dessur le froid Neptun

De leurs merueilleuses proprietez.

Cinquiesme erreur.

Long

Long tems le bras pescheur, vn hiuer importun
Saiʒist nerfs & tendons, gelle muscles & veines,
Et lors si la tourpille, ez Neptunides plaines,
Pendille au fer larron, le pescheur promtement
Laisse en l'eau choir sa prize, & son croche instru-
 ment.

Ainsi souuent (Bartas) pour la longue demeure
Nostre pied s'endurcist, la jambe esclaue à l'heure,
Froide reste immobile, & le membre estonné
De cent cruels poinçons se sent aiguillonné.

Si contre ce tranchant tu veux ton fer esmoudre
Luire contre le jour, bruire contre la foudre,
Le coup, l'esclair, le son, que l'espreuue produit
Surmontera ton glaiue, & ton lustre, & ton bruit.
Car d'un bras non glacé ce poisson s'est veu prēdre,
Et pour d'autres le bras roide & perclus se rendre,
Selon que les vapeurs, la saison, le séjour,
Fauoriʒoyent l'aproche aux froideurs d'alentour.

Suite de leurs meruéilleuses proprietez.

Pescheray-je à mon haim la longue Scolopendre,
Qui du croc aualé, sage, se fait deffendre,
Crache fer & boyaux, puis les remet sans peur,
Elle de trespas franche, & d'apas le pescheur?
Diray-je le Renard, & la Byʒe aime-proye,
Sous l'eau tranchant le fil qu'Atropos leur enuoye?
Le Mulet qui prudent, sous le crystal amer,
Trompe le fil trompeur, en descroche le ver
Par se branlante queüe, & d'une dent hardie
De ce qui tend à Mort fait sustenter sa vie?
La Seche qui sous l'onde ofusquant l'œil pescheur,
Pour n'y vomir son ame, y vomist sa noirceur.
Et cent & cent poissons dont l'admirable adresse,
Rend des pescheurs plus fins peu fine la finesse?

Si la troupe d'erreurs qui m'assiege à l'entour,
Dont le conflit peut mesme alonger trop ce jour,
Brauache, ne pensoit qu'en si belle milice,

DE LA SEMAINE. 143

la Muse s'escartant, jà desjà fuit la lice:
En ce champ j'estendrois & les biens & les maux
Que font au Dieu creé les nageants animaux.
Cy le Caramot gueriroit le Phthisique,   Poissós
Le Hariel cornu le foible Epileptique: medeci-
Cy la ferme chair du taché Maquereau,   naux.
Vaincroit le trop d'ardeur qui safrane la peau,
Et son fiel le poisson qui dresse au Ciel sa veüe
Cy des yeux troublez dissiperoit la nue,
Cy de l'Angelot les eufs resserreroyent.
Et ceux du Barbeau par le haut purgeroyent,
Cy d'Istre accourroit le Silure sauvage,
Dont le fiel sert aux yeux, la cendre au feu volage,
La murie au flegmon, le boüillon à lascher,
L'odeur à la grossesse, aux blessures la chair.
Des poissons au contraire indignes de noz tables,   Poissós
D'apart j'estaleroy les scadrons dommageables: empoi-
Et d'un costé rangeant ces nageurs desloyaux,   zôneurs
Homicides poissons, serviteurs Infernaux,
Ces sergents de Pluton qui glacent nos entrailles
Par le venin caché sous leurs freides escailles:
Chanterois ce Dragon, recelant venimeux,
Ses traitres piquerons par les bancs areneux.
L'Hippocampe enfle-corps, la frissonnante Ortie,
Le poisson dont l'os mort d'Vlysse osta la vie,
Le Liévre de Tethys surprenant nostre Fort
Par la lepre, la toux, la colique, & la Mort.
D'autre costé logeant mainte troupe sauvage   Effroya-
Qui fait horreur aux yeux, aux navires dommage,   bles &
Ie dirois le Belier, enflant les creuzes eaux   dange-
Par les Autans poussez de ses larges nazeaux: reux.
Le Physitere afreux, qui vomissant son ire,
Pour remplir l'eau de naux, remplist d'eaux le na-
    vire:
L'enorme Bayfard, la Lygene au cours prompt,

                         Le

Le Rosmar hérissé, l'Arque armé par le front,
Le Maraxe dentu, les horribles Vivelles,
Et des Oudres brigands les escadres cruelles

Sixiesme erreur.
Mais je ne tairay point que la raizon desment
Que bien qu'a la Balene ait vn lourd mouvemen
Et ne coupe si bien de sa large poitrine,
Que les menus poissons, le plis de la marine,
Nonplus que le Frizon de membres trop chargé,
N'est si promt qu'vn genet en Espagne hebergé:
Vn fidelle poisson dans la plaine liquide,
De ce mont animé soit l'ordinaire guide.
Quand je voy les auteurs colorants cet escrit,
Sus leurs divers tableaux, j'esblouy mon esprit.
L'vn despeint ce noüeur d'vne courte estendüe,
L'autre me le portrait le chef loin de la queüe:
L'vn petit, l'autre grand, l'autre le fait moyen,
Faizãs semblable à tout son corps semblable à riẽ
Quãd j'enquier, curieux, les pescheurs plus habile
Qui foüillent aujourd'huy les campagnes mobile.
Si ce loyal poisson va ces monstres guidant,
Ils m'opozent leur preuve à ce songe évidant.
Les pescheurs Lussiens aux Vasconnes arenes,
Estimez grands chasseurs de ces grandes Balenes,
Pour d'vn plaizant combat guerroyer plus souven
Sous le marbre des flots cet Olympe mouvant,
N'aperceurent jamais sous l'escumeuze plaine
Le guidon fabuleux de la lourde Baleine.

Plaisante description de la pesche des Baleines.
Tairay-je qu'atẽdant des faistes de leurs Tou
Qu'elle recourbe en l'eau ses languides contours,
Sur le train engourdi des bestes nompareilles
Ils tiennent, atentifs, les yeux & les aureilles?
Qu'ayants ouy sans doute, ayants veu clairement
Des aureilles leur bruit, des yeux leur souflement
Ba-baïants le tambour, le peuple ils admonestent
Dont tous à ce signal, non moins viste s'aprestent

Qu

DE LA SEMAINE. 145

Que si Vulcan changeant leurs poutres en tizons,
Faizoit soudain en feu s'en voler leurs maizons,
Ou leurs murs s'escroûloyent sous l'ataque felonne,
Des supost enragez de Mars & de Bellone?
 Donques portans gaillards, les armes dans la main,
L'adresse dans l'esprit, & l'ardeur dans le sein,
Ces Alcides nouveaux à grands troupes se rendent
Au bord, où se berçants leurs barques les atendent.
Lors pour voler sus l'eau ces joyeux escadrons
Emplument châque esquif de dix forts avirons:
Ils les mettent de rang, le cordage ils deslient,
Espuizent le lossec, les voiles ils desplient,
Promtes ames des naus, tirent l'ancre qui mord,
Jaslent, levent la planche, & desmarent du bord.
Puis les uns refrapant des rames leurs poitrines,
Faizans blanchir le flot, tordent les eaux marines,
Autres sur l'animal font de diverses parts
Choir la trouble espaisseur d'une gresle de dards,
Eslancent à l'envi dans la plaine verrée
Des robustes crochets à la pointe acerée:
Dont percé ce corps vaste & de douleurs outré,
Se laisse aller au fond du Royaume vitré.
Lors pour n'estre afondez, les cordes sont laschées
Que tous ces fers volants ont au manche atachées
Jusqu'à ce que le monstre ataqué sans respit,
Ait versé dans la mer son sang & son esprit.
Eux par leurs cordes lors vont tirants sur l'arene,
Vuidez des flots legers la pezante Balene,
Puis partissant la proye, egalizent les parts
De châque champion, au nombre de ses dards.
Si bien que ceux d'entr' eux qui plus ont sur la beste
De leurs fers outrageux renforcé la tempeste,
Recognoissants leurs dards empraints par le graveur
S'en revont plus chargez de butin & d'honneur.
 Ainsi hâchants les flots d'adresse aussi subtile

G

Que le rond Hérisson, le nautil, le Pompile,
Ils combatent sous l'eau, le Priste, l'Espaular,
Le Gibbar porte-bosse, & l'enorme Mular.
Si l'Hermite marin vient sur l'humide arene
Pour changer de logis, aussi fait la balene:
Mais si ce Cancre y cerche un coquilleux berceau
Elle y trouve trainée, un funeste tumbeau.

Septiesme erreur.   Grands monstres de Tetys, grands Géans de Neptune,
Si dans le froid palais d'Inon & de Portune,
Aucun petit poisson ne conduit vostre cours,
Ie ne croy pas non plus qu'en voz moites séjours
Aucun petit poisson, malgré le vent & l'onde,
Bride d'un grant vaisseau la course vagabonde.
Ie say bien que pluzieurs, preferants librement,
Trop credules esprits l'oüir au jugement,
Ont permis cet erreur despoüillé d'aparence,
Estre avoüé soudain de leur fole croyance.
Mais je say bien qu'aussi ce dogme est emporté
S'il jouste, tant soit peu, contre l'Autorité:
Et ne sait de l'armet baisser si bien la veüe,
Tenir l'escu serré, coucher la lance aigue,
Que courant de droit fil, sans d'ateinte faillir,
Combatu par Raizós.   La Raizon sur le champ, ne le vienne assaillir.
Ie plain fort que ton luc de la Raizon s'eslongne
O Bartas, grand sonneur, honneur de la Gascogne
Qui chantes & qui croids qu'opozant son muzeau
Contre le cours ailé d'un envoilé vaisseau,
La Remore l'arreste au milieu d'une flote
Contre l'effort du vent, & le vueil du pilote.
Car en si vile beste un si noble credit,
Ains un effect si grand d'un poisson si petit,
En la sage Nature à bon droit gouvernante,
Ne peut trouver le nœud d'une cause aparante.
Si pour mieux contourner ce Dedale secret,

DE LA SEMAINE. 147

Dans vne oculte cause on cherche le filet,
Quelle forte raizon nous peut forcer à croire
Qu'à ce nageur pluſtoſt apartient cette gloire,
A luy que le hazard peut lors pouſſer fuitif,
Sus le fond arreſté du chaſteau portatif,
Qu'a quelqu'autre ſujet où la cauſe on ignore,
Comme on dit l'ignorer en l'infauſte Rémore?
N'eſprit, franc d'erreur pluſtoſt croira-til pas
Que la cauze vizible eſt au nuizible amas
De la mouſſe, desjoncs & des alges profondes,
Qui ne laiſſants gliſſer les maizons vagabondes
Par les fuyards ſentiers du murmurant cryſtal,
Oſtellent dans leurs plis cet aqueux animal?
Certes, s'il faut qu'au droit la victoire l'on donne,
Mieux vaut qu'à cet effect ceſte cauſe on ordonne,
Puiſque l'œil de raizon quelque apparence y voit,
D'eſtimer qu'un accord d'un ſecret pacte y ſoit,
Sans que des plus experts l'ame plus hardie oze
S'aſſeurer l'effect en aſſigner la cauze.

Maints ſolvables eſprits tiennēt pour fabuleux   Par au-
Que ce concitoyen des bourgeois eſcailleux   toritésé.
Ac arreſte eſpiox, ſous la vague legere,
Au logis trafiqueur la courſe voyagere.
Entre ceux dont la cendre orne l'antiquité,
Toy, fameux Cheronée es de noſtre coſté,
Qui du vaiſſeau reſtif la pareſſe atribues
Aux amas refrizez de ces herbes creſpues.
De ceux qui t'ont ſuivi pluzieurs ont eſtimé
Qu'ez endroits où des naux le cours eſt reprimé,
Sous l'eſmail brandillant des ondeuzes campagnes
Sont cachez des rochers d'aymantines montagnes,
Dont l'hameçon ſecret atire incontinent
Les ferrements divers du ſapin cheminant:
N'y a clou, crampon, boucle, eſperon, ny bande,
Qui pour l'apaſt larron, & l'amorce friande,

G 2

Ne s'arrache, ne saute, & ne s'acroche en fin
Contre les flancs aimez du rocher aimantin.
Lors un retardemẽt aux prõps vaisseaux s'atach[e]
Cõme on voit par les mõts so° qui l'aymãt se cac[he]
Quãd vous marchez dessus, pied ferrez vilageo[is]
Voz immobiles pieds se cloüer quelque fois.
Or pource qu'ez noirs creux de ces roches subti[ls]
Sejournoyent volontiers ces poissons saxatiles,
On a pensé soudain qu'ez chemins tremblotants
Ils inhiboyent la course aux navires flotants.

Par ex-
periẽce.
  Quoy plus? Ceux qui poussez d'un doux lucre
  d'Eole,
De leur maizon venteuze arpentent l'onde mol[e]
Ceux qui bravants la Mort, vont mieux exerci[ter]
Dessur les reins tremblãts des chams contr' agit[ez]
Par leur frequente espreuve, or'à bon droit refu[sent]
Ce que noz peres-grands à ce poisson imputent.

  Bois qui paissiez les vifs, qui vifs n'estiez mo[u]
  vants,
Qui morts, portans les vifs, courez sur les vivã[s]
Qui dit que dessur vous la Remore a puissance,
Arrestant vostre cours sa moquerie advance.

  Postillons vigilants des campagnes des mers,
De Glauque & de Iunõ domtãts l'onde & les a[irs]
Qui courants vagabonds, à pied sec dessur l'o[nde]
Or' le ferme habitez, or' le mobile Monde,
Courez courez, nauchers, aprochez par le vent
Les Trions du Midi, le Ponant du Levant,
Vassaus des flots courez, pourveu que les orages
Qui l'onde envahissants, font la mer sans passa[ge]
Ne vueillent insensez comme vrays Palémons,
S'eslancer au branlant de vos liquides monts.
Courez amants des mers, pourveu que l'avari[ce]
Ez chemins sans chemin, ne vous serve d'Heli[ce]
Qu'ez escumeux climats, escumeurs inhumain[s]

ous n'alliez pour ravir l'or & l'ame aux Hu-
    mains:
ourez, dy-je sans peur qu'une beste petite,
z chams non limitez vostre course limite.
ousjours les vents amis soyët à vostre dezir,(zir.
oz vaisseaux pleins de blés, & voz cueurs de plai
on que le vray permette à mon sens qu'il ignore   Vraye
ue l'aveugle vertu de la ferme Rémore   Remore
eut arrester la nef, sur le flotant séjour,
ais la femme est la nef, la Remore l'amour.
ar ce monde n'estant qu'une mer irritée,
ui de soufles divers tousjours branle agitée,
e vaisseau de nature inconstant & leger,
ousjours au gré du vent de flots voudra changer,
l'amour de l'espous, en un lieu si labile,
e sert d'un ferme arrest à ce vaisseau mobile.
 Ma Rémore pourtant n'est ore autre que toy
ue toy sacré poisson, de tes freres le Roy,
ue toy courbe nageur, toy Daufin aime-lyre,
ui prest à mouiller l'ancre, arrestes mon navire.
 C'est toy mignard poisson, qui pour mieux voir ez
    naus,
omme Roy des poissons, le Roy des animaux,
aizant à mieux courir sur les plaines salées
évances, te joüant, les voiles plus enflées.
est toy, camus c'est toy, qui ne prends nullement
epos qu'en ton travail, sin qu'en t'on mouvemët,
on pas corps vagabõd, qu'ez canaux de tes veines
e coule à flots gluãts, le sommeil charme-peines: Huitief-
ais lors que dans l'azur des regnes ondoyants,   me er-
e doux dormir abat ta paupiere & tes sens,   reur.
oy-mesme t'eslevant sur la vague agitée,
ournes de vers le bas ton eschine voutée,
onfles sur l'eau ronflante, & bercé sans berceau,
yant heurté le fond te r'eslances sur l'eau,

G 3

Et branlé te r'endors, entre-meslant habile,
L'agilité dormante, à ton dormir agile.
Car du somme englué les enchanteurs apas
Sont de tous corps vivants l'ordinaire soulas.
Les familles sans col des Provinces salées
Savourent du sommeil les douceurs emmiellées
Et presque sans mouvoir, repozent repozants,
Comme ez Thons il se voit, qui du repos vzants,
Retirent, sommeilleux, sur la rive endormie,
Du frere de la Mort, le soustien de leur vie.

Seconde partie de cette journée traitant des oyseaux.

Mais serron noz filez, qu'espiants trop ez eaux,
Nous ne laissions dans l'air eschaper les oyzeaux:
Que nostre nef ne soit des vents contre-poussée,
Face eau, se desbarrant, sur l'onde courroussée,
S'ensable en quelque Syrte, ou qu'eschoüez sur l'eau
Par le funeste heurt d'vn roc brize-vaisseau.
Nous ayons bezoin d'estre en si triste naufrage
Des Daufins amoureux portez sur le rivage,
Voire d'autant plustost qu'Arion rechanté,
Que le Mensonge vain cede à la Verité.

Le poissonneux Héron sur les flots ne s'arreste,
Quand sage il y prévoit quelque longue tempeste,
Mais soudain l'air decoupe, & loin bien loin fuyãt,
De son col estendu va sans tréve criant.
Ainsi Muse, ore ainsi, pour l'asseuré prezage,
D'vn grand & long danger, laisson le froid rivage,
Voltigeon dans les airs, & guindez de fureurs,
Eslevon nostre voix contre d'autres erreurs.

Bourde du Phenix refutée.

Là j'oy desjà voler des choses avancées
Par les divers discours des volages pensées,
Et le Phenix premier, se targuant d'vnité,
Fait enfraindre à plusieurs les loys de Verité.

Premierement contre sõ vnité.

Mais quand je n'armerois que la raizon notoire
Contre son vnité, j'obtiendroy la victoire.
Quelle espece y a-til dont l'Empire estendu,

Sou

DE LA SEMAINE. 151

ous son regne puissant n'ait maint individu?
arcourez je vous pry' les especes des plantes,
Des flairants ornements des plaines fleurissantes,
Des corps d'ame anoblis, des reluizants metaux,
Et des trezors gemmeus des noirs Orientaux:
Bref de tout ce qui tiēt quelque estre en la Nature,
Sujet à croissement, astreint à pourriture:
Et vous verrez comment, par vn cours assidu,
Sous sa main châque espece a maint individu.
C'est ce qu'enjoint l'edit de Nature feconde,
Mais de celuy qui seul tient la nature au Monde.
De peur que s'il estoit quelque espece en ce Tout
Princesse d'vn seul corps, elle faillist du tout,
Se corrompant fragile, auant qu'auoir puissance
D'embellir l'Vniuers d'vne semblable essence.
Voudra-ton croire donq l'espece de l'oyzeau
Des plumeux animaus estimé le plus beau,
Le compagnon ainsné de l'inconstante troupe,
Qui des airs nuageux les plaines entre coupe,
N'auoir qu'vn singulier, qui pourra sans renfort,
Aler, sommé, se rendre ez prizons de la mort?
Car puisqu'il est mortel, & qu'afaissé d'années,
Ayant veu mille fois les moissons retournées,
(S'il faut croire Saluste) ez rameaux odorants
Il s'en va repozer, & dépozer ses ans,
Reuoyant tant de fois le Printems & l'Autonne,
Vn scadron d'accidents nuit & jour l'enuironne:
Dont pourroit auenir que le Phénix mourant,
N'estendroit sa triste aile en vn lict doux flairant,
Par ainsi n'estant lors dessur l'Indique flame,
Infini par sa fin, ne reprendroit son ame.
Accident qui feroit cette espece arriuer
Sous le flots d'Acheron, sans jamais releuer.
Nuit & jour s'ouvre l'huis de la tenebreuze onde,
On y peut déualer, mais revoler au Monde,

G 4

Combatue en premier lieu par la raisō.

C'est là, cest là la peine. Et faudroit de nouveau
Pour conserver l'espece en un si noble oyzeau,
Que la puissante main dont jadis fut creée
L'admirable Machine, encor fust employée:
Mais de ce rond sejour le supernel auteur
N'employroit la vertu de son bras créateur,
Car n'at-il pas voulu toute espece estre faite
Le jour qui couronna sa bezongne parfaite,
Et cesser dez le jour du suivant lendemain
Des ouvrages tournez par sa maitresse main?

En secód
lieu, par
l'histoi-
re.

Si vous voulez darder les rais de voz pensées
Dessus le mediter des histoires passées,
Vous pourrez voir à clair que la belle unité
De ce songe volant, n'est rien que vanité.
Quand Dieu fit en lavant cette valée immonde,
Une bonde de l'air, une mer de ce Monde.
Que les daufins, les boucs, les beufs, les loups, le
 cerfs,
Hostes des bois, des monts, des chams, des rocs, des
 mers,
N'avoyent qu'un seul logis, & que la nef fidelle
Fendoit sur les citez la vague universelle:
L'antique historien qu'on ne peut reprocher
Dit que toy double face & fidelle naucher,
Avois mis, grand Noé, dans ta carraque forte,
De tous corps animez deux de châcune sorte.
Si bien que deux Phenix, si point il en estoit,
Vindrent masle & femelle, à l'ombre de ton toit.

Mes curiositez pourtant n'ont veu personne
Ny leu personne encore à qui créance on donne,
Qui tesmoigne asseuré, d'avoir repeu ses yeux
En l'unique beauté d'un Phenix gracieux:
Qui conte, veritable, avoir sur ce mensonge
Ataché son regard, si ce n'est que par songe,
Si ce n'est qu'en peinture, où noz yeux abusez
   Peuvent

DE LA SEMAINE. 153

uvĕt voir mains troupeaux demõstres desguisez
es hommes my-chevaux, des Empuses horribles,
es Eoles jouflus, des Gourgonnes terribles:
ais de si sombres nuits le clair ne peut sortir:
Astrologue & le Peintre ont credit de mentir.
 Certes autant les Grecs, cõme la gent Romaine, *Source*
nt des vains Deltiens pris cette histoire vaine. *de cet*
r qui ne sait qu'ainsi que les dezerts lointains *erreur.*
ù roulent sous les pieds les sablons Africains,
nt esté d'ordinaire en ce point remarquables,
 montrer de nouveau des monstres exécrables:
'Egyptique climat aux erreurs adonné
n mensonges nouveaux a tousjours foizonné?
Qui ne sait que souvent leur adresse subtille
Aussi bien a pipé l'ame la plus habile.
Que la vache à Nicon les taureaux l'acostants,
Et la grape à Zeuxis les oyzeaux bequetants?
 De fait le Veronnois (qui pourtant se dispence
De marier hardi, le doute à la croyance,
Qui trop libre ou reçoit des autres le recit,
Ou fait trop libre croire aux autres ce qu'il dit)
Voyans que la raizon ces frivoles reboute,
Fait nager son avis sur les vagues du doute.
Corneille qui d'vn Cigne a l'accent doux-coulant,
Et qui tousjours Tacite, est tousjours haut-parlãt,
En tient pour tout certain incertaine l'histoire,
Le miracle douteux, & vaine la memoire.
 Si son engendrer naist de sa vaine vnité, *Secõde-*
De l'engendrer s'engendre vne autre vanité: *mét, cõ-*
Car si le gris monceau des cendres recommence *tre sa ge*
A produire vn Phénix, enfãt de sa semẽce, (zeau, *neratiõ,*
Vn oyzeau qui biẽ qu'autre, est tousjours mesme oi *en pre-*
Dont la flume est le nid, la tumbe est le berceau: *mier lieu*
Il faut donc que ce soit par la vive efficace *de sa vie.*
Des corps estincelants du supresme Parnasse.
G 5

Grossiere absurdité! Car s'il fut vrayment fait
Des volants animaux l'animal plus parfait
Ce parfait animal du haut Ciel ne s'engendre,
Côme du surgeon propre où sa source il doit prêdre
Mais c'est l'insecte vil, dont l'essence à bon droit,
De l'orde infection sa matiere reçoit,
Et dont le Ciel brillant est cauze principale,
Sans nul second moyen de vertu seminale.

En se-
cód lieu
de la lô-
gueur
d'icelle.

Que si de telle sorte il se pousoit au vent,
Bien tost il reviendroit tel qu'il estoit devant,
Insecte, & reprendroit la mesme pourriture
Dont il auroit aveint sa poudreuze nature,
Bien loin (Bartas) de voir dessous un Ciel divers,
Glisser le cours roûlant de cent fois dix hivers.
Aussi dez Cheremon de qui sans aparance,
Ta foy par trop credule aprit cette créance,
Tous ceux qui moins môteurs, ont son âge esclairci,
Dedâs maints lôgs escrits, l'ont beaucoup acourci.
Les uns comme Manile, ont à sa vie errante,
Apres cent fois six ans, mis encore soissante.
Autres comme Solin, content que cet oyzeau
Cinq cents quarante fois voit le gay Renouveau.
Autres, comme Pompone, ont creu sa libre vie
Apres cent lustres estre à cet oyzeau ravie.
Qui montre que jaçoit que l'erreur eshonté
Au delà de raizon n'ait si loin emporté
De ces derniers esprits la diverse croyance,
Ils n'ont pour fondement la ferme experience.

Tierce-
ment,
de sa
mort.

Si pour sa vie entr'eux on voit mourir l'acord,
Pour la mort du Phénix entr'eux vit le discord.
Les uns tiennent-ils pas que la pointe felonne
De sa bouche de corne, à la Parque le donne?
Que de son sang vermeil se léve un vermisseau,
Et de ce ver un autre, ainçois le mesme oyzeau?
Autres tiennent-ils pas que de sa chair pourrie

DE LA SEMAINE.

rampant vermisseau puize nouuelle vie.
Qui d'vn leger duvet va reuestant ses flancs,
Puis prend de pieds ailez son chemin par les vents?
Entres tiennent ils pas que la Solaire flame
Donnant vie au buscher, au Phénix oste l'ame,
Que de la cendre vn ver, du ver naist vn oyzeau,
De l'oyzeau se reforme vn Phénix tout nouueau?
Que ce Phénix remeurt, que le peuple Arabique
Porte son nid flairant au dezert Panchaique,
Puis pleure, en le vouant sur l'autel du Soleil,
La nompareille mort de l'oyzeau nompareil?
Et ces diversitez, à bon droit, ne sont elles,
Du fabuleux Phénix tesmoignages fidelles?

O feinte! ô fable! ô songe! ô vaines vanitez!
O erronée erreur des esprits agitez,
Embrassant pour le corps de la Verité nue,
De leurs troubles concepts la vagabonde nue,
Et faizants enfanter à troupeaux tenebreux,
De leurs opinions les monstres malheureux!

Pendant que du Phénix les bourdes je descrie,
I'oy retentir d'oyzeaux la campagne fleurie.
N'oy-je pas la Linote à l'envi desgoizant
Sous la verte ramée vn ramage plaizant,
Et remplir d'airs tout l'air, flageolant babillarde,
Du fond harmonieux de sa gorge mignarde?
N'oy-je pas le Pinson, qui aux mots gracieux,
Avec son tin tin tiet tousjours noz cueurs joyeux?

L'Alouette en chantant, veut au Zephyre rire,
Luy crie, vie vie, & vient redire à l'Ire,
O Ire, fuy, fuy, fuy, quite quite ce lieu,
Et viste, viste, viste. adieu, adieu, adieu,

L'Arondelle gazoüille, & l'accent qu'elle plie,
Te dit dit & redit que pour Terée il crie.
Moins ne voit-on son bec à bastir exceller,
Que l'abeille à confire, & l'areigne à filer.

Diuers oyseaux avec la naiue expréssion de leurs chants.

Grossiere absurdité! Car s'il fut vrayment fait
Des volants animaux l'animal plus parfait
Ce parfait animal du haut Ciel ne s'engendre,
Côme du surgeon propre où sa source il doit prēdre
Mais c'est l'insecte vil, dont l'essence à bon droit,
De l'orde infection sa matiere reçoit,
Et dont le Ciel brillant est cauze principale,
Sans nul second moyen de vertu seminale.

En se-
côd lieu
de la lō-
gueur
d'icelle.
 Que si de telle sorte il se poussoit au vent,
Bien tost il reviendroit tel qu'il estoit devant,
Insecte, & reprendroit la mesme pourriture
Dont il auroit aveint sa poudreuze nature,
Bien loin (Bartas) de voir dessous vn Ciel divers,
Glisser le cours roulant de cent fois dix hivers.
Aussi dez Cheremon de qui sans aparance,
Ta foy par trop credule aprit cette créance,
Tous ceux qui moins mēteurs, ont son âge esclairci,
Dedās maints lōgs escrits, l'ont beaucoup acourci.
Les vns comme Manile, ont à sa vie errante,
Apres cent fois six ans, mis encore soissante.
Autres comme Solin, content que cet oyzeau
Cinq cents quarante fois voit le gay Renouveau,
Autres, comme Pompone, ont creu sa libre vie
Apres cent lustres estre à cet oyzeau ravie.
Qui montre que jaçoit que l'erreur eshonté
Au delà de raizon n'ait si loin emporté
De ces derniers esprits la diverse croyance,
Ils n'ont pour fondement la ferme experience.

Tierce-
ment,
de sa
mort.
 Si pour sa vie entr'eux on voit mourir l'acord,
Pour la mort du Phénix entr'eux vit le discord.
Les vns tiennent-ils pas que la pointe felonne
De sa bouche de corne, à la Parque le donne?
Que de son sang vermeil se léve un vermisseau,
Et de ce ver un autre, ainçois le mesme oyzeau?
Autres tiennent-ils pas que de sa chair pourrie

rampant vermiſſeau puiſe nouuelle vie.
ui d'vn leger duuet va reueſtant ſes flancs,
uis prend de pieds ailez ſon chemin par les vents?
ntres tiennent ils pas que la Solaire flame
onnant vie au buſcher, au Phénix oſte l'ame,
ue de la cendre vn ver, du ver naiſt vn oyſeau,
e l'oyſeau ſe reforme vn Phénix tout nouueau?
ue ce Phenix remeurt, que le peuple Arabique
orte ſon nid flairant au deſert Panchaique,
uis pleure, en le vouant ſur l'autel du Soleil,
a nompareille mort de l'oyſeau nompareil?
t ces diverſitez, à bon droit, ne ſont elles,
Du fabuleux Phénix teſmoignages fidelles?

O feinte! ô fable! ô ſonge! ô vaines vanitez!
erronée erreur des eſprits agitez.
Embraſſant pour le corps de la Verité nue,
De leurs troubles concepts la vagabonde nue,
Et faiſants enfanter à troupeaux tenebreux,
De leurs opinions les monſtres malheureux!
Pendant que du Phenix les bourdes je deſcrie,
J'oy retentir d'oyſeaux la campagne fleurie.
N'oy-je pas la Linote à l'envi deſgoiſant
Sous la verte ramée vn ramage plaiſant,
Et remplir d'airs tout l'air, flageolant babillarde,
Du fond harmonieux de ſa gorge mignarde?
N'oy-je pas le Pinſon, qui aux mots gracieux,
Avec ſon tin-tin tiet touſjours noz cueurs joyeux?

L'Aloüette en chantant, veut au Zephyre rire,
Luy crie, vie vie, & vient redire à l'Ire,
O Ire, fuy, fuy, fuy, quite quite ce lieu,
Et viſte, viſte, viſte. adieu, adieu, adieu.
L'Arondelle gazoüille, & l'accent qu'elle plie,
Te dit dit & redit que pour Terée il crie.
Moins ne voit-on ſon bec à baſtir exceller,
Que l'abeille à confire, & l'areigne à filer.

Diuers
oyſeaux
avec la
naive ex-
preſſion
de leurs
chants.

G 6

C'est l'oyzeau qui dans l'air plus en vitesse abonde,
Tel que le Liévre en terre, & le Daufin en l'onde.
C'est l'oyzeau printanier, que souvent les garçons
Des fenestres des Tours prennent aux hameçons.
Car soustenants des mains une ligne tremblante,
S'amorçant d'une plume au traistre fer pendante.
L'oyzeau veut de son bec emporter abuzé,
La tremblotante plume en son logis creuzé,
Mais trouvant le crochet, l'Aronde passagere
Pend pour legere proye à sa proye legere.
   I'oy le Geay cajoler. Le peint Chardonneret
Ià te lie & t'alie à son plaintif couplet.
   Le tremblant Rossignol son beau côbat prouoque,
Redit vn tue tue & d'vn choc sans choc chocque
L'air, le vent & l'aureille : or pres des flot petits,
Pour l'amour de Progné, si sifle Itys Itys,
Son chant change rechange, & non captif captiue,
Ses airs plie replie & sa voix viue auiue,
Puis chuchette vn chut chut, ou sifle au flot flotāt.

Autres erreurs. Mais ô Gascon Phebus, si ne croy je pourtant
Qu'au veincueur le veincu porte si grande envie
Qu'il perde au mesme instant & la voix & la vie.
Que si tandis que l'vn va repliant sa voix,
Rēplissant les cueurs d'aize, & de plaintes les bois,
L'autre va chez Pluton, que sais-tu s'il perd l'ame
Pour les secrets eslans d'vne jalouze flame,
Ou pource que comblé de chansons & de jours,
Clothon luy coupe alors le filet de son cours?
Certes, tout à son tems, & la Parque felonne,
Bien qu'on l'apelle ainsi ne pardonne à personne :
Ie te pardonne bien ce pardonable erreur,
Mais lors qu'ē vain tu veux l'Eternel estre auteur
De ce qui ne fut onq, ô Saluste, Saluste,
De te le pardonner, le pardon est injuste.
Encor non soūl de t'estre une fois escarté

Pour

our le menteur Phenix du trac de Verité,
ns craindre de ton mal la recheute mortelle,
u suis de ton chemin l'erre continuelle,
Te desbandes encore, & dis que l'Estourneau,   Oyseaux
Le Faizan delicat, le lubrique Moineau,   paisibles.
La Griue, la Perdris, & la Tourte pieuze,
Le Ramier qui se plaind, la Pie injurieuze,
Le Royal Benarric auec l'oyzeau parlant,
Courtizent par les airs ce Mensonge volant.

    Aussi bien suiuent ils par le vague Royaume   Oyseaux
Des airs tourbilloneux, cet ondoyant fantosme,   de pro-
Que l'afaité Mouchet, l'Esperuier, le Vautour,   ye.
Tant de volants, voleurs, ouurage de ce jour,
Suiuent pour leur gibier dans la celeste plaine,
L'Elefant marche tard, & la lourde Baleine.

    De ces chasseurs oyzeaux le courageux Faucon   Faucon-
A la Fauconerie a seul donné le nom.   nerie.
Le Faucon Cyprien qui sur tout autre excelle,
A, s'il est bon, l'œil gros, le nez grand, roide l'aile,
Est grizastre & moyen, a le pied verdissant,
Le chef rond, le bec roide, & l'ongle noircissant.
Ie ne tay le Gentil, le Tartarin encore,
Qu'vne rousse couleur dessus l'aile decore,
Ny le Sacre Egéan, plus noble & plus subtil
Que le Sacre qui plane au Ciel serain du Nil,
Ny le Lanier des bois, le faucon de Cartage,
Ny le Gerfaut hagard, au bigarré plumage,
Qui de leurre ou de poin, foudroyent tous oizeaux
Qui frequentent la plaine & qui s'aiment ez eaux.

    Car le hardi Faucon qui pelerin s'apelle,
Et le Faucon Gentil qu'aux Perdris on oyzelle,
Se rendent bon Gruiers, & suiuent, rapineux,
Les Cygnes, les Faizans, les Herons poissonneux.
Le Faucon Tartarin plus tardif à la mue,
S'aduit à l'Oye estrange, à l'Oustarde, à la Grue.

Le Sacre haut volant, bourre-fort, passager,
Pour la campagne & l'eau dresse son vol leger.
Le Lanier pour les prez. Celuy qui fait son aire
Où fut la grand' Carthage, aux Canards est contraire,
Aux Sarcelles, aux Geays: Et le Gerfaut madré,
Des Milans ennemy, combat l'Aigle sacré:
Car l'Aigle en l'air venteux bufeté sans relasche
Par les Sacres soudains que le Fauconier lasche
De son poin gantellé, pour fuyr ces assauts
Gagne le dos volant des humides nuaus.
Lors le roide Gerfaut qui part à tire d'aile,
Roüe, en tirant à mont, les nuages eschelle,
Se perd dans le Ciel vaste, & d'un bec afilé,
Va naurer hazardeux, son adversaire ailé.
Luy, craquetant du bec, & siflant de ses ailes,
Veut lier l'ennemy de ses serres cruelles:
Mais l'oyzeau se haussant, puis fondant courroucé,
Contraint l'oyzeau Royal des Sacres harassé,
Se rēdre ez dēts du chien, qui dressé dans la plaine,
Va du vol incertain suivant l'ombre soudaine.

Mais en lieu de chasser les erreurs trop féconds,
Veux je chasser dans l'air aux oyzeaux vagabōds.
Et faire ores bien loin s'envoler escartée,
En un si large champ, ma course limitée?

Cōtinuatiō d'erreurs.

Celuy qui dans l'enclos d'un verger spacieux
Dont l'utile verdeur paist la bouche & les yeux,
S'émancipe à plonger d'envie immoderée,
Sa dent en une poire aux Soleils colorée,
En s'ouvrant l'apetit, & voyant d'yeux errants
Ez rameaux surchargez, tant de fruits differents,
Ore il hoche un prunier, ore aux pommes s'adonne,
Et ne peut se soûler des prezents de Pomone,
Ainsi fais tu, Saluste: Ayant, comme poussé
D'une envie obstinée, au devoir renoncé,

Ton apétit s'aiguize, & voyant tant de fables
Dās mil, & mille escrits pl⁹ beaux que veritables,
Ta plume & ton humeur deferants à ta faim,
Ore estalent vn conte, ore vn autre plus vain,
Et veulēt aux oyzeaux joindre vn Grifō qui vole
Plus ez papiers menteurs, qu'ez Provinces d'Eole.

De ce monstre à bon droit la fable suit les pas, *Contre*
Mais l'histoire plombée apres luy ne court pas, *le Grifō*
L'histoire ne veut point faire au vray bāqueroute *& les*
Pour suivre libertine, vne incertaine route: *Dardoi-*
Presqu'en vn point semblable à la Divinité, *ses for-*
Qu'elle aime au-pres de soy la blanshe Verité. *mis.*

Si l'horrible Grifon aussi bien qu'en Peinture,
Eust eu quelque-fois place en l'estre de Nature,
Comment le Philosophe eust-il donques celé
Dans ses escrits volants ce quadrupede ailé?
Comment est-ce que donc fabuleux il se nomme
Ez plus fameux escrits & de Grece & de Romme?
Cōment donc ce grād Roy qui de ses lauriers vers
Entourna l'Orient, de son los l'Vnivers,
N'auroit-il cette beste en l'Inde assujetie
Aussi bien à ses yeux, qu'à ses armes l'Indie:
Comment donc Arrian d'Alexandre escrivain,
Tient-il pour fabuleux vn mensonge si vain.
Ne l'ayant veu non plus qu'ez avares minieres
Des Dardois Indiens, tes fourmis trezorieres?
Et comment n'as-tu dit qu'ainsi que le Grifon,
Dieu fit l'ailé cheval du preux Bellerophon,
Ce Pegase empenné, dont l'escuyer & frere
Domta par son moyen l'indomtable Chimere?

Si l'oyzeau qui les siens nourrist de ses poupeaux, *Oyseaux*
Et le triste Hibou sont nocturnes oyzeaux, *nocturs-*
Le Grifon est des nuits citoyen plus fidelle, *nes.*
Puisqu'il gist enterré d'vne nuit eternelle. *Aquati-*
Le Pluvier, la Sarcelle, & le Heron leger, *ques ou*
de riviè-
Le re-

Le Canard au pied plat, le Plongeon rivager,
Auec le Cygne insigne, ayment l'onde liquide,
Et l'estrange Grifon ez flots d'oubli rezide.

Refutatió touchant la mort du Cygne, par l'experiéce.
O fable! Ainsi tu dis qu'ez extremes abois,
Le Cayſtrin oyseau rẽd plus douce ſa voix.
N'a-t-on pas veu ſouuent, ſi du bord de Méandre,
Vers le bord d'Achéron le Cigne on fait deſcendre,
Que ſans prévoir le coup qui le doit furieux,
Rendre ez bords gemiſſants du marais Stygieux,
Il n'adoucſt ſon chant par l'amer de ſes peines,
Ains s'en va ſans mot dire ez ombreuzes areines?

Par l'autorité.
Que ſi tu cours, Saluſte, & les Grecs menſonger
Dont tes credules pas ſuiuent les pas legers,
Vers Pline & Lucian leurs plumes irritées,
Bifferont tes raizons ſans raizon aportées.

Vray cigne chãtant à ſa mort.
Le vray Cygne qui chãte en despartãt joyeux,
Des Méandrins deſtours de ce monde ennuyeux,
C'eſt le tremblãt vieillard, qui d'vne ame cõſtante,
Sous vn poil blanchiſſant ſa mort voizine chante.

Refutatió touchãt les halciõs.
Mais ſi laiſſant l'eſmail des bigarrez ſejours
Où l'oyzeau Ledéan paſſe ſes moites jours,
Nous tournons noſtre front vers la mer de Sicile,
Nous y verrõs l'oyzeau qui niche en l'eau trãquile.
Ie ſay qu'vn peu devant que ſur le front de l'eau
Pende le rond hoſtel de ce gentil oyzeau,

Tormẽte deſcrite en paſſant.
La mer ſe mutinant d'vne revolte extreme,
Crache ez yeux des flãbeaux de la voûte ſupreme.
Le Ciel qui s'en courouce eſclairant, foudroyant,
Taſche à r'empriſonner cet orgueil aboyant.
Lors le vent partizan de la vague animée,
Rehauſſe le courage à l'ondoyante armée,
Elle bouft, baue, bruit, court, s'enfle, fait des ſauts,
Pouſſe les flots au Ciel, ez abyſmes les naus:
Les poiſſons balotants, les Thons & les Baleines,
Par fois donnent du nez aux Eſtoiles prochaines.

En

En fin las & matez du conflit vehement,
L'air chãge, Eure est sãs pouls, Tethys sans mouue-
Lors le peint Alcion fait sur l'onde muette (mēt.
Ramer ses ailerons, flotter sa cabuette:
Non pas qu'il calme Eole, & que pour ses poussins
Les vents n'ozent troubler nul des goulfes voizins:
Ou selon Theocrite, il ait de soy coustume
D'vnir les flots bossus qui blanchissent d'escume.
  Si de ce fresle oyzeau le scadron au long col,
Faizoit, durant la brume, estre le flot plus mol,
Pourroit-il pas tousjours, aimé des Nereïdes,
Aplanir les chemins des campagnes liquides?
  Si les flots acoizez n'enjambent plus sur l'air,
Et si les vents plaizants ont r'acoustré la mer,
Quand le pers Alcion vers le tremblant solstice,
Expoze ez flots salés son robuste edifie, (eaux
Est-ce vn cas merueilleux? Quand bien lors sur les
Ne nageroyent les nids des Ceyques oyzeaux,
Que les Ceryles bleus, les douces Rousseroles,
Ne feroyent leurs tournois sur les ondettes moles:
Tethys pourtant alors sus l'azur poissonneux,
Tordroit en gredillons ses liquides cheueux,
Et vous fiers Aquilons, chefs des soldats d'Eole,
Ne vous tiëdriez pas moins rēfermez vers le Pole.
Car pendant le solstice, au plus haut de l'hiuer,
Presque rien ne remue ez Prouinces de l'air.
Tout est plus languissant, & tout vn peu s'arreste
Quand il à peu, grimpant, donner jusques au faiste.
La pierre en haut ruée, & les traits menaçans,
Guindez biē haut dans l'air, s'arrestēt quelque tãs:
Car il faut que leur vol du plus haut de sa course,
D'vn autre mouuement prenne nouuelle source.
  Lairay-je icy plonger dans l'oubliuieuze eau
Les compagnons marins de ce tranquile oyzeau?
Lairay-je ez noirs replis de l'onde Lethéane,

Autres oyseaux marins.

Le

Le glouton Cormoran, le trompetant Fauane.
Qui met mainte Huitre au sac qui pend sous so
Pour d'elles à loizir sa faim rassazier? (juzien
Doy je oublier le Herle, & prester mon silence
Au mespris du Cravant, qui boiste en aparence,
Afin que le chasseur, suivant ses pas clochans,
Laisse à ses chers oyzons prendre la clef des chams.
Tairay-je le Grizard, la pescheuze Aloüette,
Le Courliz, le Butor, la Poche, & la Moüette?

Mais si sortant de l'onde, & taizant les oyzeaux
Dont les yeux sont deux feux, les ailes deux flambeaux,
(S'il est vray que de nuit ez Espagnes nouvelles,
Aux rais estincelants de leurs vives chandelles,
L'vzurier conte l'or, chamarre le brodeur,
Escrive l'escrivain, & tourne le tourneur)
Mon vol d'autruy guidé, suit oyant leurs loüanges,
Par les airs Indiens les Mamuques estranges:
Presseray-je ma lévre, oyant qu'on veut iuger
Que ces corps emplumez subsistent sans manger?

Bourde touchãt les oyseaux de Paradis refutée.
Pourquoy, si d'vn tel bien ils ignorent l'vzage,
Leur à fourni de bec la Nature tressage?
Si voulant estayer ce branlant fondement,
On conte que l'air vaste est leur seul aliment:
Leur corps donc a de l'air la subtile nature,
Car de ce dont il est tout corps prend nourriture.
C'est pourquoy nous voyons quãd les petits Zephyrs
Ont amoindri le froid par leurs tiedes soupirs,
Que le troupeau criard des grenouilles bavantes
Né de fange, se paist dans les fanges puantes.
C'est pourquoy nous voyons les vers estre nourris
Dans le tige parent des branchages pourris.
Mais ces hostes plumeux de la plaine etherée
Ne sont fantosmes vains: de nature aërée:
Ainçois ont vn corps mixte, vn corps qui ne peut pas
Pren

prendre d'vn mets si vuide vn solide repas. (mĕt
La Raizon veut plustost que ces corps legers hu- | Leur
Les suaues odeurs qui leurs climats parfument, | vraye
Et quand les gens lassez, & les oyzeaux sans bruit | nourri-
Gisent enseuelis du somme & de la nuit, | ture.
Les emperlez degouts de la rozée pure
Soyent de ces corps ailez la propre nourriture,
Comme vne manne estant à l'escadron leger
De ces oyzeaux de Dieu, le boire, & le manger.
Il est donq aussi vray que cette Indique bande
Prenne sa vie en l'air, sans aucune viande,
Qu'il est vray qu'vn soldat, qui piafard en met
Vn ondoyant panache en son cresté sommet,
Ne craindra de verser sous la lame sanglante
De l'horrible Enyon son ame rougissante.

O noirs parents des nuits, Mensonges inuentez, | Digres-
Vains & mutins scadrons, quãd serez-vous dõtez? | sió, con-
Vray Dieu! jusques à quand verra-ton opozées | tre le
Aux forces de raizon, voz armes aiguizées? | Mẽson-
Quoy? malheureux enfants du malheureux Enfer, | ge.
Courrez-vous par les mers, par la Terre, par l'air,
Tethys, Veste, Iunon, n'opozants courageuzes,
Aux armes de voz mains des ames genereuzes?
Sans qu'on voye vn Hercul en ce Théatre rond,
O monstres effrontez, qui vous montre le front?
Plustost vers le Ponant courra le bleu Zephire,
Plustost Pluton aura dans le Ciel son Empire,
Plustost l'or lairra l'Inde, & le pin les coupeaux,
L'ours l'antre, l'aigle l'air, & le daufin les eaux,
Qu'estant sous l'estendart de la Verité forte,
Contre voz vains scadrons mes armes je ne porte.
Celuy qui vous endure ayant toutes vertus,
Semble vn qui porte ez vẽts des vagabonds festus:
Car comme sont des vents les poussieres poussées,
Par voz legeretez les vertus sont chassées.
Tandis

Tandis qu'à vous, lézards, je me vais acrochãt
Le Soleil de ce jour panche vers le couchant:
Et le doux Pelican semble en son frais rivage,
Me retenant encor, me tenir ce langage:

Proso-
popée
du Peli-
can.

Si jamais lon t'a veu, non sans cauze, incité
A suivre le party qui suit la Verité,
Ie t'adjure à ce coup, mon Gamon, je t'adjure,
Par ces bords murmurants crespillez de verdure,
Par les nombreux eslans de tes saintes fureurs,
Par les chastes esbats des Castalides Sœurs,
Par les flots Pimpléans, & les monts solitaires
De ta douce Clion les seiours ordinaires:
De tourner le tranchant de ton bras defenseur
Côntre ceux dõt les coups võt blessants mõ hõneur:
Comme si sans l'effroy d'un homicide estrange
Ma sainte charité languissoit sans loüange,
Qu'ainsin à ta defence enclinants les neuf Sœurs,
Facent mourir l'envie, & vivre tes honneurs: (ce
Que moins d'heur & de l.. .ait un Cygne de Frã-
Qu'en a le noir corbe.   dont tout a connoissance,
Qui dans quatre l.. .s se trouvant jour & nuit,
Craible en terre, e. ner plõge, en l'air vole, au Ciel
(luit.

Bourde
refutée
touchãt
sa mort.

Ainsi le Pelica. m'incite à dire encore
Que maint escrit .on vray son vray los deshõnore
Car qui jamais a .eu que prodiguant son sang,
D'un bec inexorable il s'entr'ouvre le flanc?
Que sa posterité par le serpent meurtrie,
De la mort qu'il reçoit prenne nouvelle vie?
Et par quelle raizon peut son sang espandu
R'apeler dans un corps l'esprit desjà perdu?

Que si dans ses escrits maint grave personnage
En a jadis illustre illustré son langage,
Pour montrer que noz corps dans terre consumez
Vn jour du froid tombeau sortiront r'animez,
Et que le sang de Christ guerist en tout fidelle

Du

Du serpent immortel la blesseure mortelle:
Si n'ont-ils point voulu tel recit enfiler,
Pour de leurs arguments le tranchant afiler.
En eussent-ils puizé par consequence juste
Le dogme sacré-saint du salut, ô Saluste?
Eussent-ils biē voulu, perdants tous leurs travaux
Prouver un fait si vray par un conte si faux?
Mais c'est qu'ils ont mōtré que si n'estāt que fable,   Vsage &
L'homme estime pourtant ce fait estre faizable,   profit ti-
Sage il doit estimer qu'avec plus de raizon,   ré de ce
Noz corps rompront un jour du tombeau la prizō,   mēson-
Et que le sang versé du flanc de l'innocence   ge.
Contre le noir Dragon nous sert de rezistance.
Veu que si le premier telle chose operoit,
La Nature sans plus pour sa cause il auroit:
Et l'autre a, sur-humain, pour cause efficiente
La vertu qui regist la Nature regente.
  Cōme on voit dōc par fois dessus ses blāches tours   Source
Le pigeon roucoulant, apres divers contours,   de cet
Ez goziers des petits, submerger, pitoyable,   erreur.
L'aliment qu'il desrobe à son ventre amiable:
Ainsi ce blanchissant & charitable oyzeau,
Voyant ses chers enfants sur la rive de l'eau,
Pour leur âge foiblet, de leurs plumes menues
Ne pouvants refraper les passageres nues,
Et ne pouvants d'ailleurs riē qu'un plaint animé
Contribuer, chétifs, à leur ventre affamé:
Vomissant son repas, tourne en douce pasture
A ses chers nourriçons sa chere nourriture.
C'est pourquoy lon a feint, d'autant qu'il ravissoit
A son ventre l'apast dont les siens il paissoit,
Qu'il perçoit, impiteux, sa mourante poitrine,
Reparant par son sang, de son sang la ruine.
Et tu le croids, Bartas, mon Bartas, & tu veux
Trompé de cette baye, en tromper noz neveux.
           Compa

Cōparable au chāgeur qui veut bien qu'ō le croy
Quand pour bonne ayant pris de la fauße mōnoy
Il tasche en l'expozant, & se voyant trompé,
De faire encor qu'un autre en puiße eſtre pipé:
Et contraire à celuy qui penſant que ſa gloire
Sur le pinceau d'Epheſe euſt gagné la victoire,
Deceu par le rideau figuré devant luy,
Se confeßa trompé pour n'en tromper autruy.

Autre erreur cō-batu, de la Cygogne Origine de cet erreur.

Tout de meſme a-ton creu les Cigongnes fidelle
Charger leurs peres vieux ſus leurs croupes iſnelle
Comme ſi maint Aenée au nombre des oyzeaux
Portoit ez airs venteux des Anchiſes nouveaux
Mais c'eſt qu'elles au nid, de naturelle adreße,
Nourriſſent leurs parents, agravez de vieilleße.
Telles que ces enfants, qui bons ſervent tousjours
Dedans le lict mal-ſain leurs peres pleins de jours,
Sachants leurs geniteurs devoir eſtre en ce Monde
Secondez des enfants en l'enfance ſeconde.

Autre viel erreur des Cigognes.

Et de meſme a-ton creu, quād par fois vous allez,
Oyſeaux Theſſaliens, ez climats reculez
Des iſles d'Ocean, que pour l'amour loüable
Que porte à voz ayeux noſtre ame pitoyable,
Vous vous changez ſoudain, voſtre col s'acourciſt,
Voſtre chef, voſtre corps, voſtre jambe groſſiſt,
Vous croiſſez en hauteur, voſtre plume s'efface,
Voz ailes ſe font bras, vous changez voix & face,
Et faits hommes nouveaux, en fin eſtes nommez
Au rang des combourgeois de ces lieux enfermez!

Sa ſource.

Mais c'eſt que les humains de ces chams infidelles,
Reproche irreparable à noz ames rebelles,
Sont à l'endroit des Dieux, vuides d'impieté,
A l'endroit des Mortels, remplis de charité.

Dites-nous peuple ſaint gēs doucemēt barbares,
Dites, D'où tenez-vous des ſaintetez ſi rares?
Dites-nous gens eſpris d'un ſacré feu d'amour,
Dites,

Dites, D'où viēt l'ardeur vous brûlāt nuit & jour?
N'est-ce pas du surgeon de sa sainteté mesme?
N'est-ce pas de l'Esprit source d'amour extresme?
Qui veut que pl⁹ que vous encor nous soyōs saints?
Qui veut que plus que vous nous aimions noz pro- Transi-
 Icy j'alois borner ma penible journée, (chains? tion.
Lassé de combatre vne bande obstinée
De mensonges espais, sans ce que se hastants,
Les Naupliens oyzeaux, & dans l'air trompetants,
Prolongent mon combat, afin que ma querelle
Vuide celle des Mains contr'eux perpetuelle.
 O bourde ridicule! Ez escrits libertins Bourde
Cette sornette a place, & non pas ez divins. refutée,
Dieu ne fit ez forests les fantasques Dryades, touchāt
Les Naïades ez eaux, ez monts les Oreades, les grues
Ez rocs, les Chévre-pieds, pour les rendre les Roys & les
Des rochers, des coupeaux, des ondes & des bois: Pyg-
Non plus ne fit sa main ces bout à hōmes Pygmées, mées.
Pour servir de pillage aux bruyantes armées Par la
Des oyzeaux passagers, & pour d'un pied de haut creatiō.
Souffrir des gens la fable, & des Grues l'assaut.
La beste se verroit sur son maistre maistresse
Si le rendant joüet de sa grife traitresse,
Dessus l'homme l'oyzeau delugeoit de roideur,
Et dans son ventre creux encofroit son seigneur.
 Si tels hommes voyoyent la vitale lumiere, Par les
On sauroit en quel lieu la Lampe journaliere contra-
Illumine leurs yeux: mais de ceux dont le cueur rietez
S'est folement tourné d'un party si trompeur, des Au-
L'un les fait boüillonner de la terre féconde teurs.
Dessous l'obscure horreur d'une forest profonde:
L'autre en des prez riants, où le Safrand bastard,
Où la perse Consire, où l'argenté Neufart,
Le Trefle, & l'Ancolie à la pourpre agréable,
Se meslēt aux verdeurs d'une herbe innumerable.
         L'un

L'vn leur quartier assigne ez recourbez destours
Des palus qui d... il éternizent le cours,
L'autre les niche ez coins des Indes reculees.
L'autre ez chams Thraciens, pres des rives gelé...
Du Strymon Egéan, l'autre ez Lybiques monts,
Tant, ô mensonge vain, toy mesme te confonds!
Ainsi des faux tesmoins qui cerchent qu'ō cōdam...
D'impudiques dezirs la pudique Susanne,
L'vn ment que sous le frais des Lentisques ombreu...
Sa bouche desroboit l'ame à son amoureux,
L'autre qu'elle pasmoit dans l'amoureuze gesne
Sous la fraiche verdeur des perruques d'vn chesne
Ils vacilent douteux, comme l'osclair branlant,
Qui de l'eau d'vn bassin saute au plancher brillant
Il va, vient, tourne, cerche, & sa voye inconstant...
Flote tant que Phebus frape l'eau tremblotante.

Par l'a-
paraīce.
  Vrayment il ne faut point que la Grue aux sou...
   darts
Monstre le dur mestier de l'invicible Mars,
Qu'en bataille elle tienne entre-fendant la nue.
Vn capitaine en teste, vn sergent à la queüe,
Pour n'aler à la fin qu'interrompre la paix
Vers des Nains si petits qu'on ne les vit jamais.
Non plus qu'il ne faut pas que le Lion horrible,
Mirant loin dās vn chāp vn Taureau qui terrible
Medite vn long estrif, rugisse, ouvre les yeux,
S'acourcisse, se foüette, enfle vn col furieux,
Vole sur l'aduersaire, à l'espreuve le tire,
De ses pates le naure, & des dents le deschire:
Pour soudain consigner, pour vn Coq piailleur,
Son courage en dépost ez mains de la frayeur.

Erreur
du Coq
& du
Lion re-
futé.
S'ils nourrissoyent entr'eux vne haine sanglante,
Tousjours le roy tymbré de la race glossante,
Feroit frémir de peur, chantant ou trémoussant,
Du monde forestier le Prince rugissant.

           Ainsi

Ainsi tousjours fait peur aux pourceaux la belette,
Aux poules le milan, aux oyzeaux le chouette,
Aux cygnes le renard, aux perdris l'espervier,
Le limier aux cheureuls, aux liévres le levrier.
Mais mil & mille fois l'œil de l'experience
A veu l'ardant Lion en la fiere prezence
Du Trompette du jour, sans qu'vn si fort domteur
Tant soit peu s'arrestast sur les pas de la peur.
Ains mesprizer autant cet oyzeau domestique,
Bien qu'il se gēdarmast, qu'en la plaine Arabique,
Le robuste Elefant tient en vn vil mespris
Le fresle moucheron, bien qu'avec mille cris,
Par fois contre sa peau, de roideur il s'eslance,
Et porte, Rodomont, la trompette & la lance.
De fait n'a-ton pas veu par les effets certains,
Nez de frais à la Cour d'vn des Princes Germains,
Que ny le cry du coq, ny son flambant panache
L'honneur du fier Lion d'vn vain effroy ne tache?
Car vn ayant rompu les neuds dont la rigueur
Dedans vn parc estroit enchainoit sa fureur,
Se jeta dans vn clos, où l'orge & la viande,
De poules & de Coqs engraissoit vne bande.
Lors en lieu d'estre fixe à leur guerrier aspect,
De trembler à leur bruit, courber à leur respect,
Il les frote acharné, leurs tymbres dezhonnore,
Les prent, les romt, les mord, les plume, les devore.
Que si pour sa piafe, aucun du peuple ailé
Faizoit peur au Lion, le Pan d'yeux estoilé,
Dévroit, mieux que le Coq, luy faire voir despeinte
Dans ses miroirs gemmeux, l'image de la crainte.
Qu'est-il plus arrogant qu'au verdoyāt d'vn pré
Que la saizon riante à d'esmaux diapré,
Voir le pan piafard, qui, comme si l'herbage
Provoquoit à debat son craquetant plumage,
A l'vnique Soleil cent Lunes oppozant,

H

Description naïue de la piafe du Paon.

Roüant, dreſſant ſa queüe, & ſes rais aviſant,
Se pennade, ſe ſuit, brave, s'enfle, preſume,
Et vãte aux jeunes fleurs le Printems de ſa plume
Il s'adore, il ſe perd, ſa luiſante beauté
Fait ſolennelle montre à l'eſmail ſurmonté,
Et Phebus en donnant mainte forme nouvelle
A ſes rondeaux aſtrez, rend ſa beauté plus belle.
Car celuy qui tantoſt ainſi qu'airain brilloit,
S'enclinant, vient tout or, & l'arceau qui ſembloit
Sous l'eſclair du ſoleil, courber vn bleu viſage,
Paroiſt verd ſous l'azur du tremblotant ombrage

  Donq, oyzeau porte-barbe, ô prince eſperonné
Des oyzeaux cazaniers, ſi maint los t'eſt donné
Dans le ramãt troupeau qui dedans le Ciel vogue,
De te nommer pourtant frayeur du Lion rogue,
C'eſt auſſi bien de vent nous remplir le cerveau,
Autre erreur confuté touchãt l'Autruche. Que d'oſer apeler l'Ethiopique oyzeau,
Oyzeau digere fer, vanité menſongere
Que mon ſain eſtomac à bon droit ne digere.
  L'aparence peut faire aux eſprits enchantez
Croire de cet oyzeau les contes inventez,
Mais non legitimer par ſa vaine ſemblance
De ces ſonges pipeurs la baſtarde créance.

  Si des Mores creſpus l'oizeau viſte courant,
L'autruche aux pieds debouc, va le fer dévorant
Si ſon avidité, qui ne ſoufre gourmande,
Que ſon béant gozier diſcerne la viande,
Luy fait precipiter dans ſon ventre glouton
L'homicide prezant des regnes de Pluton:
Et-ce à dire qu'il cuize en ſa creuze fournaize
Le fer & les metaus rebelles à la braize,
Invincibles aux feux, & par ſes functions
Des Aſtres ſouſterrains eſmouce les rayons?

  Le chantre au chapeau rouge, à la grife ergotée
Et les femmes des Coqs, d'ardeur precipitée

Envoyent bien de mesme en leur ventre queslant
Et le fer & l'airain qu'ils ne cuizent pourtant.
La Foulque qui des mers suit la plaine enroüée,
Qui, plus gourmand oyzeau, fut à bon droit voüée
Au mange-beuf Hercule, en son fourneau goulu
Ne cuit l'aspre metal du Chalybe velu.
Que quand ils cederoyent en chaleur naturelle
A l'oyzeau qui dans l'air ne peut guinder son aile,
Il cede autant luy-mesme au plus fier animal,
Que l'hivernal Soleil cede au chaud estival:
Et pourtant du Lion la chaleur digerante.
N'amolist des metaux la durté vehémente.

Mais pour faire esblouïr ce conte rechanté
Aux esclatans rayons de cette verité,
D'où peut-on mandier clairté plus fauorable
Que des fideles yeux de l'essay veritable?
Car l'on a veu l'Autruche abysmer promtement
Et des clefs & des clous dans son boyau gormand,
Qui du gouffre glouton de la beste emplumée
Sortoyent sans despouiller leur forme acoutumée
Si bien que la raizon, l'aparance du vray,
Avec tout ce qu'on peut emprunter de l'essay,
Deffend de reconnoistre aux ames les plus nettes
Aucune certitude en si vaines sornettes.   Apostro-
                                                           phe à
O plus grand des oyzeaux, qui de pas incertains l'Autru-
Arpentes les dezerts des climats Africains.   che.
Si du fer donne-mort tu te donnes la vie,
Amoncelle en ta poche, englouti, je te prie,
Ce parricide fer que nostre rouge main
Va tournant à tous coups dans nostre propre sein.
Auale cet harnois, dont ô crime!on voit rendre
Les Royaumes en braize, & les Chrétiës en cëdre:
Arreste grand oyzeau le cours de ce destin,
Cette errante Planette, & ce Mars trop mutin,
Que chãgeãts pl° prudëts, au calme noz vacarmes,

H 2

Changeant noz feux aux vœux, & noz armes
    aux larmes,
Chacun vante l'oyzeau qui de ses pieds soudain
Arpente les dezerts des climats Africains.

Des mouſches à miel.
Pour vous filles du Ciel, confiſſeuzes Abeilles,
De Nature & d'Hymette admirables merveilles
Oyzillon beque-fleurs, à qui d'eſtrange sort
Voſtre freſle aiguillon aporte & vie & mort,
Ne cuidez-pas qu'icy ma peinture parlante,
Oublieuze vous taize, orgueilleuze vous chante:
Vous chante apres le chant du chantre qui si bien
A chanté voſtre los ſur le bord Mincien:
Vous taize ayant eſté ce jour meſme formées
Aueq le nombre ailé des bandes emplumées.

Des inſectes.
No point qu'auecques vous, tãt d'inſectes divers
Tant de vains papillons, tant de nuizibles vers,
Ayent eſté ſoudez par la main qui ſubtile,
Ne fit rien qui ne fuſt au genre humain vtile.
Mais quand le siflement du serpent ancien
Eut fait bander cruel, l'homme contre son bien,
Fait irriter le Ciel, fait la Terre maudire,
Le juſte areſt de Dieu pour sergents de son ire
Les fit pouſſer au jour par les rais animants,
Et la vertu laiſſée aux féconds Elements.

Vers à Soye.
Mais tels ne sont ces vers qui du tendre feüil-
    lage
Des blanchaſtres meuriers font vn ſuperbe ouvra-
    ge,
Ore vers, ore oyzeaux, naiſſants icy deux fois:
Honneur de la Touraine, & tiſſerans des Roys:
Meſnagers beſtions, bien que vous ſembliez eſtre
Le moindre euvre que Dieu ce jourd'huy fit pa-
    roiſtre,

Plus merueilleux que l'Aigle.
Si vous orna-til mieux, vtiles vermiſſeaux,
Vers qui veſtez les vers, que pluzieurs des oyzeaux

Voirē que l'Aigle armé, biē qu'en gloire il surmōte
Tous les peuples esclos, bien que les Cerfs il domte,
Que se perchāt veinqueur, sus leur frōt orgueilleux
De son aile empoudrée il leur créve les yeux,
Qu'il contemple Phœbus, & qu'encor on l'apelle
Du tonnant Iupiter le coutelier fidelle.
Car nul esprit ne peut qu'admirer justement
En un si petit corps un si grand jugement.
Nul ne peut à bon droit que s'estonner sans cesse
Qu'un si pauvre vaisseau tienne tant de richesse
Et ne peut qu'en extaze il ne soit retenu,
Voyant un si beau drap naistre d'un ver si nu.
 Tousjours petits ouvriers, tousjours tissiers ha-
  biles,
Nous puissiez-vous parer de voz laines subtiles,
Tousjours puissiez-vous croistre, & voir tousjours,
  ô vers,
Vivre ez feüillards voz corps, voz honneurs dans
  mes vers.

  Fin du cinquiesme iour.

SIXIESME IOVR DE LA SEMAINE
DE C.D.G.

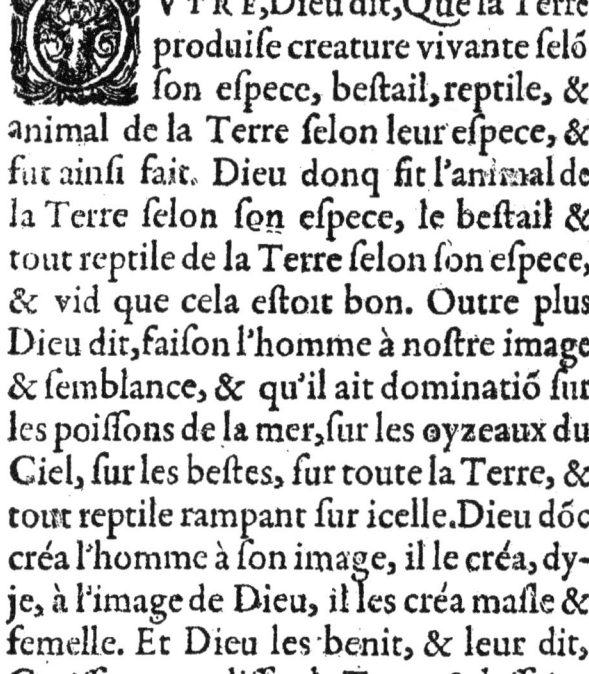VTRE, Dieu dit, Que la Terre produise creature vivante seló son espece, bestail, reptile, & animal de la Terre selon leur espece, & fut ainsi fait. Dieu donq fit l'animal de la Terre selon son espece, le bestail & tout reptile de la Terre selon son espece, & vid que cela estoit bon. Outre plus Dieu dit, faison l'homme à nostre image & semblance, & qu'il ait dominatiõ sur les poissons de la mer, sur les oyzeaux du Ciel, sur les bestes, sur toute la Terre, & tout reptile rampant sur icelle. Dieu dõc créa l'homme à son image, il le créa, dy-je, à l'image de Dieu, il les créa masle & femelle. Et Dieu les benit, & leur dit, Croissez, remplissez la Terre, & l'assuje-tissez. Ayez seigneurie sur les poissons de la mer, sur les oyzeaux du Ciel, & sur

tous

DE LA SEMAINE. 175
tous animaux mouvants sur la Terre. Et
fut ainsi fait. Et Dieu vid tout ce qu'il
avoit fait, & il estoit fort bon. Lors fut
fait le soir & le matin du sixiesme jour.

E marchand vagabond qui sur l'hu- Compa-
mide plaine   raizon
Fend les baveux sentiers d'vne poupe propre
soudaine,   & naïue.
S'il espere empieter les trezors estrangers
Des Negres, des Indois, passe mille dangers,
Se moque des escueils, mesprize les orages,
Les trahizons des flots, les goulfes, les naufrages,
Ne craind hazard quelconque, & l'horreur, & la
Avec tous ses vouloirs semblēt estre d'acord,(mort
Le pelerin aussi qui presque hors d'haleine
Sue au pendant pierreux d'vne croupe hautaine,
S'il espere tost voir des chams pleins de verdeurs,
Distincts & peinturez de gemmeuzes couleurs,
Où les fleurs exhalants des odeurs ambrosines,
Sont aux yeux vn esmail, vn parfum aux narines,
Et le Ciel est toujours comme quand l'Eure frais
A chassé de ses yeux les nuages espais,
Surmonte tous travaux, passe ez estroites sentes,
Grimpe par les rochers, roûle par les descentes,
Gaye les flots criards des enragez torrents,
Fend de teste & de pieds les haleines des vents,
Et traverse sans peur, plaines, landes, bocages,
Bois & manoirs hurlants des bestes plus sauvages.
    Et moy, qui flote encor qui cours las & poudreux Reddi-
Ez endroits non frayez d'vn chemin si scabreux,   tiõ où il
Qui jà desjà de loin descouvre en vne plaine,   dit qu'il
Le but de mon voyage, & le bout de ma peine,   ne craindra rien
Où j'espere aquerir de toute peur forclos,   pour parache-

H 4

ver, si | Non tant gloire à mon nom qu'à mon esprit repos,
Dieu | Suporteray constant, par ces sentes diverses, (ses,
qu'il re- | Les eaux, les vents, les rocs, les travaux, les trauer-
prie à | Pourveu, grand Dieu, pourveu, pourveu, mon seul
cet effet | recours,
luy assi-
ste enco Que ta main à mon pied facilite le cours.
re cette Fay que de l'ost brutal la plus sauuage bande
journée. Ne me face dommage, ains hommage me rende,
   Fay, puisqu'il faut encor soustenir maint effort,
   Que ton œil soit mon guide, & ton bras mon suport,
   Et que tousjours au Vray gardant la foy donnée,
   Ie finisse, à ton los, ton œuvre & ma journée.

Creatiõ Si le dos porte-tours des guerriers elephãs (chãs,
des ani- Fait marcher sans marcher maint soldat par les
maux   Si l'Elephant Indique, aussi vaillant que sage,
terre-   Est disciple en leçons, precepteur encourage,
stres, au Semble honnorer le Ciel, & captive apasté,
devant Sa farouche laideur sous l'humaine beauté:
desquels Si ne veux-je pourtant qu'en la brutale bande,
il dit   Ainsi que second Chef, l'avant-garde il commãde.
qu'il ne Non qu'au Rhinoceret, de l'Elephant veincueur
veut fai Par son parent estoc, je garde cet honneur,
re mar- Nõ plus qu'au fier Dragõ, qui son nez au nez cache
cher l'E- De l'Elephant qui tombe, & son meurtrier escache.
lefant.
Le Rhi-   Non qu'au Girafe, à l'Asne, au chameau porte-
nocerot Ie donne cette charge en un camp si espais: (faix,
Le Dra- Non plus qu'au Bœuf mieux fait, dont la corne est
gon.   puissante,
Marque Le musle est roupieux, la lévre noircissante,
d'vn   Le dos plat, l'ongle espais, le corps ferme, espaulu,
beau   Le fanon grand, l'œil gros, le front large & velu.
beuf.

Mar-   Nais d'vn plus noble qu'eux chantant la gloire
ques   insigne,
d'vn bõ Dans le brutal scadron cet office j'assigne
cheval. Au Cheval, qui bien fait, est fort, grand, potelé.
                                  A la

la poitrine large, a le poil pommelé,
l'œil grand, le nez ouvert, long crin, bouche fen-
    due,
Courte aureille, front sec, jambe maigre, grand
    queüe,
Le dos rond, l'ongle creux, & s'il vit sainement,
A tousjours le cueur gay, clair le hanissement,
Dans ses yeux prōts & nets deux chādelles alume,
Dresse l'aureille en haut, blāchist sō frein d'escume,
Se tord, grate du pied, ne peut estre en repos,
Et marchant, fait trembler ses mēbres bien dispos.
Mais s'il deviēt hargneux, l'abreuvoir nedemāde,   Les ma-
Ne puize le sommeil, mesprize la viande,   ladies.
Si plus il ne se veautre, a tousjours les yeux bas,
De la pointe de l'ongle amenuize ses pas,
A l'œil creux, le nez froid, & l'aureille pendante,
L'amiable santé bien loin de luy s'absente.
Car ce noble animal, bien qu'il passe en beauté
En amour, en courage, en force, en gayeté,
Presque tous animaux, sent la pointe diverse
Des homicides traits de la Parque perverse.
Sent la rongne, la toux, prend le cor dessus l'os,
Prend dedans l'œil la taye, ez jambes, le suros,
Prend la lucerde au col, sur les dents les socelles,
En la Sole le fis, au dos les pomoncelles,
Prend l'espinelle encor qui ses genous rend vains.
L'encœur à la poitrine, ez pieds les esparvains.   Les re-
    Mais l'expert escuyer, des rais de son vizage   medes.
De ce trouble de maux dissipe le nuage.
Il l'engresse de l'œil, le voit pencer, frotter.
Estriller, bouschonner, & baigner, & traiter:
Fait avant que ses dents tondent la verde plaine,
Iallir le teint poupré de sa maitresse veine,
Et fait pour ne voir point sa santé maculer,
Son esprit cramoizi trois-fois l'an découler.
H 5

178 SIXIESME IOVR

    Le loge en lieu bien net où Phebus ait entrée,
    Luy donne foin, avoine, orges & fromentée, (ma
    Pour tant mieux faire croiſtre, & purger de tou
    Les membres bien formez du fougueus animal.
Pour le Que s'il veut le donter, il commence en careſſes
dôter & Tape ſon dos luizant de ſes mains flatereſſes,
piquer. L'entourne, parle à luy, hauſſe ſes pieds diſpos,
    Luy frote ores le ventre, or' la teſte, & le dos,
    Le duit au dur licol, d'un mords leger l'embouche,
    Rēd moins pezāt sō chef, d'un ferme apuy ſa bou-
    Ores pour le manege, ez terroirs aplanis, (che
    Sans le preſſer des fers de molettes garnis,
    En l'enfance du jour, le monte, le promeine,
    L'exerce au pas, au trot, le pouſſe, le rameine:
    Au panchant d'une Baſſe or' l'arreſt luy aprend,
    A l'air de la groupade ores ſouple le rend,
    Ore alant par le droit, fait ſa preſteſſe avide
    Propre aux drus mouvemēts d'une carriere Trid-
    Pour les airs relevez luy montre à reuſſir,
    A parer ſur la bouche, aux ronds à s'eſtrecir:
    Ore du caveſſon luy donnant l'eſtrapade,
    Ses riſpoſtes puniſt, vange ſon eſcapade:
    Puis à gauche branlant le talon dentelé,
    Tourne du coſté droit ſon voltigeur ailé,
    Luy fait ſerrer la volte, aſſeure ſa fermeſſe,
    Luy montre d'inveſtir & l'acroiſt en juſteſſe,
    Iuſqu'à ce que du tout l'animal haniſſant,
    A la voix, à la gaule, au frein obeiſſant,
    Raizonnable quaſi, quaſi parlant, s'aplique
    A reſpondre au vouloir du talon qui le pique.
    Vne eſbrillade ſeule, un ſeul ſigne de main,
    Le fait court arreſter, le fait partir ſoudain.
    Il ſe leve, il redouble, il court, donne ruade,
    Saute, manie en biſſe, à courbette, à balſade.

    Admirable animal: plus prōt que les troupeaux,
                 Des

DE LA SEMAINE. 179

les liévres pied-fourrez, des legers Lapereaux, — Son ex-
des Cerfs porte-bois qui les gagnages hantent, cellence
entre-portent sur l'onde & leurs mues lamentët. par des-
Qui plus orne ce jour que le Bouc petulant, sus plu-
Le Chat qui craint son nom, l'Escurieu vigilant, sieurs a-
Que l'esprit du Guenon, les tours de la Belette, nimaux.
L'astuce du Renard, l'odeur de la Civette,
Plus que le Chien fidelle, & le Biévre soudain,
Qui pour fuyr, dit-on, à soy mesme inhumain,
Sur les rives de Pont, ses genitoires coupe,
En trompant doucement la poursuivante troupe.
   Mais quel crayon sauroit ces feintes desguizer,
Pour faire que nostre œil puisse les aviser?
Quelle lime adoucir cette fausse merveille,
Pour doucement la faire entrer dãs nostre aureille?
   Non, non, cet Hippomene, ayant gage si cher, Erreur
Prodigue ne veut-point ces pommes espancher, du Ca-
Pour, alentant d'autruy les courses violentes, stor re-
Par ce jet amuzeur vaincre ses Atalantes. futé
Venus d'vn si beau don n'enrichit le Castor,
Pour gagnant le devant, perdre ces pommes d'or:
Et les dorez rameaux du verger Hesperide
Ne redonroyent tel fruit à sa dent homicide.
   La Nature voulant Nature conserver,
Ne peut contre nature vn tel acte aprouver.
Et quãd des corps mouvãts cette grãd' gouvernãte
Conjoindroit son vouloir à sa perte évidente,
Le Castor talonné du Veneur trompetant
N'en sauroit aprocher son impiteuze dent,
Que quand ces deux bessons, cõtre sa dent traitresse
Pour rampart assez grand n'auroyent leur petitesse:
Les arrachant, cruel, de l'espine du dos,
Il-faudroit qu'il ostast en s'ostant tout repos,
(Mizerable secours de sa dent ennemie)
A son corps la santé, à son esprit la vie.

H 6

180   SIXIESME IOVR

Portrait de l'erreur.

Mais dans le camp brutal marche bien plus avant
L'Erreur fils du mensonge, au parler décevant,
Monstre aux chefs renaissants, qui, muable Protée,
Porte dessur le front l'impudence effrentée,
Parjure, caut, bastard, malin, prodigieux,
Qui met en controverse & sa langue & ses yeux,
Qui ne vit q̃ du vẽt, qui boult d'un soin extresme,
Qui desloyal s'instruit & se destruit soy mesme.
Le brigand qui mortel, dans le Nil a son Fort,
Nuist, & nageãt sous l'onde, & courant sur le bord:
Ainsi l'Erreur nuizible, en m'ayant fait la guerre
Sous les flots & dans l'air, me suit ores par terre.

Erreur du Cameleon double, refuté.

Et fait accroire encor, comme un farceur subit
Change sur l'eschafaut de personne & d'habit,
Que le Chamelon, artizan en feintize,
Plus trompeur qu'un Lutin, sa nature desguize.
Et bien qu'il ne soit oint de Colchide poizon,
Comme fut autre-fois l'amante de Iason,
Ny des charmeux onguents du venin Titanique,
Comme du clair Soleil fut la fille impudique,
Qu'il reçoit les couleurs des corps qu'il a devant,
Voire & veut, comme luy, qu'il se paisse de vent.

Au regard de ses couleurs.

Vn payment si leger ne soustient la balance
De la juste Raizon, ny de l'Experience.
Car quãt à la couleur, par la Raizon je voy (en soy)
Qu'à bõ droit tout corps mixte entiẽt quelqu'une
Dont il-faut que ce corps qui non simple respire,
Du naturel pinceau quelque couleur retire:
Couleur que nonobstant que mainte autre couleur
Se supoze, & s'opoze il garde en sa vigueur.
De fait l'œil curieux peut voir que la nature
A coloré son corps d'une gaye verdure,
Et docte, a fait paslir dessous son double flanc
Vne verdeur plus foible & parente du blanc,
Tavelant tout son corps par des taches diverses.

Distin

Distinctes de couleurs rouges blanches & perses.
Ainsi se renforçant, sa verdeur paroist mieux
Dessus le verd tapis du Printems gracieux,
Ne se perd sur le bleu, mais sa peau tachetée
Tire alors sus le bleu dont elle est picotée,
Semblable au verre clair, qui, lors que le vitrier
Dans les tringles le serre en son blanchi tablier,
Et qu'ez liens blombez l'une apres l'autre il range
Du paneau compassé la fragile lozange:
Laisse à travers son corps paroistre la blancheur,
Mais ne perd, transparent, sa verdastre couleur.

Quant à son aliment, ny le souffle d'Eole, *Au regard de la nourriture.*
Ny le vuide Royaume où maint oyzeau bricole,
Impropres à nourrir, ne sauroyent nullement
Pour aucun animal estre aucun aliment.
Car la Raizon veut voir un raport s'entre-suivre
Entre le corps qui vit & le corps qui fait vivre:
Raport qu'on ne peut voir entre nul corps vivant,
Et le branle incertain de l'haleine du vent,
Vaine à contribuer à nul corps nourriture,
Pour sa vapeur subtile & sa seche froidure.
Aussi l'a-t'on pas veu de mousches se paissant,
A ces petits oyzeaux de sa langue chassant?
Dont mesme tu luy fis (Nature industrieuze)
Pour une telle chasse avoir la langue creuze?

Mais ce caut animal, cette beste au lent pas, *Discours veritable de sõ adresse.*
Seulement ne conspire aux mousches le trespas:
Car voyant quelque fois dessus le mol herbage,
Un serpent renoüé sous un chesne sauvage,
Qui va tournant à bonds lentement estendus,
Son dos noir & terni des Soleils assidus,
Il grimpe au chesne vert, puis sa bouche subtile
Crache un estaim sẽblable au poil qu'Arachne file,
Envoye en bas ce poil, par ce poil va lançant
Comme une perle humide au bout du fil glissant,
              Dont

Dont le serpent frapé sur sa teste maline,
Est de l'horrible Mort l'infaillible rapine.
Mais ce qui plus encor tient l'humain jugement
Ez sinueux contours de maint estonnement,
Si lors le bras fueillu se pliant au contraire,
Son fil n'est à droit fil de la teste adversaire,
De ses pieds il l'adresse, & fait choir escumeux
Son loüable venin sur le chef venimeux.

  Rare Cameléon! juste & soudaine peste
Au nuizible animal que plus l'homme déteste!
Nõ pas que tous serpents soyent tousjours si pervers
Que mon docte Graveur les burine en ses vers.

Histoire notable d'vn Dragon.
  Si des Grecs plus fameux le recit ne nous meine
Dans l'oblique sentier d'vne croyance vaine,
Ez dezerts reculez du climat porte-gland,
Où l'humide Ladon va ses vagues roûlant,
Horreur! vn enfançon desmentant sa nature,
Auec vn Dragonceau reçeut sa nourriture.
L'enfant & le Dragon par l'entre-mets du Tems,
Ayants acreu leur corps, leur courage, & leurs ans,
Vont d'vn feu reciproque, alumants en leur ame
Le scintillant brazier d'vne amoureuze flame.
Les parents abhorrants au Dragon escailleux
La longueur de son corps, & l'horreur de ses yeux,
(Car il fit, en passant l'enfant d'âge semblable,
D'inusitez progrez, sa grandeur effroyable,)
S'essayent d'amortir ce feu qui mutuel,
Rẽd moins humain l'enfant, le serpent moins cruel,
Et transportent subtil, la beste & le jeune homme
Qu'vn jour en mesme lict vn pezant sõme assomme.
Le garçon resueillé, jette l'œil tout autour,
Aussi libre de peur comme esclaue d'amour:
Et ne pouuant souffrir qu'en son cueur se ruine
Son dezir soustenu par l'amour serpentine?
(Tant la coutume peut!) s'en retourne premier
Dans le triste séjour du dezert coutumier,

Et suivy du serpent, infiniment prefere
Une grote aux maizons, un Dragon à son pere!
　Il avoit au dezert maint lustre consumé,
De son Dragon amant, de son Dragon aimé.
Seul, si seul il estoit, ayant pour compagnie
Dans cette solitude & son but & sa vie,
Quand un jour au desceu de l'amant tortueux,
Il suit les longs destours des chams infructueux.
Tōbe ez mains des brigāds, qui taschēt de leur lame
Faire à travers son corps un passage à son ame.
Lors s'aidant du secours que luy fournist la peur,
Il repousse maint coup, non l'ardent creve-cueur
D'avoir laissé son tout, de qui sans esperance,
Il implore à grands cris l'invincible assistance.
　Le Dragon de nature au cueur ayant fierté,
Promptitude en l'aureille, aux yeux vivacité,
Oyant de loin la voix que sur tout il dezire,
Iette un haut siflement, messager de son ire,
Vient, court, vole, & despeint l'image des Enfers,
Roüe ez yeux deux brādes, léve un col jaune-pers,
Ses barbes brâle, & leche avec sa langue horrible,
Sous l'espoir du butin sa maschoire terrible.
　Lors une froide peur dans leurs os va courant,
Et comme on voit trembler sous l'estrainte du vēt
Les ondes de la mer, les cheveux des branchages,
Ou les fresles rozeaux des bords des marescages:
Tout ainsi tremblotoyent defaillants, blesmissants,
De ces cruels meurtriers les membres frémissants.
Dont tournants les aucuns leurs faces palissantes
Recerchent leur salut en leurs jambes fuyantes:
Et les autres saizis, de leurs corps entamez
Esteignent du vangeur les courrous alumez.
On dit bien que Tillon mort de telle morsure,
Rapela par des fleurs son corps de l'onde obscure:
Mais ceux-cy mords & morts pour ne plº remourir,

Ne peurent par des fleurs au Monde refleurir.
O beste aux inhumains justement inhumaine
Et qui porte aux humains une amour plus qu'hu
Rare & benin serpent duquel la privauté (maine
Du serpent ancien desment la cruauté.
Serpent plus gracieux, vangeur plus secourable,
Mesme à qui de nature est à luy dissemblable,
Qu'à sa compagne n'est le dangereux Aspic,
Qui le cruel meurtrier va choizir en public.
 Encore ayant rendu par ce soudain carnage
A son antique amy ce nouveau tesmoignage,
Il r'ameine fidelle, en ses aimez séjours
Celuy que son amour oblige à son secours.
Puis en lieu de soustraire, animé de vengeance,
Aux maux du jouvanceau son vtile asistance,
Il laisse encor plus loin, ne pouvant rezister,
Au courant de l'amour son courage emporter,
Pense à pencer soudain les fluantes blesseures.
Dõt la mort toutesfois ne suit point les navreures
Et n'est point plus fasché dequoy son cher soulas
Avoit quitté l'amant qui ne quitte ses pas,
Et qui n'abandonna, (loyauté remarquable!)
Au danger évident son amy veritable.
Ainsi que nous pervers, qui trõpans noz prochains,
Avons le miel en bouche, & le poizon ez mains:
Qui laissons noz amis dans les perils extresmes,
Qui vẽdõs noz parẽts, & nous vẽdõs nous-mesmes
Nous mesmes nous vẽdons, & bandõs en tout lieu,
Nous vendons à Satan, & bandons contre Dieu,
Mizerables mortels, mizerable nature,
Mizerables ingrats, qui procurons injure
A qui nous a, benin, cachez dedans son flanc,
Cachetez de son seau, rachetez de son sang!

Transi-   Mais quoy? Muse où vas-tu? Veux-tu tourner ar
tion,   Quoy? Crains-tu de courir des serpents la carriere? (riere?
              As-tu

DE LA SEMAINE. 185

...tu peur que l'haleine, as-tu peur que les yeux   Erreur
...cresté Basilic, te soyent pernicieux?   du Basi-
...ux qui luy vōt chātants ces hymnes de victoire,   lic, refu-
...us chantent, abuzeurs, la fable pour histoire: té.
...d'entre leurs escrits mainte diversité
...t d'vn vray tesmoignage à si grand faussetè.
...r des plus libertins les vns veulent qu'on croye
...'avec vn seul trait d'œil au cercueil il envoye:
...utres que d'vn siflet cruellement acort,
...uchant la noire Parque, il nous donne la mort:
...utres que son venin par l'homicide lance
...'vn armé cavalier jusques au bras s'eslance,
...u bras par tout le corps, & que plus desloyal
...ent fois que la Torpille, il tue homme & cheval.
...es plus sobres escrits, vne part nous convie
... croire que son soufle interromt nostre vie:
...utres, qu'il fait mourir d'vn touchemēt pervers,
...utres que sa dent seule enrichisst les Enfers.
...insi s'entre-heurtāts, d'eux mesmes adversaires,
...eurs mensongers feüillets nagēt d'avis contraires
...ont en vain leurs chansons mō aureille aprocher,
...t font au Pergamois sur sa page coucher,
...ue de ce ver cresté l'histoire n'est loyabe,
...t que l'oubli détient cette beste Royale.
  Que si le Basilic nous pousse de ses yeux
...ers le bord gemissant du fleuve oblivieux,
...u de viure interdit par sa voix inhumaine,
...u par l'air empesté de son infecte haleine:
...ōment vray Dieu! cōment l'ont peu donc endurer
...eux qui l'ont contemplé pour son corps figurer?
...eu que de ce serpent la petitesse engarde
...ue l'œil contemplatif de loin ne le regarde?
...ouuoit-il pas voir l'œil qui ses rais luy dardoit,
...uisque son corps ne traine, ains va presque tout
...i le vray pour le moins consent à l'escriture (droit.
                       Du

Du docte Veronois, grefier de la Nature?
De fait, Erasistrate à sa foy refuzant
De ce Roy serpentin le recit abuzant,
Et sur tous ses assauts redoutant sa mourseure,
Tous ses rampars opoze à la seule blessure

Basilics vrayemēt dangereux en plusieurs sortes.
Mais les vrays Basilics qui de leurs siflements
Et des rais de leurs yeux peuplent les monuments,
C'est vous, ô detracteurs, de qui la bouche amer
Vomist contre quelqu'un ses mots teints de cole
C'est vous flateurs encor, mousches qui vous ru
Au vizage des grands, qui les Roys sang-suez:
Vous dont les coups de langue, en chatoüillant
   meurtrissent,
Aux lancettes divers, qui blessans, nous guérissen
Et vous qui des rayons de voz yeux alumez,
Alumez vn buscher des cueurs que vous charme
Meschantes, pour soudain y brusler en voz flame
Des esclaves amants les miserables ames.

Autres bestes rampantes, & venimeuses.
Mais si le Basilic par son soufle & ses yeux,
Plus qu'vn autre serpent n'est point contagieux,
Ne craindron-nous pas plus le Stinc roux, la Viper
Le traistre Scorpion, le serpent qui altere,
Les Cēchres tavelez, les Chesneaux aux corps lēgs,
Le Ceraste qui regne ez Lybiques sablons:

Sornette de l'Amphisbene, refutée.
Et sur tout autre encor l'Amphisbene effroyable,
Qui des deux bouts, dit-on, chausse vn chef dom-
   mageable,
Qui sans tourner, recule, ainsi que le vaisseau
Qui glisse à double proüe ez campagnes de l'eau?
Ainsi l'ingenieux, mais non croyable Homere,
Te nous peint à trois fronts, Cerbere, & tout ainsi
Ainsin as-tu trois fronts, Cerbere, & tout ainsi
Hydre, on donne à ton corps pluzieurs testes aussi.
Mais (serpent Lernéan) si du robuste Alcide
La main porte-massue à ton dam homicide,

Dessus

sus l'Argive bord de ton lac malheureux,
craignit les sept chefs de ton col plantureux:
aindron-nous bien l'Envain, qui non que deux
   chefs porte,
l n'est en-vain pourtant descrit en cette sorte?
Tel cas en enfraignant de Nature les loys,   *Cōment*
serpents, fils des eufs, se peut voir toutesfois: *peut a-*
nsi qu'en la maizon du mesnager champestre,   *venir*
ssant l'ordre cōmū est veu quelque-fois naistre   *qu'vn*
vn euf à deux moyeux, vn poussin pepiant,   *serpent*
archāt sur quatre pieds, par quatre ailes fuyant: *ait deux*
t comme on voit par fois des glissantes laizardes   *testes.*
muer dans leurs trous deux testes fretillardes.
ais faut il peindre en l'air quelque espece pour-
e serpents riolez, à deux testes flotant?   (tant
  Bien que ce corps trainard à la foible lumiere,
ui laisse le premier l'hivernale tasniere,
'vn & d'autre costé, pousse double-marcheur,
ar les prez verds son dos d'Espagnole couleur:
ien qu'en ce souple corps l'aigu de nostre veüe
e discerne aizement le chef d'avec la queüe,
Non plus qu'en la Sansue, où les bouts sont égaux,
Ny qu'en ces vers muzards, les terrestres boyaux,
Qui d'vn corps ondoyant, sus leur lente carriere,
Vont en avant par fois, par fois vont en arriere:
Ne pense que pourtant le Thessalide oyzeau
Ne pince par derriere à ce Ianus la peau:
Ny que l'humain orgueil en l'enfance du Monde,
Ait fait de deux venins l'Amphisbene féconde.
Non plus que l'Eternel, quoy qu'au bien des Hu-
  mains,
Les serpents aux serpents il rendit inhumains,
N'ordonna toutesfois la naissante Vipere
Rompre, ingrate, les flancs de sa mourante mere.
  La mere engēdre aussi d'eufs entourez de peaux,   *Conte*
                                         ridicule
                             Dans

de la vi-
pere,
aussi re-
futée.

Dans ses fertilles flancs ses tortus vipereaux,
Pousse son fruit viuant, & lors qu'elle l'enfant[e]
Il romt ses foibles murs de la prizon parente,
Les moles peaux de l'œuf. Dõt pipez maints e[sprits]
Ont creu que la Vipere enfantant ses petits,
Par injuste guerdon de sa race ennemie,
Sortoit de son corps plein son engeance & sa vi[e]
Mais quoy? l'œil clair-voyant sert de tesmoin l[oyal]
Comme aux flãcs maternels ce serpent ne fait m[al]
Tesmoin soit Philostrate, & vous Marses encor[e,]
Qui portãts maints serpents dõt la force on ign[ore]
Montrez mainte Vipere, & son fruit qui cruel,
Son ventre ne repaist du ventre maternel.

Vtillitez
de la Vi-
pere.

Mais si pour nostre bien la mordante Vipere
N'enterre en ses boyaux les boyaux de sa mere,
Le triacle s'en fait, par elle sont frustrez
De Scorpions les trous, de Buprestes les prez:
Sa chair profite aux nerfs, la veüe en est guérie,
Et du vin qui l'estoufe on perd la ladrerie.

Discours
notable
sur ce
sujet.

Ià l'Esté bazané par les chams se trainant,
Haletoit maints Zephyrs, d'espics se couronnant,
Quand autres d'vn valon plaizamment solitai[re]
Des ombres le sejour, d'vn lépreus le repaire,
Où d'vn coulant surgeon les replis argentez
Rendoyent de maints ruisseaux les chams passe-
   mentez.
De courbes moissonneurs vne tourbe seruile
Tondoit les blonds cheveux de la plaine fertile,
Si tost que l'aspre ardeur, le travail, & la soif,
Les firent souvenir du breuvage soüef.
Sous les toufus rainseaux d'vn buissõ dõn'ombrage
L'vn deux s'en va querir le Bacchique breuvage.
Puis versant, bouteiller, cette vermeille humeur,
Pour marier au vin l'Acheloise liqueur,
Du vin sort à cent plis vne longue Vipere.

Qui

i ja dans ces douceurs a veu la mort amere.
us paſliſſent d'horreur, ainſi que les verdeurs
s arbriſſeaux frapez des premieres froideurs:
jugeants de ce vin la boiſſon n'eſtre ſaine,
n vont noyer leur ſoif dans la proche fontaine.
es pourpriſſants chevaux de Phœbus qui s'éfuit
rchoyent ſur les confins du jour & de la nuit:
s barbiers de Ceres, laſſez, lors s'en allerent,
la boiſſon malade au malade donnerent,
impiteuze pitié, preferants la rigueur
vne ſoudaine mort, à ſi longue langeur.
Chetif ! ſi tu ſavois quel don on te prezente,
horreur deſchaſſeroit ton ame languiſſante?
ais heureuze ignorance, heureuze qui vraymēt
fait d'vn feint breuvage vn vray medicament!
yant donques puizé de ſa bouche lépreuze,
e ce rouge poizon la boiſſon bien-heureuze,
ne ſemble à luy-meſme, & ſe faizant plus beau,
ne craſſe eſpaiſſeur luy tumba de la peau:
inſi qu'en la ſaizon qu'vn tendrelet herbage
es chams adoleſcents orne le doux vizage,
a Languſte qui mue ez gravíers de la mer,
ontre en quitant ſa coque, vne plus mole chair:
inſi ſous vne eſcaille à ces coques pareille,
l mōtre vne chair mole, & blāchement vermeille:
i bien qu'il afranchit ſa peau d'ordure alors,
e détreſſe ſon ame, & de lepre ſon corps.
  Mais il eſt tems de voir ſi le Rat qu'on adore
Ez fertiles terroirs qu'vn l'arge Nil décore,
oyant le Crocodile endormi ſur le bord,
Aueq le Roitelet en conſpire la mort.
as pleuſt au Ciel benin qu'ez Frāçoiſes Prouinces
Ceux qu'vn devoir oblige au Prince de noz Prin-
Fuſſent auſſi loyaux, qu'à bon droit eſt loyal (ces
Cet oyzean redevable à ce louſche animal,
                                          Nous

Bourde
refutée
de l'in-
telligē-
ce de
l'Ich-
neumon
& du
Roitelet
contre
le Cro-
codile.

Nous ne verrons encore en mil & mille place[s]
Du forcené Mavors les remarquables traces.
Nous ne verrions ez chams tāt d'incarnates f[leurs]
Teindre du sang Frāçois leurs sanglantes coule[urs]
Les corbeaux escorchāts leur gorge & noz aurei[lles]
N'iroyent plus prononçāts des sinistres merveil[les]
Et la France en domtant ses ennemis divers,
Borneroit ses confins des fins de l'Vnivers!
Car ce fidelle oyzeau tirant maint benefice
De ce Prince du Nil, luy rend maint bon office.
Montrāt que du bienfait vn seul grain n'est per[du]
Si sur vn champ ingrat on ne l'a respandu.

Ruse de L'Ichneumon contre le Crocodile.

Quād les oublys charmeurs pressētdōc au riv[age]
Tous les sens assopis de ce voleur sauuage,
L'Ichneumon cauteleux va sur le bord glissant
A ce grand animal ses embusches dressant.
Mais l'oyzeau gardien, de sa bouche piquante
Refrapant du dormard la narine ronflante,
En esueillant ses sens par l'aigu de ses coups,
Contre le Rat Indois esueille son courrous:
Bien loin de comploter, taché d'ingrate envie,
La mort de l'animal qui luy porte la vie.
Mais lors que le Cercheur, a subtil, découuert
Que l'oyzillon se paist dans le Chaos ouvert
Du monstre aux feintes pleurs! curant pour sa pa[-]
   sture
Des limonneuzes dents l'effroyable closture:
Regardant de travers vn athlete si fort,
Et courageux entrant par le sueil de la Mort,
Comme vn dard il s'escoule, & meu de violence,
Par l'homicide gueule au creux ventre il s'eslāc[e]
Puis vangeur impiteux de ce mangeur d'humains
Boit le sang inhumé ez boyaux inhumains.

Victoire de l'a-

O courage tresgrand d'vne beste petite!
Ainsin au long serpent donne la mort subite

Vne

...e courte Araignée. Alors qu'ez verts rameaux
...ndant aux moucherons ses fragiles paneaux,
...le aperçoit qu'il tient sous la branche vestue
...ux obliques rayons son eschine tortue:
...le bave vn filet, s'avale au front haineux,
...plante en mesme tems l'aiguillon veneneux,
...is par son fil remonte, & le laisse, cruelle,
...ein de tourment si vif, de poizon si mortelle,
...u'il plaind, sisle, se deut, se tourne, plie, estend,
...aille, saute, retombe, & meurt en debatant.

De serpents despestré, je ne crain plus l'adresse
...u bestail qui vomist se mortelle richesse,
...ord ses aigus flambeaux ardants d'inimitiez,
...escorche sans mourir, & chemine sans pieds.
...ais sorty de leurs dents, je ne suis point delivre
...u mensonge ennemy qui par-tout me veut suivre:
...ar le voicy desja redoublant ses assauts,
...ar vn afreux scadron d'indomtez animaux.

Ie say que Dieu, ce jour, de la Terre féconde
...a fait sourdre des Ours la troupe vagabonds,
L'avide & triste Loup, le Sanglier bocager,
L'Once à l'œir clair-voyant, & le Tygre leger:
Non le fier Leopard, dont la race adultere
Nasquit puis des amours de l'horrible Panthere,
Et du rogue Lion: Comme ez prez verdissants,
On voit sentant d'amour les aiguillons puissants,
L'Asnesse & l'Estalon, d'vne ardeur obstinée,
Contracter amoureux vn bizarre Hymenée,
Puis naistre vn fan bastard, qui tenant de tous deux,
Petelle, en bondissant par les guerets herbeux.
Ny la Licorne aussi, car du monde le Pere
Non plus ne façonna cette fausse Chimere,
Que les Centaures nuds, que les Satyres vains,
Les Pans, les Egypans, les Faunes, les Sylvains.
Si ce

raignée sur le serpent.

Animaux farouches & indōtez. Le Leopard ne deuoir estre cōté dans la creation.

Ny la Licorne.

Si ce monstre cornu joüissoit de la vie,
Comme maint triacleur à le croire convie.
La crainte ne devroit pourtant glacer ton cueur
Tyrannizer tes sens, te gesner de frayeur,
Puisque ceux dont la trace à leur suite te range
Chantent que de ses loys la douceur ne l'estran[ge]
Que s'il vit, il est né (puisqu'il tient si divers,
Du cheval, du Sanglier, de l'Elefant, des Cerf[s]
Apres l'humain peché d'un defaut de Nature,
Comme la Mantichore à l'horrible figure,

Le Chi- Comme le Ceph Lybique, & l'estrange animal
urca. Des cantons bazanez du Caribe brutal.
Animal, ô Bartas, qui mille fois n'enterre
Dans son corps ses petits, ains dans sa peau les sen[s]
Et que tu crains en-vain, quand ses coups pl[us]
  meurtriers
Donnent sans plus ateinte aux foibles poulaille[s]

Bestes Moins sauvage que toy, qui nous donnes, Hyene,
plus dā- Sous une humaine voix une mort inhumaine,
gereu- Moins que toy, jette-traits, qui d'armes ne te cha[ut]
ses que Et que toy, Roy cruel des cruels animaux.
luy.

Secōde Mais tandis que je cours dans la sanglante lice
partie Du peuple caverneux, faut-il que l'homme glisse
de cette De ma courte memoire? Et contre toute loy,
journée, Doy-je pour les vassaus, mettre en oubli le Roy?
conte-
nant la L'homme de sens rassis, que la bonté Royale
creation Introduit au brillant de sa superbe sale,
& l'ex- Ne contemple si fort les lambris azurez,
cellence Les respirants portraits des tapis sur-dorez,
de l'hō- Le jaspe du pavé, le porphyre des portes.
me & de Où la despence & l'art luizent en mille sortes,
la fēme. Qu'il ne contemple aussi la stature, les yeux,
Et l'auguste maintien du Prince gracieux:
Car la discrette humeur dont son sens participe,
De son ame a serment qu'elle ne s'émancipe

           De

DE LA SEMAINE.

vouloir au mespris de ses modestes loys,
ferer l'or au maistre, & les palais aux Roys.
si je ne veux-point, descrivant l'edifice
j'admire de Dieu l'admirable artifice,
ong tems contempler de ce beau bastiment
int plāt, maint animal, maint superbe ornemēt,
e je n'admire aussi les graces nonpareilles
Seigneur du palais, merveille des merveilles,
des corps sensitifs, Dieu second, Dieu mortel,
ourci de ce Tout, pourfil de l'Eternel,
qui pour pere eut Dieu, pour semence la Terre,
r matrice la main qui l'Vnivers enserre.
cn, ô fameux Gascon, que cette artiste main   Matiere
de terre sans plus forgé le corps humain,   de l'hô-
qu'il doive sufire, en pozant la matiere   me en la
terrestre Empereur, d'aleguer la poussiere.   creatiō.
tout corps où divers l'ordre mixte a pozé
& l'autre Element, d'vn seul n'est compozé.
ouvrage qu'vn Lysipe au Mōde faizoit naistre,
qu'il se transportast des bornes de son estre
vray semblāt qui l'ame au brōze introduizoit,
amolist par l'art qui les yeux seduizoit
ne souple chair, dont la vie sans vie
hatoüillant le sens, pipoit l'ame ravie:
que son corps moulé du dur metal partoit,
matiere totale en metal consistoit.
ce grand chef d'euvre estoit fils de poussiere,
oussiere il auroit pour totale matiere.
r à bon droit de tous l'animal plus parfait   Pour
premier en dessein & dernier en effet,   quoy
l'homme estant la fin à l'euvre destinée,   creé a-
oit que par luy l'euvre fust couronnée: pres les
aussi tost il fust, tout estant sous sa main,   autres
Roy que creé par le Roy souverain.   choses.
bon droit l'Artizan d'vn si Dedale ouvrage.

I

SIXIESME IOVR

Pourquoy Dieu cõsulta. Comparaizon propre.

Consulta pour tirer mieux au vif son image,
Afin que comme ceux qui contemplent par fois
Dans des riches tableaux les figures des Roys,
Les splendeurs des couleurs, l'esclat du diadem[e]
A fil d'or sus leur front flambãt d'vn bril extr[e]
Le sinople, la gueule, eʒ tymbres rayonnants.
Et leurs doys de ce Tout le globe soustenants:
D'abord tous esperdus, à la merveille encline[s]
Puis soudain l'Archetype en l'image imagine[nt]
Voyants comme exister au lustre radieux
Celuy qui ne peut lors aparoistre à leurs yeux.
Ainsi voyants ravis, dessus la Terre ornée,
L'homme comme vne image artistement tour[née]
Portrait de son facteur, nous contemplions v[ne]
   mẽt
De ce vivant tableau l'admirable ornement,
Dans le plaizant esclair d'vne œuvre si brilla[nte]
Admirions les beaux traits de l'idole mouva[nte]
Et sur tout cette main, qui comme ample, conti[...]
Comme ouuriere a taillé, comme mere entret[ient]
Cette viue statue, où tant de grace abonde,
Contenant en petit les beautez de ce Monde.

Inuocatiõ pour biẽ escrire les excelleces du Microcosme.

Mais toy qui fabriquant l'Empereur d'icy-[bas]
De poudre accompagnée vne masse formas,
Icy ronde, icy longue, icy mole, icy dure,
Et fis, l'embellissant, la beauté de Nature:
Comme tu as guidé sur mon papier divers
Ma tremblotante main, portrayant l'vniuers,
Fay qu'elle trace encor par la tienne regie,
Du grand Monde au petit la juste analogie,
Et peigne en peu de carte vne viue couleur,
En cette couleur l'homme, en l'hõme ta grande[ur].

Analogie du grãd au petit Monde.

L'honnorable animal (hors l'erreur de Nat[ure])
A, comme ce grand Tout, la spherique figure:
De qui l'entour se prend en vn rond si gentil,

DE LA SEMAINE. 195

doys des pieds & mains, & le centre au nõbril.
Tout ce que l'Vniuers dãs son grãd sein embrasse
Epitome du Monde en soy-mesme ramasse.
 colere est vn feu, le sang chaudement clair
 airement symbolise au liquide de l'air,
 flegme humide & froid est à l'eau comparable,
 sombre & noire bile à la Terre est semblable.
Si pour quatre portaux ce Palais arrondi
 le Matin, le Soir, le Nord, & le Midi,
 ut de mesme avon-nous, ô structure excellente!
 r nostre droit costé l'Orient reprezente,
 gauche est le Couchãt, nos pieds sõt nostre Nort,
 le chef au Midi montre vn fort beau raport.
 ire & ton nom, Adam, par lettres capitales,
 arque, en langage Grec, ces portes inégales.
 Dans nous le Printẽps regne, & l'Esté jaunissãt,
 Automne porte fruits, & l'Hiver languissant.
 nfance est le Printemps, l'Esté c'est la jeunesse,
 ge viril l'Automne, & l'Hiuer la vieillesse.
 poil dont le menton & le chef nous ornons
 nt les bois revestus, noz testes sont les monts:
 z prudentes humeurs, & noz sens Lunatiques,
 nt les Anges sacrez, les Démons fanatiques.
 Les mixtes imparfaits des campagnes des airs,
 ont-ils pas leur Empire au petit Vnivers?
 s regards où le feu d'vn ardent courrous erre,
 nt-ce pas des esclairs dévanciers du tonnerre?
 s bruits, roûlants divers, dãs noz boyaux retors,
 aux sept fois plus lõgs   'est lõg tout le corps,
 prezentent-ils pas maintes voix entendues
 ans le flotant palais des pallissantes nues?
 vizage enflamé les parfaites rougeurs,
 errants mouvements des fiévreuzes chaleurs,
 ls des exhalaizons de noz veines boüillantes,
 font-ce pas autant de Cometes volantes,

I 2

Autant de feux errants, s'eslevants dans les a[irs]
Des fumeuzes vapeurs du pied de l'Vnivers?
Les agus sislements importuns à la teste,
Semblent-ils pas les vents, hérauts de la temp[este]
Ainsi que les frissons nous esbranlants soudain
Semblent les tremblements du domicile huma[in]
Et vous desbordements, vous cheutes violente[s]
De çà & tà d'humeurs dãs noz corps découl[antes]
Dites, n'estes-vous pas ces fleuves qui des Cie[ux]
Distilent sur la Terre en vn tems pluvieux,
Comme la pituïte ez intestins créée,
Est dans le petit-Monde vne glace vitrée?

Dãs noz corps ne sõt seuls les douze feux cou[rants]
Par l'escharpe du Ciel, mais encor les errants.
La Lune argent bruni, qui moite au Ciel chem[ine]
Est du moite cerveau la moüelle argentine,
Qui versant ses froideurs sur l'humain Vniver[s]
Enfante mille effets par ses aspets divers.
Le pourprissant Soleil, par ses flames, féconde
Du beau mitã du Ciel, tout le grãd corps du M[onde]
Et le cueur rougissant, le Soleil de noz corps,
Boiste où sont d'alaigresse enfermez les trezor[s]
Fournaize de chaleur, magazin de la vie,
Du beau milieu du corps, tout le corps vivifie[.]
Le poûmon moitoyen du cueur & du cerveau,
Instrument de la voix, interprete si beau,
N'est-ce pas ce Mercure, & ce fond d'eloquen[ce]
Qui joint entre-moyen, sa celeste influence
Ores au clair Titan, ores à la splendeur
De l'Astre qui respi[re] la fraternelle ardeur?
O fiel vertement noir, quand je voy ta vescie
Cauzer d'aspet malin, & fiévre & frenaizie,
Ie te compare à Mars dont l'aspect furieux
Trouble le doux repos du Monde spacieux
Pour toy grand nourricier, pour toy foye, amiabl[e]

DE LA SEMAINE. 197

...ribuant du sang le Nectar agréable,
...n gardent que bien peu pour ton propre alimēt,
...s-tu pas ce Flambeau, ce Dieu qui largement
... cette grand' Cité sans nulle envie estale
... les rares trezors de sa main Ioviale?
...ate toutes-fois, le siege du chagrin,
... Astre de Saturne, à l'œil have & malin,
...vieux de ces biens, cauzant mainte manie,
...t de l'humain logis troubler l'œconomie,
...is toy, douce Venus, mere des voluptez,
...mes sur nostre champ tes fertiles bontez,
...respands la vertu de tes graces notoires
... viscere fecond des jumeaux genitoires.
...Quey plus? On voit restraints ces sept flambeaux
    des Cieux
... cernes rōds & clairs des sept peaux de noz yeux
... sept jours le grand Monde eut de ses traits la
    grace,
...utre au ventre, en sept jours, ses traits princi-
    paux trace.
...O vice-Roy de Dieu, seau de ses faits divers!
...petit si conforme à ce grand Vnivers!
...nçois l'homme est le grand, le Monde est petit
    Monde,
...u que si l'Eternel où quantité n'abonde,
...rpasse infiniment cette vaste rondeur,
...homme surpasse aussi la mondaine grandeur: Erreur
...r son esprit subtil, d'vne plus rare essence,   refuté
...orrespond à l'esprit dont il prit sa naissance.   du siege
  Mais d'enseigner que Dieu mit cet entendemēt   de l'en-
...n l'estage plus haut de l'humain bastiment,   tende-
...ur donner, ô Bartas, de cette citadelle,   ment.
...s subites fureurs du corps qui se reblle: Par l'es-
...n precepte si vain n'est du vray toleré,   gard de
...omment qu'vn si noble euvre y soit consideré.   ses di-
           I 3   uers e-
             stats.

Par ce-
luy de
l'estat
d'inno-
cence.

Car au premier estat de sa simple innocence,
Dont sans plus ton burin nous grave la naissance
L'homme à soy non rebelle, estoit tel proprement
Qu'un horloge qui suit un reglé mouvement.
La raizon lors estoit sous son Dieu flechissante,
Lors l'ame à la raizon estoit obeissante,
Lors le corps dessous l'ame aizément fléchissoit,
Et lors la créature au corps obeissoit.

Par ce-
luy de
l'estat de
peché.

Sous l'estat de peché, nulle guerre n'enflame,
L'ame contre le corps, ny le corps contre l'ame,
Daignants ouïr tous deux à leur propre malheur
La charmeresse voix du serpent seducteur.

Par ce-
luy de
l'estat
de gra-
ce.

Sous l'estat de la grace on te peut reconnoistre
Proprement s'opozer les membres à leur maistre.
Quoy qu'è ce champ mortel combatent pair à pa
La chair contre l'esprit, l'esprit contre la chair.
Car l'esprit est la part qui dans nous vit loyale
En chasque faculté, soit Princesse ou vassale,
Et la chair, celle là dont encor l'Eternel
N'a fait le col duizible à son joug supernel.

Si l'estat de peché, si celuy de la grace,
De noz vices ne vainq le mutin populace,
Ce peuple mutiné donne aussi tost l'assaut,
Et plustost qu'ez faubourgs, au donjõ le plus haut
Et choizist son logis, plustost ez hautes chambres
De l'esprit que du corps, du cerveau que des mē

Par ce-
luy de
l'estat
de gloi-
re.

Quãt au dernier estat, nous voyãts apelez (bres
Pour vivre avec les Saints & les Anges ailez,
Pour vivre aveques Christ, chef des Saints & des
    Anges,
Avec Dieu, chef de Christ, des Saints & des Ar-
    changes:
L'ame & le corps parez devant leur Souverain,
D'un vestement issu & tissu de sa main,
Pourront-ils rioter, & vivre ensemble ez flames
                                                  De

DE LA SEMAINE.

l'ame de ce tout, & du tout de noz ames?
[é]ternel cependant au haut de ce chasteau
[le] visage logea, du Palais le plus beau,
[de] l'ame l'escusson, qui planté sur la porte,
[les] titres seignalez de sa noblesse porte.
[Œil] qui les yeux atache, & tableau qui vanté,
[D]espeint l'âge, l'instinc, le sexe, la santé.
Sur ce donjon divin sont noz guettes fidelles,
[D]u Soleil transperçant les deux portes jumelles,
[Cl]eres'eaux d'où vont naissants les ondes & les feux
[D]e l'edifice humain les chassis lumineux,
[D]'où l'ame à travers brille, ainsi qu'on voit brillãte
[A]u travers du falot la chandelle tremblante,
[E]t deux membres sacrez en merite si forts, (corps.
Qu'autant comme vaut l'œil autant vaut tout le
[C]es archers radieux, ces penetrants Lyncées,
[H]ostes du plus beau sens, messagers des pensées,
[A]stres du monde vif, au Soleil animant
En pouvoir ny en los ne cedent nullement.
Car Phebus de sa lampe illumine la plaine,
Sans plaizir en son cours, sans profit en sa peine:
Mais les yeux à l'esprit les objets prezentants,
Vont avec nostre esprit leurs esprits delectants,
Et sur les sens plus vifs, ces miroirs de Nature
Aperçoivent des corps l'espace & la figure.
    Aussi pour conserver ces joyaux precieux,
Ces petits Roys d'amour, ces deux Soleils, ces Cieux,
Le divin Architecte a cerné leurs verrieres
Du rampart crenelé des mouvantes paupieres:
Et mis pour bouleverts les sourcils hérissez
D'vn mantelet de poils en voûte rehaussez.
    Entre les deux valons où sont leur rezidence
Ces messagers du cuœr, pour leur ferme deffence
Se dresse ainsi qu'vn mur eslevé sobrement
Du nez long & traitif le cresté bastiment.

Loüanges des parties de l'hõme.
Le visage.

Les yeux

Les paupieres.

Le nez.

I 4

C'est luy qui n'estant qu'un, sert à divers vza
La garite du chef, l'ornement du vizage,
L'alambic du cerveau, le juge des odeurs,
Qui recevant l'esprit, rejette les humeurs,
Qui de l'os immobile aux angles des yeux touche,
Et du mol cartilage à la vermeille bouche:

La bou-
che.
Bouche où tant de beautez je voy reprezenter,
Que ma bouche la bouche assez ne peut vanter:
Le poûmon ses zephyrs par la bouche respire,
L'estomac sa viande & sa boisson en tire,
Dont il semble de fait, tant son secours est grand,
Que la vie aux humains de la bouche despend.
Car lon voit au breuvage, au manger, à l'haleine
Ainsi qu'à trois filets, pendue la vie humaine!

C'est toy bouche qui tiens sous ton palais voûté
L'organe des saveurs, le membre plus vanté,
La langue aux chaines d'or, charmeresse secrette,
Indice de l'esprit, du vouloir interprette,
Qui grande entre-metteuze, a les peuples domtez,
Peuplé les bastiments fait bastir les citez,
Qui du doux Amphion est la lyre amiable,
Et du neveu d'Atlas le Moly veritable.
Membre qui, si petit, fait des actes si grands,
Semblable au gouvernail qui sur les flots errants,
Au vouloir de celuy qui fend l'humide plaine,
A dos rompu, tout seul, un grand navire emmeine,
Et tel que la bluette enflammant quelque-fois
Avec un petit feu les grand's toufes des bois.
Pource l'ouvriere main qui ta langue a formée
L'a de creneaux d'yvoire à bon droit enfermée,
Pour faire tous les mots que tu dois avancer
En la lime plustost qu'en la langue passer:
Et la nature encor consultant cet ouvrage
Avec le bien des dents & l'honneur du vizage,
A couvert ces deux murs bastis d'os renaissants,

D'un

DE LA SEMAINE. 201

vn bouclier entrouuert de coraux rougiſſants.
Ce los te ſufiroit, ô vermeille merueille,
Quand n'ayant nul raport à l'atentiue aureille,
Les ſourds par toy n'orroyent, pour noſtre vtilité
Enjambant ſur le ſens plus haut que toy planté.
Car pres des yeux roüants, doublant la ſentinelle,   Les au-
L'ouurier du corps humain mit l'aureille jumelle,   reilles.
Propre outil des ſauants, des ſons le raporteur,
Porte d'où l'on ſe rend du chaſteau le veinqueur:
Et coquilla ſes trous, pour de loin y conduire (re-   Cõmẽt
La voix qu'vn corps ſolide en l'air vague fait bruit   ſe fait le
Qui frapant l'air externe, & cet air l'air voizin,   ſon.
Et l'air voizin vn autre, à l'aureille prend fin.
Comme on voit ez marais que des pierres jettées
Dans le marbre friz é des ondes argentées,
Naiſſet des rõds cerceaux l'vn l'autre ſe pouſſants
Iuſqu'au bord recourbé des palus gemiſſants.
    Doy-je oublier des bras la loüange immortelle,   Les bras
De ce palais de chair la deffence fidelle,
Brãches du tronc humain, longs, nerueux, embraſ-
    ſeurs,
Blãdiſſants, blanchiſſants, fermes, rõds, menaceurs?   Les
    Doy-je taire les mains, meſnageres parfettes,   mains.
Ouurieres de tous arts, interpretes muettes,
Seruantes du vouloir, meres de nouueauté,
Dont la grace conteſte auec l'vtilité,
Qui portent cinq rameaux, imitent les exemples,
Fõt aux mortels des Tours, à l'Immortel des Tẽples?   Les ge-
    Doy-je celer les nœus, & les reſſorts ſi doux,   nous.
Qui pliants font jouer les ſuppliants genoux?   Les
Et vous ſouples moteurs de l'humaine Machine,   pieds.
Fermes ſoubaſſements d'vne euure ſi diuine,
Inſtruments du marcher, ô pieds, freres germains,   Anato-
Seruants alternatifs, & ſinges de noz mains?   mie des
    Mais que n'ay-je ore autant de loizir que d'ẽuie   parties
        I 5   interieu
           res.

De la cervelle
D'empoigner le trepan, la lancette, la scie,
Pour faire voir encore à l'esprit curieux
Les secrets que noz corps desrobent à noz yeux?
Que ne puis-je foüiller l'vne & l'autre ceruelle,
Cabinet de Pallas, non fondante moüelle.
Toit de l'humain logis, giste du pensement,
Membre plus pres du Ciel, siege du sentiment?
Fendre ces meres peaux, voir la source féconde
Des ruisseaux ruisselants du haut du petit Mon
Dans noz valons secrets, ce Dedale si beau,

Du cueur.
Et ce ret arrestant l'esprit dans le cerueau?
Ouuriray-je le cueur, dont les claires fontaine
Sources de vif nectar, fōt sourdre deux grāds vei
Qui par des tors sētiers dās nous se diuizāts, (nes
Vont dès fleuues vitaux noz membres arrozants
Le cueur dont nostre vie a la vie empruntée,
Le vray feu de Zenon, l'ardeur de Prometée,
Qui plus riche qu'Euripe en inconnus ressorts,

Du poumon.
De l'estomac.
Comme vn autre animal se meut dedās noz corps.
C'est luy dont le sein dextre élaboure sans cesse
Vne ardante liqueur qu'ez tuyaux il adresse
Du spongieux poûmon, du vent le contre-poids,
Gardien de la vie, organe de la voix:
Ainsi que l'estomac dont la charge ordinaire,
Est d'estre receueur, des viures commissaire,
Cuit dans son chaud fourneau l'imparfait alimēt,
Puis par vn grand canal le transmet promptemēt

Du foye où est refuté vn erreur.
Au siege du dezir, mais non pas qu'il l'envoye
Dans des trous caverneux que tu songes au foye,
O Mignon de Phebus, comme si cet autheur
Des naturels esprits tout ainsi que le cueur
Dès cauernes auoit, non des filets internes
Luy tissu de filets, sans aucunes cauernes.
Voire & non sans raizon, car le Soleil du corps,
Qui devoit prēdre & rēdre en blot tāt de trezors,
Avoit bien plus bezoin que le foye amiable,

DE LA SEMAINE.

qui les prend en destail, de caverne capable.
Ainsi de ce palais le cuizinier conduit
dans les lobes du foye, un doux chyle qu'il cuit,
& le foye en pur sang à le changer s'aplique,
Pour des membres divers baigner la Republique,
Et comme un Roy, nourrir, soit dedans soit dehors,
A ses propres despens, la famille du corps.

Mais si j'avize trop ce Royal edifice,   *Qu'il est*
Le plan de ce palais, le subtil artifice   *ravi en*
Des voûtes, des piliers, le fardeau souftenants,   *la con-*
Les huis, les cabinets, les murs l'environnants,   *templa-*
Si j'y veux contempler les tournoyants Dedales,   *tion de*
Si des compartiments les mezures égales,   *ces mer-*
Les conduits arrozants les parquets du jardin,   *veilles.*
Et les rares trezors d'un palais si divin:
Ie m'en-vole au miracle, & les beautés je vante
Qu'aucũ discours n'acroist qu'aucũ pinceau n'aug-
  Si l'on prize de fait de Scopas le tumbeau, (mente.
D'Apelle la Cypris, du Thebain le Tableau,
De Leonce l'enfant, le Sylvain d'Antiphile,
Et de l'Attique main la Minerve subtile:
Plus loüable est encor ce portrait plus entier,
Ce simulacre vif, de ces œuvres l'ouvrier,
Ce beau patron qui fait que d'une ame ravie,
Avec toy, Zoroastre, à bon droit je m'escrie,
O parfait animal, limon industrieux,
De Nature hardie œuvre laborieux!
Mais de celuy plustost merveilleuze facture
Qui mit Nature au Monde, & le Mõde en Nature: *De l'ame*
Et qui voulut encor dans nous l'ame soufler, *humai-*
Animant son portrait, sans y faire couler *ne, où est*
Pourtant quelque ruisseau de sa propre substance, *refuté vn*
Car ce soufle est crée, non la divine essence, *erreur*
Quoy que d'un tel erreur Manes t'aille abreuvant, *touchãt*
O toy qui veux nostre ame encor n'estre qu'un vẽt. *sa substã*
             I 6   *ce.*

Vêt qui fait qu'à bō droit, l'ame est donc corporel[le]
Que si l'ame est vn corps, l'ame est dōques mortel[le]
Et si l'ame se meurt, pourquoy dis-tu l'esprit,
Ailleurs, n'estre mortel, confondant ton escrit?

  Ainsi donc contre toy, toy mesme te mutines,
Par des glaiues aigus de contraires doctrines:
Tu fais voile à tous vents: Et sans trêve on te voi[t]
Souffler de mesme bouche & le chaud & le froid.
Ainsi le criminel, pressé par la Iustice,
Cache & montre par fois le monstre de son vice,
Et desmené du flot de son crime nouueau,
Luy-mesme est son tesmoin, son juge, & sō bourreau[.]
Mais l'ame seulement ne seroit point semblable
A sa mortelle chartre, ainçois plus perissable.
Veu qu'entre tous les corps presqu'aucun n'est cōn[u]
Qui plustost que le vent, en rien soit reuenu.
Car le vent esteuant ses ailes empennées
Au vuide & bleu sejour des bizarres nuées,
Inuizible esuentail, dissout si promtement
La fresle exhalaizon son esprit animant.
Qu'il ne laisse à noz yeux apres soy reconnoistre
Ny trace de ses pas, ny marque de son estre. (quan[d]

Autre er-
reur cō-
futé, tou-
chāt l'a-
me.

  Tairay-je vn autre erreur? Bon Dieu! jusques à
Au mespris de l'esprit d'où ton glaiue despend,
Veux-tu (mon Caualier) dans ta dextre vaillant[e]
Brandir le coutelas pour la fraude patente?
Si ton esprit naissant à ton corps s'est vni,
Pourquoy dit ton esprit nostre esprit non fini?
Puisque tu sçais ton ame en certain tems formée,
Doy-je pas contre toy rechasser ta fumée?
Devant tes propres yeux tes brandons repousser,
Et ton propre couteau dans ton sein enfoncer?
Veux-tu qu'encore vn coup l'abominable enjance
Des Géans-terre nez, contre le Ciel s'eslance?
Et le genre mortel desrobe audacieux,

           Le

Le titre peculier du Monarque des Cieux?
N'est-ce pas trop baisser la hauteur souveraine?
N'est-ce pas trop hausser nostre bassesse humaine?
Car l'esprit non fini, c'est l'esprit seulement
Qui crea non creé, tout ce grand bastiment.
Puis si deux infinis avoyent ensemble vie,
L'vn & l'autre seroit d'infinité finie.

 Source des facultez, des choses le milieu,   Loüan-
Singe de la Nature, & truchement de Dieu,   ges de
Plant divin, grãd trezor qu'vn petit vaze enserre,   l'ame
Qui mezures le Ciel sans bouger de la Terre: où le
Si trompé, j'ignorois qu'ayant fait si grand tour,   tems ne
Pour parfournir ma course il reste peu de jour,   luy per-
Et le lecteur lassé jà peut estre regarde   met s'e-
Si l'Estoile du soir encor ses rais ne darde: stendre.
Ie ne serois onq soul de portraire en mes vers
De tes rares beautez les ornements divers.
Ta memoire qui tient les trezors de science,
Ton acorte, subtile, & haute intelligence,
Par qui l'homme peut voir son invizible Auteur,
Par qui parle aux Humains de Dieu l'Ambassadeur
Par qui des bonnes mœurs se plante la racine,
Par qui le Magistrat ses sentences fulmine,
Par qui l'homme dizert meut les rocs Cyrrhéans,
Par qui les Arions charment l'onde & les vents.
Par qui domtent noz maux les enfants d'Esculape,
Par qui des môts hautains Mars les fõdemẽts sape,
Par qui nostre œil prevoit des foudres les eclats,
Es nuages se mesle, arbitre leurs combats:
Le Mortel sçait des airs niveler les estages,
Furette leurs recoins, assiste à leurs orages:
L'Astrologue enquereur grimpe sur l'Vnivers.
Le fer anime vn marbre & moy mesme ces vers.

 Ie chanteray sans plus flame dont je m'enflame,   Tesmoi-
Esprit dont je respire, ame, que tu es ame: gnage.
             Que

Que l'Eternel daigna ranger dessous tes loys
L'admirable grandeur des œuures de ses doys,
Dont soudain l'animal que ta raizon inspire
Dessur tous animaux establit son Empire.
 La créatrice voix il imite pour lors,
Il est l'ouvrier des noms, puisqu'il ne l'est des corps.
L'homme apelle, Dieu crée, afin de reconnoistre
Luy par le droit du nom, Dieu par la loy de l'estre.
Non qu' Adam ait nõmé (cõme les peints oyzeaux,
Et les hostes des bois) les familles des eaux.
Où songes-tu, Bartas? Les troupes vagabondes
Qui seillonnent les flots, ne sortirent des ondes,
Quitants pour voir l'Eden, leur humide ressort,
Car tost, perdants la vague, elles trouuent la mort,
Aussi voit-on leurs noms presque du-tout se taire
Ez feüillets non menteurs du saint Dictionnaire.
 Or l'homme estoit Seigneur, & vagabond erroit,
Parmi tant de troupeaux tout seul il demeuroit,
Tout estoit son dezert, l'Eden plein d'artifices,
Beau d'assiete, en biens riche, abondant en delices,
Le voyoit minuter, d'vn soin continuel,
Avec la solitude vn contrat solennel.
C'est pourquoy derechef l'Eternel se conseille,
Derechef mesme avis, car c'est mesme merueille:
Derechef l'homme est fait, derechef mesme auteur
De mesme main produit chose de mesme honneur.
 Dieu donc pour assopir d'vne glace mortelle
De l'animal sans pair la paupiere jumelle,
D'vn somme l'engourdist, non d'vn somme ocieux
Montant de l'estomac, mais descendant des Cieux,
D'vne extaze qui fait d'vne estrange maniere
Reboucher tous ses sens, & boucher sa paupiere.
Puis luy tire vne coste, & de subtiles mains
En bastit, tout-puissant, l'ayeule des humains.
L'art du facteur moulant la premiere des femmes
      Voulut,

de sõ excellence par la seigneurie donnée à l'homme sur les œuures de Dieu.

Dont Adam imposa nõ aux animaux où est refuté vn erreur.

La creation de la femme.

Procedure de Dieu en icelle.

voulut partir le corps pour conjoindre les ames:
Il fit d'un cueur deux cueurs, afin que mesme ar-
    deur,
Suivant l'estre premier, fist de deux cueurs vn
    cueur.

 L'homme voyant, ravi, sur la Terre parente,   Adam,
Le paradoxe acroist de sa coste vivante,   premier
Voicy chair de ma chair, voicy dit-il vrayment   profete
Pour arrester ma veüe vn capable argument,   du Mō-
Non tant d'autres objets dont j'avoy la puissance   de recō-
Mais non pas le plaizir, pauvre dans l'abondance,   nut la
Seul dans le multitude. Ores d'amour espoint,   femme.
Separé de mon membre, vn philtre m'y conjoint,
Ores mon œil ravi regarde vn œil semblable,
Et plus ne m'est dezert ce lieu tant delectable.

 Cette vnique beauté l'homme vnique atirant,   Beauté
Cette fleur fraich' escloze au parterre odorant,   naiue.
Second honneur d'Eden, du lys la nége efface,
Des respirants œillets vainq l'odeur & la grace,
A le ris sur la bouche, en ses yeux les douceurs,
En son sein pommelu deux petites grosseurs,
Est plus droite qu'vn cedre, aymable davantage
Que l'hyvernal Soleil, que l'estival ombrage,
Plus tendrette qu'vn fan & plus gaye cent-fois
Qu'vn leger Bicheteau brossant parmi les bois.

 L'art pourtāt ny le fard, d'vne grace sans grace,   Objur-
Alterants sa santé, n'adulterent sa face: gation
Bien plus belle que vous, qui des fers, des poinçons, contre
Des drogues des venins, faites voz hameçons: les
Qui foles, aymāts mieux sembler qu'estre pucelles, fards.
Redressez vostre corps, rebaussez voz mamelles,
Conroyez vostre cuir, vernissez voz laideurs,
Falsifiez voz poils, corrigez voz couleurs,
Revoûtez voz sourcils, encroustez voz vizages,
Applanissez voz fronts, & desmentez vos ages,

              Dames

Dames, je parle à vous qui sur vostre portrait
Reprenãts du grand Dieu le pinceau tout parfait,
Voulez suivre aujourd'huy le conseil trop volage
Des humeurs de vostre ame, ou des mœurs de nostre (age,
Et qui sentãts de Dieu la juste & dure main,
Sentez que la santé vous delaisse soudain,
Que vostre baleine put, voz mẽbres s'acroupissent,
Vostre peau s'escarboucle, & voz dẽts se noircissẽt.

Contre la pôpe.

Eve n'est point ainsi, ny ne fait ardre encor
La nouvelle campagne au lustre de son or,
A l'esclat de sa pourpre, au bril des broderies,
Ny au flambant amas des riches pierreries:
Or, pourpre, broderie, & precieux amas,
Qui, s'ils ont la beauté, ne nous la donnent-pas.

Contẽtement reciproque d'Adam & d'Eue.

Ainsi n'estant qu'amours, que naïves blandices,
Que flames, que douceurs, que beautez, que delices,
L'homme en ravit, ravi, maint baizer gracieux,
Remire ses beau lys, se mire en ses beaux yeux:
Et s'admire jumeau dans la clairté jumelle
Du rond & double azur des yeux de sa femelle:
Signe que d'elle-mesme il doit tost retirer
Deux miroirs où ses yeux pourrõt mieux se mirer.

Qu'il faut nõ-obstãt loüer la virginité.

Nõ que sãs ce doux mal, sãs ce plaizir contraire,
L'hõme soit cõme un monstre, ombrageux, solitaire,
Fol, brutal, lougarou, né pour soy seulement,
Sans esprit, sans amour, sans cœur, sans sentiment.
Ma franche liberté, contre ce vain langage
S'arme auecques raizon, de plume & de courage.
Et la Virginité, dont l'Angelique estat
Sur la femme a le prix, m'espaule en ce combat.
Ie tay qu'on dit la femme au figuier comparable,
En bois & feüille amer, au seul fruit amiable:
Et que tenant de l'os dont Dieu vint l'enrichir
De nostre humaine essence, elle ne veut fléchir.
Mais sans elle de fait, tant d'amoureuses ames

De maint aveugle feu ne nouriroyent les flames:
L'ame de maint amant franchissant tout devoir,
N'eust point fait de sa vie offrande au dezespoir.
Le feu Grec se donnant tant de guerriers en proye,
Ne se fust point repeu des bastiments de Troye,
Sans elle en la faveur des seuls Milesiens,
Pericle n'eust point fait perir les Samiens.
Sans elle à ses voizins n'eust eu guerre cruelle
Celuy qui d'une louve esgouta la mammelle,
Qui des proches Sabins les femmes retenant,
Fait que l'Amour à Rome oze tout maintenant!
Sans elle onques n'eust fait tãt d'horribles ravages
Le peuple à double forme, aux Lapithes sauvages.
Ny Samson, ny Achab, ny David, ny Ioran,
Passionné, credule, impudique Tyran,
N'eust cõtenté, n'eust creu, n'eust aimé, n'eust ouïe,
Dalila, Iezabel, Bersabée, Atalie.
Bref, sans elle on n'eust veu renverser tant de fois
Les apuys des maizons, ny les sceptres des Roys.

Mais voy-je pas qu'encor le bruit decevant plõge, *Animaux naissans sans copulatiõ.*
Plus profond, les esprits au bourbier de mensonge?
Car si l'Auteur de tout, fit, non content d'avoir
Infus en châque espece un engendrant pouvoir,
Que sans nulle Venus maint corps vivãt s'engẽdre:
L'erreur enseigne encor la froide Salemandre, *Contre l'opiniõ erronée touchãt la Salemandre.*
Comme grosse d'hivers, amortir promtement
L'ardante & rouge flame, à son seul touchement.
Certes, c'est bien courir, mais la course prudente
Prend gar de qu'en courant, elle coure en la sente,
De peur que transportant ses pas mal asseurez
Par les divers contours des chemins esgarez,
De sa legereté la faute soit notoire,
Qu'elle trouve un obstacle, & perde la victoire.

Ie say qu'or' sans excuze, ingrat, je descherrois
De ce sacré devoir qui sous ses justes loys

Limite mes escrits, ne descouvrant la source
D'où ce flotant erreur à commencé sa course.
De vray, le Salemandre, en vn feu vehement
Contumace à la Mort, peut vivre impunément:
Et qui plus est encor, le linge maniable
Est par son aide seule aux feux inexpunable!
Mais pourtant il ne faut, trahissant les esprits,
Sur le plan du mensonge eslever des escrits.

Recit memorable contenant la source de cet erreur.

 Iadis pres de Charyste, ez hauts môts d'Arcadie,
(Si Strabon des menteurs son discours ne mandie,)
Sous le flancs de la Terre vne pierre naissoit,
Dont peigneé, & filée, vne toile on tissoit,
Qui des feux craquetants mesprizant les injures
Comme au courāt des eaux, y purgeoit ses ordures.
Ainsi de nostre tems, par les monts sourcilleux
Où le grād Chā maintient son Empire orgueilleux,
Et par les chams brûlez de l'Inde reculée,
Vne pierre se void Salemandre appelée,
Vn cendré mineral de poils blancs cotonné,
Dont ore estant batu, puis en filets tourné,
L'industrieux tissier, par sa navette, enfante
Vn crespe incombustible, vne toile vivante,
 De ce linge immortel, la delice des Roys,
Font leur funebre habit les Monarques Indois:
Et vous, troupe savante, honnorables Brachmanes,
En portez, Indiens, voz pendantes sotanes.
De ce fil Charystin tousjours-vif a duré
De Pallas porte-dard le lamperon doré,
Dont jadis Callimach fit la meche immortelle
A l'immortel honneur de Minerve la belle.
 Ainsi trompé du nom, en lieu d'vn mineral,
On croid qu'vn venimeux & tardif animal,
Pour vne lente humeur qui sur sa peau séjourne,
Dans le feu mange-tout en cendre ne retourne.
Mais ce conte vulgaire au mensonge est conjoint,

DE LA SEMAINE

t si tost qu'on l'esprouve on ne l'aprouve point.
Du peintre, mais en vain, la subtile science,
Transformant une toile en la vraye aparence
De ce moite animal hors d'euure se jetant,
Le fait veautrer & plaire en un feu bluetant:
L'ardant flot l'envelope, & d'une onde jaunie
Vestant un corps qui jette un indice de vie,
Semble, en piroüetant, vomir à gros boüillons,
Sur un vif animal des vivants tourbillons.
  Ce sont liures d'erreur. Ce Lézard dans la flame,
Brûlant ne perd pas moins son humeur & son ame:
Et si les feux sur luy vainqueurs ne demeuroyent,
En-vain le Medecins sa cendre ordonneroyent.
  De fait en la saizon que les jeunes pucelles
Moissonnent mille odeurs ez fleurettes nouvelles,
En la saizon qu'aussi le gay Prince des vins,
Destournant sa raizon s'atourne de raizins:
De mainte Salemendre on voit les terres plaines
Au fertile climat des Tridentines plaines.
Là pluzieurs consultans le veritable essay,
Pour voir si ce recit ne s'absente du vray,
Ont souvent eslancé de ces bestes relantes
Dans les flots rougissants des flames violentes.
Et trouvé que bien tost l'effort du feu glouton
Poussoit leur morne vie ez regnes de Pluton.
  De mesme est-ce de toy Pyrauste vagabonde,   Autre
Car aucun animal ne s'anime en ce monde,   opinion
(Si du sage Payen les preceptes sçavants   erronée
Du chemin de Raizon l'orniere vont suivants)   & con-
Pour se plaire, insensible, ez ardantes fournaizes,   vaincue
Mourir, mourãt la flame, & vivre ez viuesbraizes,   touchãt
Car les nœus enchaînants l'ame aveques le corps,   la Pyrau
Sont de noz qualitez les aymables acords: ste.
Mais du feu ravissant la trop aspre nature
De ces justes chainons dissout la ligature.

De

De fait les corps viuants, qui pour refrigerer
Du cueur l'ardante braize, ont bezoin d'aspirer,
Sentiroyent mieux encor leur chaleur alumée
Dans les vifs tourbillons ondoyants de fumée,
Et faudroit que leur cueur eust contre vn tel effort
Pour le chaud, la froidure, instrument de la Mort.

Que les ames d'Enfer sont des vrayes Salemãdres & pyraustes dans les feux, auec repre-hen-sion à l'hôme dont le cueur n'en a aprehé-sion.

C'est vous, certes c'est vous, ô gemissantes ames,
Remourants sans mourir ez immortelles flames,
C'est vous Manes, manãts ex manoirs Infernaux,
Qui viuez ez braziers, non-point ces animaux.
Et nous cueurs empierrez! encor que nul ignore
Les menaces du feu qui voz ames dévore,
Nommants jeu l'adultere, & la fraude equité,
Le parjure prudence, & l'erreur pieté,
Ne craignõs que nostre ame en voz flames s'acoste
De mainte Salemandre, & de mainte Pyrauste!
Nostre cueur prend plaizir à voz feux ressembler,
Eux jamais ne sont soûls, luy ne peut se soûler.
Ce fils d'infection qu'vn vent d'orgueil eslance,
Tost ennuyé du lieu de sa fresle naissance,
Arpente, ambicieux, les campagnes, les mers,
Et voudroit sur les vents chevaucher l'Vnivers.

Des oyzeaux qu'õ dit naistre de certains ar-brisseaux.

Pareils à ces Oyzons, ces Klakis, ces Gravagnes,
Qu'õ dit enfants du bois ez vagueuz es cãpagnes,
Qui tost las de ramper, & faits canards ailez,
Volent ez bleus climats des Royaumes salez.

Mais pourtant je ne say si je doy ma créance
A si grande merveille & ne say si l'engeance
Des Canards au pied plat, est fille d'arbrisseaux
Qui leur feüille tumbée animent dans les eaux.
Ne say si comme on tient de la plaine féconde
Sourdre des petits rats, ces citadins de l'onde,
Qui plus beaux & plus grands, pour la faim des-
chasser,
Aux poissons escaillez ont bezoin de chasser,

Peuvent,

Peuvent, sans qu'autre oyzeau puize ainsi sa
   naissance,
D'une feüille legere emprunter leur essence,
Pour puis faizant divorce auec les arbres verds,
Prendre, ou du pied Neptune, ou de l'aile les airs.
   Ceux qui sous le Bouvier ont tranché la Mer
      vague,
Veu le bord Escossois, beu l'Irlandoize Vague,
Veulent du long essay de ces feüillarás jetez,
Contre telle croyance armer mes volontez.
De vray ceux qui fauteurs d'vn cas si peu notoire,
De ces nageurs ailez ont grossoyé l'histoire,
Deuoyent, si la notice enfantoit leurs escrits,
Ces couzins des rameaux despeindre à noz esprits,
Leurs mets plus delicats à noz neveus deduire.
S'ils engendrent des fils, sauent des nids construire,
Si ces oyzeaux feüillus contr'imitent fuyards,
Les Cygnes, les Plongeons, les Courlis, ou les Iars.
Conter tous d'vn accord, si ces freres humides
Frapent le Ciel d'Escosse, ou des Isles Hebrides,
Ou si leurs pieds branchus, & leurs plumeux rain-
      seaux
Coupent l'onde Hybernide, ou les Orcades eaux.
S'ils sont fils du scion tresbuché dedans l'onde,
Non de son fruit tombé sur la Terre féconde,
Et si le vray consent, ces jettons aviuez,
De rongnons & vessie encor n'estre privez.
   Mais il n'est rien meilleur, pour bien graver sa
      gloire,
Sur le marbre immortel du Temple de Memoire,
Qu'aimer les nouueautez, maint miracle conter,
Et le miracle encor par miracle augmenter.

Fin du sixiesme jour.

SEPTIESM
IOVR DE LA
SEMAINE
DE C.D.G.

Es Cieux dont & la Terre furent parfaits, & tout l'exercite d'iceux. Et Dieu ayant acompli au septiesme jour son euvre qu'il auoit faite, il se reposa en ce septiesme jour de tout son ouvrage qu'il auoit fait. Et benit le septiesme jour, & le sanctifia, pource qu'é iceluy il auoit cessé de tout son euvre qu'il auoit creé pour estre fait.

Exhortation à sa Muse de couronner vne si belle & glorieuse entreprise.

V SE, qui jusqu'icy, as esmeu la poussiere
Ez penibles sablōs de ta lōgue carriere,
Puisque tu vois si pres le limite attēdu
Donne jusques au bout où le prix est pendu.
Non afin que ton nom, pour se boufir de gloire,
Remporte les lauriers du champ de la victoire,
Mais parce qu'à bon droit, le devoir ne veut-pas
Qu'avant l'entiere course, on reprime ses pas.
De fait, tu peux encor poursuivre à juste cauze

Le

Le gracieux estrif que Phebus te propoze,
Et montrer qu'un bon cueur qui poursuit iusqu'au bout
N'acuze l'adversaire, ains l'acule du-tout.

 Mieux vaudroit, mille fois, Vierge ardante de gloire, *Comparaisons propres.*
Enterrer tes escrits, atterrer ta memoire,
Qu'ores quiter l'ouvrage où tu as entrepris
D'esmonder les erreurs, d'amender les esprits.

 Le prudent laboureur qui veut qu'en toute sorte *Par la description d'vn bō laboureur.*
Et plaizir & profit son gueret luy raporte,
N'abandonne son champ, qu'il ne l'ait desfriché,
N'ait creuzé les sillons, le bugrave arraché,
Destruit l'inique ronce, & la gasse perverse,
Esparpillé le grain, & promené la herse.

 Le naucher qui dezire aquerir trafiqueur *Parcelle d'vn bō pilote.*
Chez l'estranger de l'or, chez les siens de l'honneur,
Tousjours d'vn œil brillant prend garde aux eaux mutines,
Voit s'il faut costoyer, guinder les balancines,
S'il faut lascher l'Escoute, ou la tendre plus fort,
A destribor tirer, ou tourner à bas-bord.
Et ne quite le soin, quelque calme qui vienne,
Du timon, du tillac, des voiles, de l'antenne,
Iusques à ce qu'au havre ayant l'ancre fiché,
Il voit au chanvre tors son navire ataché.

 Le Chef qui dezireux des palmes de la gloire, *Parcelle d'vn grand Capitaine.*
Veut sur des assiegez remporter la victoire,
Ne quite point le soin d'animer tous ses gens.
De pointer le canon, faire marcher les rangs
Couvrir les gabions, avanter les tranchées,
Iusqu'à ce que plantant ez murailles brechées
Ses boufants estandarts, & passant à travers
Mil esclairs, mil esclats, mille feux, mille fers.
Par acte solennel il fait que sa vaillance

Passe

216　SEPTIESME IOVR

Passe auec la victoire vn contrat d'aliance.
Le cliquetis, l'esclair, la pointe, la fureur,
Des armures, des feux, des estocs, du vaincueur,
Estourdist, esbloüist, outre-perce, desnie,
Les aureilles, les yeux, l'aduersaire, la vie.
Dont le Chef valeureux ensuiuant son dessein,
A le laurier au front, & la palme en la main.

<small>Que Dieu, de mesme, a voulu poursuiure son entreprise.</small>

　　L'Ouurier tout-bon, tout-grand, tout-puissant,
　　　& tout-sage,
N'a point voulu lascher de ce Monde l'ouvrage,
Qu'il n'ait fait-parauant la lumiere briller,
N'ait estendu le Ciel, fait la Terre esmailler.
Alumé les flambeaux, fait fourmiller dans l'onde
Des troupeaux escaillez la race vagabonde,
De la Terre germer les escadrons brutaux,
Et pestri l'Empereur des divers animaux.
Pour puis se repozer, non des actes à faire,
Mais de ceux que sa main a daigné de parfaire:
Non de la Providence, ains des euures divers
Dont sa maitresse main a comblé l'Vnivers.

<small>Refutation de la' comparaisõ d'vn peintre.</small>

　　Mais non qu'apres six jours l'Artiste inimitable
Ait commencé de voir sa facture admirable,
Et de gouster raui, sans auoir autre objet,
Les fruits delicieux d'vn si brave projet.
　L'ouvrier aime-couleurs, dont la vive peinture
A dans vn païzage exprimé la Nature,
Commence bien à voir, lors que son las pinceau
A fait le dernier trait, icy roûler vne eau,
Là paslir vn rocher, verdir vne campagne,
S'enfoncer vn valon, s'enfler vne montagne:
Or'sus vn Pan cornu tient colez ses regards,
Or' voit s'entre-baizer deux Tourtres fretillards,
Pigeonnants bec à bec d'amour inviolée,
Au bord doux & couvert d'vne onde reculée:
Voit noircir ore vn bois emmuré de ruisseaux,
　　　　　　　　　　　　　　　　Hérissé

Herissé de sapins, caressé des oyzeaux,
Or' deux boucs sauteler sur les plaines herbues,
Au son du harigot, pour leurs femmes barbues,
Cossants front contre front, & semblants rioteux,
Faire sonner leurs chefs de cornes raboteux.
Icy fumer vn bourg, & là des pastourelles
Foulants à petits bonds les herbettes nouvelles,
Et qui semblent charmer par leur douce chanson
Le Rossignol tapi dans vn proche buisson.

 Mais l'Auteur tout voyant de la Machine rôde,
Dez avant qu'il jetast les fondements du monde,
Qu'il mist au jour le jour, & fist ingenieux,
Le sejour deziré des campagnes des Cieux:
Desja desja voyoit d'vn œil inévitable,
Les futurs fondements de ce monde habitable,
Ià voyoit du beau jour la splendide clairté,
Et du Couvert brillant le sejour souhaité. (mêce
Pource en vain nous forger quelque Dieu qui cô-
A voir comme vn Mycon, les traits de sa science,
Alors qu'il les a faits, c'est vn Dieu concevoir
Non plein de providence, ains vuide de savoir,
L'œil dôc qui de noz seins voit les sôbres cachettes,
Qui voit l'euvre acomplie, & les choses non faites,
A tresbon droit voit tout: voit des fleuves les eaux.
N'enfler par leurs tributs Neptun porte-vaisseaux:
Que des charbons du Ciel la mer ne se consume,
Mais il ne voit qu'aussi le Ciel ses vagues hume.
Abus par trop palpable, erreur qui maintenant,
Apres pluzieurs retours devant moy revenant,
Veut en-fin qu'au clair feu sa foible aile se grille,
Tel qu'vn fol papillon, qui s'esbatant voltille
A l'esclair de la lampe, & par divers contours
Cerche & trouve importun la borne de ses jours.

 De vray, c'est bien en-vain que le fraude évidâte
Tasche à faire enlever par la chandelle ardante

Autres touchāt les vapeurs.

K

Du grand Phanal du Ciel, dans les airs ondoyant
Des aueugles vapeurs les globes tournoyants:
Quand la raizon puissante à qui l'essay s'alie,
D'vn songe si pipeur montre au doy la folie.
Car tout corps vaporeux, eschaufé de l'ardeur
Soit des tizons d'enhaut, soit d'vne autre chaleu
Se fait rare & leger, procedure ordinaire
De l'active puissance aux froidures contraire.
Lors la subtile humeur jà pour sa rareté
Inconstante, embrassant des airs la parenté,
Commence d'haleuer d'vne lente secousse,
Tournoye, & ses bouillons à gros volumes pousse.
Comme lors que le feu, ce celebre boiteux,
Se soustient ez fouyers sur le bois rabouteux,
On voit, à bleus replis, vne espaisse fumée,
Sœur du feu, respirer de la flame alumée,
Roüer, tacher le jour, & d'vn lent voleter,
Sans les rais Deliens, dans l'air vire-voûter.
Ainsi fait la vapeur, & de l'onde escumeuze
Hausse elle mesme en l'air sa face bruineuze.

 C'est ce qu'on voit de fait en la mole liqueur,
Dont le froid, par le feu, fait place à la chaleur,
Et dont vole, à flots pers, vne haleine aërée,
Plus se poussant d'enbas, que d'enhaut atirée.
C'est ce qu'on voit ez lacs dont l'azur croupissant,
Frapé, soudain halette vn soufle languissant,
Bref, ce qu'on voit ez eaux où la main forgeronne
Trempe vn fer incarnat, l'eau surprize, bouillonne,
Se surfrize fremist, & d'vn front chaleureux
Exhale, absent le jour, des rouleaux vaporeux.

Paradoxe des Elemës. Cet erreur sufizoit, sans vn autre non moindre
Sans vn évident songe au songe évident joindre,
Et rendre du grand Dieu les yeux admirateurs
D'ouvrages dont ses doys onc ne furent auteurs.
Certes c'est trop soufert : Mainte & mainte redit
En fin

DE LA SEMAINE. 219

fin me fort des gonds, ma Calliope irrite,
fait bruire à son luth que les yeux tousjours
clairs.
u nompareil Ouvrier de ce grand Vnivers,
ôt garde du haut Ciel de voir que quatre freres
ançonnent ce Rond par leurs efforts contraires.
r proprement ce Tout n'eut pour ses fondements
e l'Eternelle main, que deux vrays Elements.
Si mon dire on ataque, à mon secours j'apelle   *Prouue*
u plus antique auteur l'escriture immortelle,   *par la*
e poʒant de ce Tout pour Elements certains,   *parole*
ue l'hoste des poissons, & l'hostel des Humains: *de Dieu.*
prendray pour garant la claire experience   *Par l'ex-*
ue des distilateurs fait naistre la science,   *periéce.*
de fait, soit du bois, soit des divers metaux,
s rongnons de la Terre, ou de tous animaux,
ute premiere on sort, à goutes, distilante,
ns vertu, sans saveur une humeur patiente,
e eau clairement morte, une lente sueur,
u Spagyrique expert l'Elementaire humeur,
pres cette eau distile en liquide nuée,
e vive liqueur d'efficace doüée,
ui beaucoup en vertu la premiere passant,
t la subtile humeur du Mercure agissant.
pres ce pleur actif par l'artiste est tirée
ne eau coulante, une huile, une humeur sulfurée,
ont le suc radical par son corps lumineux,
rt d'ame à la lumiere, & de pasture aux feux.
uis du crasseux amas de la cendre peʒante
tire un sel agent, une terre luiʒante,
reste un sable sec, qui plus ne se dissoust,
errestre patient, sans odeur, & sans goust.
Ainsi rompant les nœux dont la Nature lie
t les corps privez d'ame, ou les corps en devie
es Chimiques subtils l'art des Sages vanté

K 2

220　SEPTIESME IOVR

Sort deux sortes d'aride, & trois d'humidité.
Dont les principes vray des enfants de Nature,
Sont le fuzible sel, le soufre, & le Mercure,
Agissants vigoureux ez Elements divers,
Qui compozants les corps de ce Vaste Vnivers,
Sont l'eau que patience, on voit premiere extr[aite]
Et le terrestre corps du sec Elementaire.

Sur ces deux Elemēts l'œil plus sombre peut v[oir]
Des quatre qualitez dominer le pouvoir:
Car l'humide & le froid ont l'Empire sur l'ond[e]
Et le sec & le chaud sur la Terre féconde.
Voire & peut-on le chaud assigner librement
Au corps lourd & massif du poudreux Element
Car ce que la froideur trēble en ses creuzes vei[nes]
Naist du meslange froid des ondes sousterraines,
En soy mesme estāt chaud: tesmoins tāt d'anima[ux]
Naissants dedās ses creux, paissants dedās ses va[ux]
Tesmoin l'engendrement des metaux & des pla[ntes]
Tesmoins les fiers troupeaux des bestes rugissant[es]
Tesmoins les tristes loups, & vous ours hérissez,
Vous tortillez serpents, vous renards pelissez,
Qui quand l'Hiver cruel s'est armé de froidure[s]
Vous pressez chaudemēt dans voz grotes obscur[es]
Que si lors que Phebus brûle au Chien rayōn[ant]
Et l'Esté va tout nud par les chams se trainant,
Pour du Signe enragé fuïr l'haleine ardante,
On va cercher le frais dans la Terre béante:
C'est que l'effort puissant d'une adversaire arde[ur]
Du precedent Hiver y pousse la froideur,
Et non-point que de soy l'Element le plus ferme
Dans ses cavains ombreux cette froidure enferm[e]

Reprehension en suite de ce dessus.

Car le froid non chassé d'hiver quitte les creux,
Et la Terre reprend son estat chaleureux.
Dōques ce n'est-pas tout de blasmer l'ame iniqu[e]
Qui pour le Dieu viuāt sōge vn Dieu lethargiqu[e]

...hée Athenien, despoüillant tout à fait
... Dieu de providence, & son cueur de respet.
...seigner ore un Dieu qui face à maints vizages,
...ce Theatre rond joüer les personnages,
... ailleurs l'apauurir de force & de sauoir,
...faire maint fantosme à ses yeux conceuoir.
...C'est sëbler aux forçats qui sur la plaine amere
...nchants les flots chenus, & poussants la galere,
...ournent vers la poupe, & d'un œil decevant,
...ardent en arriere, & s'en vont en auant.
...t estre ou peu s'ë faut, à ces louches semblable,
...jetants leurs yeux, là leur veüe effroyable.
...t se rendre conforme à ces Ethniques vains,
...es enfants de Mars, ces antiques Romains,
... dedans la cité du Monde la plus ample
... grand' Providence erigerent un Temple,
...onnoissants par forme, & niants par effet
...te vertu parfaite en l'Ouvrier tout-parfait.
...ais maint erreur encor naist du Chãtre qui sõ-
...luc charme-tristesse ez bords de la Gimonne: (ne
...utant que comme en lieu de chanter rondemet
... splendides beautez de ce rond Bastiment,
...edule, il a permis que sa corde tremblante
...te à note ait suivi mainte ame vacillante:
...aisse à son humeur sans raizon emporter
... facile crayon, voulant reprezenter
...olënnel repos qu'à cauze du sien mesme,
...us ordonna l'edit du Monarque supresme.
... en lieu qu'il faloit au Sabat ombrageux
...s Nature & la Loy gardé par les Hebreux,
...roger le Dimanche, avoüant la doctrine
...s douze Truchemans de la bouche Divine,
...va sans plus sa Muse au premier amuzant:
... le champ du Sabat doucement arrozant,
...it reverdir au cueur de sa propre patrie,

Erreur
commis
sus l'ob-
seruatiõ
du jour
du re-
pos.

K 3

Des vieux Nazariens la doctrine fletrie.
Sectaires, qui prestans d'vn infidelle cueur,
Vn serment trop fidelle à ce maudit erreur,
Ont fait dire aux despens de leur fole créance,
Des conciles chrestiens l'equitable sentence.

Le jour du repos de l'Ancienne loy abrogé.

De vray le grand Ouvrier de ce grand Vnivers
Commanda, commandant les ombrages divers,
Que le jour donnant pauze à son rare artifice
Fust sacré pour memoire à son sacré service:
En cela le discours par Saluste aporté
N'a point fait de divorce auec la Verité.
Mais depuis que le Fils, la Parole ancienne,
A rompu la cloizon de la paroy moyenne,
Que le Seigneur de l'air, de la terre, & des mers,
Fit égale sa gloire au moindre de ses serfs,
Qu'il abrégea le tems, vestit nostre nature,
Et subrogeant la grace abrogea la figure:
Cet Vnique, ce Verbe, & ce supreme Roy,
Cassa les vieux contracts de l'Hebraïque Loy,
Et cusse en les cassant, les festes solennelles,
Les antiques Sabats, & les Lunes nouuelles.
Ombres de qui le cours déuançoit briéuement,
Du sacageur d'enfer l'heureux avenement.
Semblables aux hérauts d'vn magnifique Prince
Qui de splendeur pompeux, dedans vne Province
Déuancent sa venüe & trompettent prochain
Le joyeux arriuer de leur Roy souuerain.
Les superbes citez, atendants sa prezence,
Ioignent la joye à l'heur, & l'art à la depence,
Esleuent des piliers dressent des eschafaux,
Preparent mille jeux, font mille arcs triumfaux;
Les boucliers brûlent d'or, les tapis, les statues,
Les lauriers, le lierre embellissent les rues,
Et tous d'vn riche aprest montrent se souuenir
Par les hérauts prezents du Monarque aüenir.

Ainsi

Ainsi c'est redonner les rides effacees,
Rapiecer de la Loy les tables fracassées,
Faire en minorité les majeurs retourner,
Et sous l'enfance à tort l'Eglize ramener:
D'ozer la rendre encore aux rudiments servile,
Mortel dessous la Loy, mort dessous l'Evangile,
Et mortiferes ore à quiconque se sert
D'un ouvert Iudaïsme, ou d'un Sabat couvert.
Car de ces vieux édits la sévere observance
De la necessité vint en l'indifference.
Puis quãd pour le vray corps l'ombre du-tout cessa,
Du tour d'indifference en deffente passa

 Comme dont l'Eternel pour engraver la gloire Le Dimanche subrogé
De son bras créateur, sus l'airain de Memoire.
Vouloit que l'homme ez pieds du Sabat ocieux
Secoüast du travail le joug trop ennuyeux:
Il voulut, pour marquer du seau de souvenance
De son bras redemteur la force & la clemence,
Que le jour où pour nous l'Ange du Testament
Sortit joyeux vainqueur, du triste monument,
Puisqu'à l'homme il portoit un repos dezirable,
L'homme luy celebrast le repos amiable.

 De-vray Dieu parut bon formãt les corps divers, Remarque notable.
Mais beaucoup plus encor, reformant l'Vnivers.
Dieu fit l'homme en créant cette Demeure ronde,
Mais Dieu mesme est fait hõme, en recrẽãt le Mõde.
Car, ô sacré mystere! insigne & rare amour!
Comme fut fait de Dieu l'homme au sixiesme jour,
Au jour sixiesme aussi, du Monde l'age extresme,
Pour nous refaire encor, Dieu fut fait hõme mesme!
L'homme fait au sixiesme au sixiesme est refait,
Et l'Ouvrier qui chõma lors que l'hõme il eut fait,
Ayant recreé l'homme, œuvre plus excellente,
Aussi se repoza sous la tumbe relante.

 Si donc, ô doux objet de mon plaizant combat,

K 4

Exaggeration
qu'il ne
faloit
dôc taire le pl⁹
grand
pour le
moindre.

Tu n'as teu les honneurs de l'antique Sabat,
Devois-tu mieux couvrir du manteau de silence
Du Dimanche, sacré l'admirable excellence?
Devois-tu preferer le sujet à son Roy?
Devois-tu postposer l'Evangile à la Loy?
Devois-tu preferer les Rabins à l'Eglise?
Devois-tu postposer le Sauueur à Moyse?
Devois tu preferer l'imparfait au parfait?
La Nature à la Grace, aux promesses l'effait?
Et l'ouvrage où ses droits la fiere Parque exige,
A l'euvre qui de mort les Mortels dezoblige?

Qu'il
veut
quant à
luy châter les
loüäges
du Dimâche.

Et toy, Muse à ce coup, dois-tu, mon doux ennuy,
Choir au mal que toy-mesme as repris en autruy?
Dois-tu, comme la torche à soy-mesme inutile,
N'espandre-point pour toy ta lumiere gentile?
Et semblable au pilier des passages voizin,
Sans y marcher toy-mesme, enseigner le chemin?
Dois tu pas te lever, peur reluire parée
En robes de Dimanche, ô ma Nymfe sacrée?
Dois-tu laisser tes dois de paresse enroüiller,
Quand le mesme repos t'incite à trauailler,
Et que Dieu, qui ce jour, entama son ouvrage,
Veut qu'au vif ton crayon en tire ores l'image?

Loüanges du
Dimanche, côtenât ses
preroga
tiues, selon les
Chrono
logues &
autres
anciens,
premiere pre

Doux & Royal Dimanche, ô jour du Souverain
Sabat du second siecle, ô second jour de pain,
Beau jour, jour de beautez, jour sus t⁹ venerable,
Iour, sacré consacré au Soleil admirable,
Plus je te voy, grãd jour digne d'vn grand sonneur,
Et plus je me voy pauvre à chanter ton honneur.

O beau jour qui naissant, vis naistre la Nature,
Commenceas l'ornement, déuanças la verdure,
Le liquide, le sec, & le haut, & le bas,
Plus vieil que tout le reste, & qui n'envieillis pas:
Du sepulchre du Rien tu vis que Dieu desterre
L'abysme qu'il couvoit, dont il moula la Terre,

La

La Terre dont sa main la moite argile prit
Dont l'homme il façonna, qui chétif n'a l'esprit
De penser que l'Ouvrier, qui puissant, fit les hômes,
Peut les hommes reduire en terre d'où nous sômes,
Peut retourner la Terre en l'abysme ancien,
Et r'enterrer l'abysme au sepulcre du Rien!

 Voyez quelle antistrophe or' ma Muse contourne!
Mon chant, côme Méandre, en soy mesme retourne.
Ie ne puis exalter le vray jour du repos,
Que du Dimanche blanc je n'exalte le los,
Et ne puis haut loüer du Dimanche la gloire,
Que le jour premier-né ne r'entre en ma memoire,
Puisqu'ores veut des jours, & du Monde l'Auteur
Qu'au jour qu'il commença cesse nostre labeur.

 Mais, ô Prince des jours, ô l'aisné de sept freres,
Qu'on voit en tes splēdeurs luire d'autres mysteres
Tu vis marcher le champ du grād Dieu soustenu,
Par vn rouge sentier au Soleil inconnu:
Et le camp qui cruel, suit l'armée innocente,
Rencontrer le flot noir dans l'onde rougissante.
L'eau se ferme, & Neptun coloré de rougeur,
Coloré de fureurs, surprend l'ost menaceur,
Arme d'horreur ses flots, bruit, forcene, escumasse,
Et pour côplaire au Ciel, le Ciel mesme il menace.
Lors eux s'entre-heurtants, vôt au goufre profond,
Du fond montent au Ciel, du Ciel revont au fond.

 L'vn tasche à repousser d'vne mourante adresse.
Les corps gonfles de mer, dōt la Mort vient sās cesse
L'inuestir, le choquer, l'autre parmy les flots
Se soustient des esclats du bris des chariots,
Dont volent à tronçons sur les eaux aboyantes,
Roües, essieux, moyeux, limons, barres, & jantes.
L'autre roülant sur l'onde, à membres saboulez,
Est plaqué de roideur sus les fronts dentelez
Des funestes escueils, s'accrauāte, & maugrée

rogatiue du Dimanche, le premier jour de la Creation.

2. Prerogatiue, le passage des enfans d'Irael en la mer rouge.

Naufrage des Egyptiens.

K 5

Ces durs os de la mer, embusches de Nerée.
L'autre plonge en la vaze, & tous d'vn cry cōmun,
Prient Nesée, Inon, Phorcys, Glauque, & Neptun.
Tous meſlēt, mais en-vain, leurs clameurs mizera-
Aux affreux muglemēts des flots inexorables: (bles
Puiſque tous ſans reſſource, ez flotantes froideurs,
Eſtoufent les flambeaux de leurs foles ardeurs.

3. Prero-
gatiue.
La man-
ne du
Ciel.

 Tu fis neiger premier de l'emmiellé nuage
La Manne, au peuple aimé, dās la plaine ſauuage,
Et veids certain (beau-jour) ce qu'on dit que les
  Dieux
Ne mangeoyēt qu'Ambrozie en la ſale des Cieux,
Car les enfants de Dieu chaſſoiēt la faim moleſte,
Dans le vague dezert par ce deſſert celeſte,
Cet Vnique manger, don du Roy ſouuerain,
Pain deſcendu des Cieux, auſſi ſaint comme ſain,
Mais, ô mets ſavoureux, diuine confiture,
Coriandre celeſte, ô viande treſpu,
Tu n'eſtois le vray pain dont il-faut faire cas,
Ains figure de Chriſt, noſtre ſacré repas.

4. Prero-
gatiue.
la naiſſā
ce & aue
nement
du Sei-
gneur.

 Noſtre ſacré repas, ce Fils du Roy ſupreſme,
Daigna-til pas au Monde arriver ce jour meſme?
Que les Anges du Ciel deurent eſtre ravis,
Quand le pere à ſa mere à ſa fille fut fils!
Qu'on vid naiſtre celuy qui fit naiſtre le Monde!
Qu'on vid l'hōme eſtre Dieu la Vierge eſtre fecōde!
Et toy Marie, & toy, ſource porte bonheur,
Patron d'humilité, vaze de bonne odeur,
Rare prezent du Ciel, Aſtre qui tousjours brilles,
Mere fille des Roys, & la Royne des filles: lors?
Dans quels flots de douceurs te plongeois-tu pour
Quel diuin feu d'amour brazilloit dans ton corps,
Voyant ton geniteur eſtant ta geniture,
Sa nature puizer de ta propre nature,
Celle qui ſans diffame a conceu le Sauueur.

          Le

DE LA SEMAINE. 227

orter sans vergongne, enfanter sans horreur,
 Soleil du Monde, en forme racourcie,
perer ses splendeurs, pour operer la vie!
'est ce Iacob qui sort pour son peuple agravé,
t Moyse qui vient du sommet relevé,
nostre estat humain voilant la claire face.
 se daignant produire à la mortelle race,
 immortelle Loy porte à ses serviteurs,
n entaillée en pierre, ains engravée ez cueurs.
oy? Les Roys ses vassaus, font porter reverence
 jour qui de leurs fils esclaira la naissance:
le Roy Souverain des Roys plus souverains
ra il point sans crainte observer aux humains
 beau jour où nasquit l'Univers son ouvrage,
 son Oint, son cher Fils, sa naturelle image?
Si nostre orgueil ce jour fit par le Roy des Cieux, *Remon-*
nner à nostre cendre, vn Roy si glorieux. *trance à*
 grande humilité daignant icy descendre, *l'hôme*
oit-elle pas aux cieux eslever nostre cendre? *de pēser*
t se donnant à nous, ne luy donron-nous lors *à ce biē*
oz deux pites au-moins, nostre ame & nostre corps? *heureux*
O! si nous luy offrions ce petit sacrifice, *avene-*
homiōs ce jour de l'euvre, & tous les jours du vi- *ment.*
Atalante qui fait qu'entre mille dangers, (ce,
Apres elle lon court par chemins estrangers,
raye Europe qui fait qu'en tauroau lon se mue,
t vray chien d'Actéon qui son nourricier tue,)
Que le Ciel darderoit d'amiables regards!
Que d'heur voyant Astrée enchainer le fier Mars!
Que noz labeurs rendroyent de profits à noz peines!
Que les dezerts seroyent creuassez de fontaines,
Argentez de ruisseaux, emluminés de fleurs.
Esmaillez de verdure, embasmez de senteurs:
Que les fruits, seroyēt bōs sās que d'aucune enteure
L'arbre fendu receust l'estrange cheveleure!

K 6

Que de biens pousseroyent les guerets insensez,
Sans qu'une dët crochue ouvrist leurs flancs las[ses]
Mais ces regards, cet heur, ces peines profitables,
Ces surgeõs, ces ruisseaux, ces couleurs delectabl[es]
Ces verdeurs, ces sëteurs, ces doux fruits, & ces b[...]
Pitié! pour nous mouvoir sont des foibles moyen[s]

5. Prerogative, Le batesme de nostre S. Iesus Christ

Ce jour dãs le Iourdain, l'Vnique de Dieu me[sme]
Par la main de Baptiste eut le sacré batesme:
Le Chef porta l'Enseigne afin de nous sauver,
Le Roy voulu subir, l'impolu se laver!
Vous eussiés veu ce jour se plonger tout un Mon[de]
Dans le parlant crystal des fronceures de l'onde,
Sortir nets avec Christ, & chanter sur le lieu
La bonté des bontez, le vray Dieu du vray Dieu,
Semblables à Nâman qu'une orde lepre acable,
Et qui des bleux caveaux de ce fleuve amiable
Net & sain ressortant, benit devotieux,
L'oportune faveur du Monarque des Cieux.

6. L'aparitiõ du S. Esprit en forme de Colõbe,

L'Esprit qui donne esprit vint ce jour en sëbla[nce]
De Coulombe sans fiel, de qui le bec n'offence,
Qui n'a point l'ongle croche, & nourrit ceux d'au[...]
A fin que s'exemtant de l'Infernal ennuy   (tru[...])
L'hõme soit sãs coúrrous, ses prochains il ne blasm[e]
Qu'il ait la main fidelle, & pitoyable l'ame,
O bon & saint Esprit, envoy-doux & nouveau,
Qui devoit sinon toy, celeste Coulombeau,
S'estant à tout desbord adonc voüé le Monde,
Planter sur ce deluge, & rendant calme l'onde,
Te pozer bien-heureux, sur l'Oint tant deziré,
Contre ces flots douteux nostre asyle asseuré?

7. La trãsformation en vin des eaux de Cana en Galilée.

C'estoit en ce jour blanc où Christ assis à table,
Vray sep, tourna l'eau pure en liqueur delectable,
Et fit (bien plus puissant que le flot Lyncestin)
Par un divin eschange, un miracle du vin.
Vin qui mãque à bon droit en ce banquet paizible

uisqu'en ce mesme tams le vin aspre & nuizible
De la premiere Loy, commençant à finir,
La nouvelle boisson du Ciel devoit venir.
Nopce heureuze où pour lors on invite tel Maistre!
Où l'on pait le Pasteur qui vient autruy repaistre!
Où Christ vient ravir l'ame & le corps assouvir,
Où l'on voit Dieu s'assoir, & sa mere servir!
Les eust-il bien souferts, ce donneur charitable,
Au blasme de l'espous, estre sans vin à table,
Luy qui venoit verser des bondes de son flanc,
Pour dessoiver leur ame, en breuvage son sang?

C'estoit en un Dimāche, ô jour plein de merveilles,   8. le mi-
Que l'Ouvrier qui sans pair fait chose nōpareilles: racle
Comme seul, le vray Pain qui repaist les Humains,   descinq
Cinq mille hommes rapeut du nōbre de cinq pains.   pains.

Mais, Iour dōt les hōneurs je sacre à la Memoire,   9. La re-
Voicy le trait plus vif qui rehausse ta gloire: surrectiō
C'est le vivre Second du Sauveur des Mortels,   du Sei-
C'est l'immortel effet qui nous fait immortels: gneur.
Effet dont Constantin par edits t'autorize,
Et veut que le Mortel ta gloire immortalize.
Que si jadis fut cher du Sabat l'entretien,
Aux Hebreux qu'en tel jour le fils Amramien
Deslia les cordeaux d'un joug insupotable:
A nous ta feste est chere, ô Dimanche notable,
Parce que revivant, le Fils du Supernel
Nous afranchit, tel jour, du servage eternel.
Qu'alors le vray Samson, en rēdant la Mort morte,
De ses fiers ennemis en emporta la porte,
Que Ioseph ressortit de l'injuste prizon,
Pour justement regir la Royale maizon.
Et la fleur de Iessé, doux-flairante en la vie,
Pasle en la passion, au sepulcre flestrie,
Reprit humeur encor, recouvra ses verdeurs,
Et basma l'Univers d'immortelles odeurs.

                                   O pre

10. l'en-
voy du
S. Esprit
aux dis-
ciples.

O premier des Sabats, l'honneur de la Semaine,
C'est toy qui veids souffler cette divine haleine,
Donner en mainte langue, & maints feux alumez,
L'air de l'heritage, aux Disciples aimez :
Qui vids fondre d'enhaut cette amoureuze flame,
Ce gratieux Zephire, & cette ame donne-ame,
Qui sur tous se pozant, & venant de si loin,
Estoit de l'Invizible vn vizible tesmoin.

11. l'apa-
ritiō de
Christ
resuscite
à Tho-
mas.

Veids quand voyant Thomas, le glorieux Messie
Par les coups de sa mort, luy tesmoigna sa vie,
Et la naissante Eglize en sa sainte maizon,
Vaquant de tous labeurs, vaquoit à l'oraizon.

12. Liber-
té de ne
jeusner.

Le Ieusne qui est jeune en sa courbe vieillesse,
Beau dessous sa passeur, & sain en sa foiblesse,
Des Chrestiens premier nez ne s'observoit alors,
Alors il n'enclinoyent les genous de leur corps,
Mais fleschissoyent leur ame, & pēdant le Dimāche,
Se captivoyent au bien en liberté si franche.

13. le der-
nier
jour.

Ie tairay que le jour, longue attente des bons,
Qu'Olympe & Pelion seront faits sans valons,
Les plaines sans largeur, sans arbres les bocages,
Sans maizons les citez, sans vagues les rivages,
Que les ans, les saizons, mois, jours, heures, mo-
    ments,
N'auront plus à borner les carrieres des tems,
Que les vifs se mourrōt, & les morts prēdront vie,
(Si de pluzieurs esprits la croyance est suivie)
Ce sera le Dimanche. Ainsi le jour premier,
Le Tems mordant sa queüe, alors sera dernier.
Tel jour que vint l'Agneau sur la Terre feconde,
Il reviendra Lion des hauts sommets du Monde.
Tel jour que la Clairté vint ce Tout animer,
Tel jour viendra le Feu pour ce Tout abysmer.
Et tel jour que Iesus hors de la froide lame
Sortit le prix sans prix du depost de son ame,

Vn

n tel jour on verra pour surgir à leur port,
Jez vaisseaux ressortir des goulfes de la Mort.
Ce jour n'est-pas lointain: La Mort proche mena- (ce Que ce
e monde qui jà viel, courbe en terre la face: dernier
Qui ne pouvant par zele eschaufer ses froideurs, jour, a-
ist de pechez malade, en un lit de langueurs, proche.
Et de ses sens ayant la faculté banie,
Ne sent, ne void, n'entend, ne gouste, ne manie,
Car de ses faits infets l'aspre odeur il ne sent,
Ne void le fond obscur du goufre qui l'atend,
N'oit la puissante voix de son Dieu qui l'apelle,
De l'orde iniquité jà la fiévre cruelle
Ayant gasté son goust, le palais de son cueur
Trouue le doux amer, l'amertume douceur,
Et le mal qui mortel, fait ses forces debiles
Aux saintes actions rend ses mains inhabiles.
O Monde decrepit! ô Monde langoureux!
C'est fait, c'est fait de toy. Le clairon sonoreux
Va sonner ta retraite, & rien plus ne te reste
Qu'à borner d'un soûpir ton haleine funeste,
Et fermer obscurci d'un triste & long sommeil,
Tes deux yeux vagabonds, la Lune & le Soleil.

A pas vistes & sourds viët le jour de vägeance,
Le Tems qui coule tost, insensible, s'avance:
Et le grand Prezident qui ce Tout doit juger.
Mesme pour l'heur des bons, veut le terme abreger. Souhait

Que fust-ce ores le jour que l'Eglise asseurée de le.
Orra de son espous la voix tant dezirée: voir
Que son chef luy dira, Vien, ma Sœur, mon Dezir, tost.
Viē, belle, en mon jardin plein d'ombre & de plaisir,
Où flaire une moisson pour toy ma chere amante,
De myrrhe, de cyprés, de myrthe & d'amarante:
Où j'ay desja friand sous l'ombrage amoureux,
Sucé le ray confit de mon miel savoureux,
Du fruit de mes douceurs couvert ma riche table.

Et

Et beu le lait la cresme & le moust delectable.
Cōpagnons, cueillez-en mangez d'vn fruit si doux,
Et de douces liqueurs ore enyvrez-nous tous.

Qu'alors les Eleus suiuront mieux la volōté du Createur que les Estoiles du Ciel dōt l'erreur icy remis: est refuté en la 4. journée.

Lors lors fint l'Hiver de cette instable vie,
En ce nouveau Printems qui plus ne se varie,
Vous verrez entre vous ô d'Eve les enfants,
Quels jetons estoyēt morts, & quels arbres viuāts,
Lors les Eleus suiuront & de voile & de rames,
Le vouloir de l'auteur & moteur de leurs ames:
Non comme les brandons que tu dis vainement
Du Ciel premier moteur suiure le mouuement.

Cōment cette instructiō en peut encore estre tirée.

Cette erreur, mō Bartas, que dans la nue obscure
De tes divers concepts, ton esprit se figure,
S'estant jà disparue aux rais de noz raizons,
Ne peut ore enfanter telles comparaizons.

Mais pour d'vn autre chāp cueillir cette doctrine
Comme les clairs flambeaux de la voûte azurine,
A qui le grand Recteur de ce grand Vnivers
D'vn bel ordre a prescrit tant de branles divers,
Suivent, sans qu'à sa voix s'opoze leur cadance.
L'infaillible chemin de sa droite ordonnance:
Nous à qui du grand Dieu le supresme vouloir
A donné mainte charge, ordonné maint deuoir,
Devons, sās qu'autre-part nostre vueil nous cō vie,
A l'office ordonné adonner nostre vie.

Autres instructions tirées mal a-propos d'erreurs jà refutez.

Ainsi ne peut non plus recueillir l'homme vain,
De la sœur du Soleil, vn precepte certain,
Car mesme tant s'en faut que sa froide prunelle
A l'homme enflé de vent montre à baisser son aile,
Que bien qu'elle soit pauure, & son front argenté
Des clairs yeux de Phebus caimande sa beauté,
Des cornes elle prend, & d'autruy lumineuze,
Plus emprunte de feux, plus s'enfle ambitieuze.

Mais toy qui vas ton dire à traits d'or escriuāt,
Qu'estoquant ie chery, tu vas bien plus auant:

Ce

e que donne ton ame à ta promte pensee,
Ta liberté le donne à ta plume eslancée:
Et chantes enchanté du charme de tes sons,
En vers impénitents, cent-fois mesmes chansons.
Semblable à qui trompé par la figure egale
Des obliques destours d'vn aueugle Dédale,
Voulant sortir son pied du manoir tournoyant,
Tousjours tousjours retourne au sentier fouruoyãt.
  Que te sert d'amener l'Elementaire flame,
Pour guinder dans le Ciel les ailes de nostre ame?
Que te sert de cercher, voulant perdre ton los,
Le blanc Soleil du vray dans les ombres du faux?
De ce vaste Géant la bourde refutée,
N'esleve au mont astré l'ame en ce val plantée.
Et nous sufist, Bartas, que le feu radieux,
Touché de nostre main, aperceu de noz yeux,
Ce non feint Pyracmon au cinabré visage,
Au gozier dévorant, au superbe courage,
Presche aux soldats de Christ, de gagner, genereux,
Le sacré rendé-vous des Esprits bien heureux.
Car ainsi que ce feu, bien qu'en Terre il séjourne,
Vers le Ciel azuré ses flots agiles tourne:
Ainsi, bien que vogants sur cette mer de pleur,
Nous devons faire voile au havre de tout heur:
Et faizants contre-mont voler noz saintes flames,
Çà-bas avoir noz corps, mais dès le Ciel noz ames.
Semblables aux Flambeaux du lambris estoilé,
Qui, quand le fier Solerre en sa grote est celé,
Et qu'vn douz ventolin, à petites boutées,
Flate le front vni des ondes argentées.
Sous le serain des nuits, paroissent bluetants,
D'vn brandillant esclat dans les flots tremblotãts:
Mais de ces vifs brandons la flame estincelante
Est dans l'azur lointain de la voûte brillante.
De fait, le cueur humain, de soy vray precepteur,

Enseignemẽts qu'on peut recueillir plus à propos.

Tournant

Tournant d'ébas sa pointe, & d'enhaut sa largeur,
Aux fragiles Mortels montre par sa figure,
Que mieux vaut tendre au Ciel que vers la Terre
  impure.
Car bien que la maison de cet ample Vnivers,
Soit riche d'ornements, ait pour fossez les mers,
Pour murailles les monts, les Elements pour sales,
Pour pavillons les Cieux, & pour portes Royales
L'Orient, l'Occident, le Nort, & le Midi:
Si ne faut-il pourtant que d'un vol engourdi,
Aussi bien que le corps, l'ame plus excellente
Que ce vaste palais, soit au Monde rampante.

De la vanité & deceptió du Monde.

Ce Monde est un Laban trompant ses serviteurs,
Vne feinte Iahel tuant ses banqueteurs,
Vn bois plein de lions, une valée immonde,
De fruits empoizonnez mortellement féconde,
Où tout est tenebreux, tout de laqs assiegé,
Où l'ame est en peril, & le corps affligé.

C'est un profond Neptune, une mer naufrageuze
Plus que l'horrible aboy de la vague orageuze:
Car sus le mol crystal des flots Massiliens,
De cent naus balayants les chams Neptuniens,
Vne ne perist pas: mais au mondain Neptune
De cent ames à peine en peut-il surgir vne!
O naufrageuze mer! ô Neptune profond!
Regarde en sa surface, en l'entre-deux, au fond,
Tu n'y verras au haut qu'une onde decevable,
Au milieu qu'amertume, au plus bas que du sable.

Qu'on peut toutefois recevoir plusieurs instructiós du Mónde.

Non que ce Monde encor, que les plaines des airs,
Que les monts escumeux du Royaume des mers,
N'instruiẽt les humains: l'ais qui tousjours s'agite
D'endurer les assauts: la bornée Amphitrite,
De ne franchir les loys: & que l'humain s'éjour,
Mainte docte leçon ne nous dicte ce jour,
Tãt luy que tous ses dõs. Mais pour garder la femme

De fouiller le saint lict par vn plaizir infame,   & de ses
Faut-il dire le tronc qui les dactes produit,   parties
Ne vouloir loin du masle enfanter aucun fruit?   où est
Pourquoy vat-on pescher dans le lac de mensonge   refuté
Où l'ingenieux Pline, en nous plongeant, se plonge,   vn er-
D'où l'abus va puizer, comme d'vn gouffre plein   reur tou
De non certains recits, ce recit non-certain?   chant la
     Bien qu'entre les Palmiers, l'humaine connoissance   palme.
De genre & de beauté marque vne dissemblance:
Si ne faut-il pourtant sus leur sexe inégal,
De leur plante forger quelque Plant-animal,
Voire animal parfait, voire ame raizonnable,
Voire de chastetez vn miroir veritable:
Comme si la femelle, vne Tourte en amours,
Trainoit, loin de son masle, en veuvage ses jours.
Si de la verité le reluizant vizage
Tourne son clair Soleil par dessus ce nuage,
Ce nuage s'enfuit. Si ses yeux desvoilez
Donnent iusqu'aux terroirs des Mores reculez,
Elle voit sur le front des plaines bazanées,
Des palmes portants fruit des masles esloignées,
Et maints boussus Palmiers en ce climat noicir,
Portants fruit esloignez des femelles aussi.

     Si nulle autre raizõ n'eust gardé mainte femme   Femmes
De desplaire ou de voir par vn plaizir infame: chastes
Pour son espous lointain Penelope n'eust pas   & loya
Si bien ferme la porte aux amoureux apas: les.
Et de tant d'amants digne, aussi belle que sage,
Seule en garde laissée à son chaste courage,
Vingt ans n'eust ataché des nœuds de sa raizon,
A la laine ses mains, ses pieds à la maizon.
On n'eust veu Rhodogune à l'Hymen si fidelle,
On n'eust veu Sophronie à soy mesme cruelle,
Pauline si loyale à son mary gené,
Biblie à son Duille, Evadne à Capané.

          Lon

L'on n'en eust-point tant veu d'estroite sympatie,
Se joindre à leurs espoux, mieux qu'au Soleil Clytie
Plus humbles que l'espy de richesses chargé,
Plus ardantes encor que le caillou plongé
De la fumante chaulx, qui dedans l'eau resveille
Ce feu qui paresseux dans sa masse sommeille.
Plus pures demeurer que le Roy des metaux,
Et du fer & du feu veincre mieux les assauts,

Confutation d'autre erreur, touchāt le Diamant.

Que ne dit, (mon Bartas) ta Muse qui se peine
A nourrir noz esprits d'une pasture vaine,
Que le plaizant, Indique, & Royal Diamant,
Soit au fer, soit au feu, reziste obstinément.
Car si par là tu veux cette pierre prizée,
S'obstinant au dur fer, n'en estre point brizée,
Son propos sans propos, que vrayment je ne croy
Non plus de toy receus, qu'avoüez de ma foy.
Et qui doivēt mourir si tost qu'on les void naistre,
Puisque le propre auteur le fauteur n'en peut estre.

  Ie sçay cōbiē d'esprits, ayāt creu beaucoup mieux
Au Veronois qu'au vray, aux aureilles qu'aux yeux
Renonçants au devoir, & croyants l'incroyable,
Ont jadis aprouvé ce dogme réprouvable:
Mais la bouche du vray ce vain songe desment,
Et l'essay par son jour le dissipe aizément.
L'experience seule, à noz yeux toute nue,
A la jeune aparance, à la teste chenue,
A la facile ouïe, aux asseurez regards,
Guide des actions, & maitresse des arts,
Porte des documents mille fois plus utiles
Que ne furent jamais les doctrines subtiles
Des Sophistes bavards, & son fidelle essay
Sert d'infaillible titre à la cauze du vray.

  Si le fort Diamant pluzieurs gemmes divize,
Si sa durté rebelle aussi tost ne se brize
Que le Rubi, l'Opale, & que tant de joyaux

Que

Que noſtre mere couve en ſes riches boyaux:
Si preſque il n'eſt limé ſinon par ſa limeure,
Si ne peut-il du fer euiter la bleſſeure,
L'artizan qui rend l'or ſujet à ſes marteaux,
En produit tous les jours des exemples nouveaux:
Soit que ſon roide bras d'vn ſeul coup l'acravante
Sur le dos martelé de l'enclume ſonnante:
Soit qu'au bronze cavé ſon pilon tournoyant
Tourne en cent mille corps ce caillou flamboyant.

Faux erreur! N'es-tu pas tel que l'erreur qui
Que ce brillant rocher les Incubes offence, (penſe
Vains cōpagnons des Nuits? & que l'erreur qui dit
Qu'il decelle la femme infidelle au ſaint lit?
Car eux & toy parents, portez meſme vizage,
Peignez ſur voſtre front d'vn prodige l'image,
Avez les yeux bandez, l'entendement leger,
La promeſſe plauſible, & l'effect menſonger. (nes,

Dōques Dieu ne veut point (car je tay les doctri-
Des divers animaux, & les leçons divines
Des mēbres de noz corps, ne voulāt que noz chāts
Promenent les lecteurs par chemins ſi frequents.
Dieu dy-je ne veut point, pendant cette journée,
Qu'à tels enſeignements ſoit noſtre ame adonnée:
Pour enſuivant l'avis de la Credulité,
Croire aux diſcours flotans au gré de vanité:
Car de l'erreur ne ſort vn precepte valable,
Ny d'vn fondement freſle vn baſtiment durable.
Ains veut que le Dimanche, à l'honneur de ſon los,
Humbles ſacrifiants à noſtre heureux repos
Noz pleurs, tendres enfants de noſtre repentance,
Nous joignons l'oraizon à la perſeverance.
Au brillant huis du Ciel heurte noſtre oraizon,
Mais la perſeverance entre dans la maizon:
L'oraizon dans la lice à la courſe s'adonne,
Mais la perſeverance emporte la couronne.

Qu'ō ne doit dōc employer ce jour à tels enſeignements.

A quoy Dieu veut pluſtoſt qu'ō l'éploye

Dieu

238　SEPTIESME IOVR

A la cō-　Dieu veut qu'en ce saint jour les yeux de nostre
sidera-　　　esprit
tion de　Facent vne reveüe aux chefs-d'euvre qu'il fit:
ses eu-　Pour voir si nous pourrons, voyant de son ouvrage
ures.　La beauté, la grandeur, l'ordre, l'art & l'vzage,
En blot.　Trouver en tastonnants, l'Artizan souverain,
En par-　Biē qu'vn si grād Ouvrier d'aucū ne soit lointain,
ticulier,　Veut qu'en nostre faveur nostre ame luy requiere
où est　Que tout ainsi qu'il mit la Lumiere en lumiere
est vne　Au premier-né des jours, pour reluire à travers
brieue　L'admirable grandeur de ce rond Vnivers:
reca-　De mesme anticipant par ses rayons supremes
pitula-　De noz sombres esprits les tenebres extremes,
tion des　Il y daigne verser de ses vives clairtez,
choses　Pour de ses faits divins comprendre les beautez.
creées.
premie-　Dieu veut qu'ē ce Saint jour nostre ame hūble le
rement　Que comme au jour puisné sa puissance infinie (prie
de l'eu-　En vn mot separa par vn vaste entre-deux,
ure du　Les eaux dessus les airs des eaux de dessus eux:
premier　En noz cueurs il separe, interpozant sa crainte,
jour.　L'amour du Mōde vain d'avec l'amour plus sainte
Enapres　A fin que si le corps cerche sa vie en bas,
du secōd　L'esprit aspire aux biens qui seuls n'expirent-pas.
jour.

Du troi-　Dieu veut qu'en ce saint jour l'on demande à sa
siesme　　　grace.
jour.　Que comme au jour troiziesme, il fit que la grand'
　　　masse
Du terrestre Element par Neptune couvert,
Pour enfanter les fruits, fust mize à descouvert:
Il descouvre, benin, noz cueurs de convoitize,
Dont nostre ame en tous tems, plus fertile produize
Au sculpteur éternel des fruits de pieté,
A sa vivante image œuvres de charité.

Du qua-　Dieu veut qu'en ce saint jour sa grandeur soit
triesme.　　　priée,
　　　　　　　　　　　　　　Qu'ainsi

Qu'ainsi que des Flambeaux la foule il a créée
Dans le quatriesme jour, pour les Cieux atourner:
Les vertus il procrée, afin de nous orner.
Et que sa large main, pour la torche Solaire
Doint le zele fervent qui les vertus esclaire:
Pour la Lune l'espoir esclairant aux Humains
Parmy l'horrible nuit des assauts inhumains:
Pour Venus doint la Foy la compagne du zelle,
Pour Saturne atrempâce au feu qui nous bourrelle:
Pour le bon Iupiter doint l'aymable equité,
Pour l'indomtable Mars le don de fermeté,
Pour Mercure prudence, & pour les fixes flames
De mille & mille dons enrichisse noz ames.

 Dieu veut qu'en ce saint jour nous prions d'une voix *Du cinquiesme*
Que comme ayant tissu les liquides bourgeois,
Le jour cinquiesme il fit que ce camp nageur hume
Le breuvage des mers sans tirer l'amertume:
Et les chantres ailez il fit estre habitants
Du sejour eslevé des nuages flotants:
Au Monde nous vivions de la Terre féconde,
En Terre ne tirants l'amertume du Monde:
Et puissions eslever ez saints Temples des Cieux,
Par l'aile de la Foy, noz cueurs dévocieux.

 Dieu veut qu'en ce saint jour nostre esprit luy demande *Du sixiesme.*
Que comme il fit encor que la champestre bande,
Fille au sixiesme jour, se rangea librement
Dessous le Chef civil du brutal regiment:
Il renge nostre cueur sous l'humble obeïssance
Deuë à la Royauté, qui grosse de puissance,
Flamboyante de pourpre, à son gauche costé
Tient la féconde Paix, à main droite Equité,
Devant soy le Respect, & pres de son aureille,
D'vn front grave à la Loy qui juste la conseille.

Et

Et comme au mesme jour, sur son divin portrait
Ce grand peintre a tiré l'animal plus parfait:
Ore en l'humain pourfil r'ëfondrät maint ombrage,
De noz traits effacez il rehausse l'ouvrage.

<small>Du Septiesme, où par la consideration du repos du Seigneur nous elevāt au grand & eternel repos, il descrit les joyes de Paradis, cōme au premier livre les peines d'Enfer, finissant par là tres à-propos sa journée & toute sō entreprise.</small>

    Dieu veut qu'ë ce saint jour sō saint nō soit prié,
Que comme au jour qui fut au Sabat dédié,
Il mit, en couronnant ses euvres admirables,
Ez bras du doux repos ses bras infatigables:
Ses immenses bontez couronnant tous noz faits,
Nous facent repozer des injustes mesfaits:
Que repozants, dévots, de la coulpe mortelle,
Heureux, nous repozions de la peine cruelle:
Qu'en ce jour du repos, nous pensions, soucieux,
Au repos supernel des Esprits glorieux:
A toy saincte Sion, à toy chere patrie,
A toy Ierusalem dans les Cieux rebastie,
Dont les portes sont d'or, d'or sont les fondements,
Les pavez de Saphirs, les murs de Diamants:
Dont le Soleil doré, dont la Lune argentine,
Sont les yeux eternels de la face Divine.
Et dont la grand' clairté parmi tant de beautez
Surmonte la beauté des plus grandes clairtez.
    Là volent les Esprits, là courët les Saints Anges,
Laizent les Cherubins, commandent les Arcanges,
Esclairent les Verus, bruslent les Seraphins,
Et tous font retentir leurs cantiques divins.
Là des vrais Amphions la blandissante lyre
S'acorde aux doux siflets du murmurant Zephire:
Et le bruit argentin des ruisseaux perennels
Aux liquides chansons des oyzeaux immortels.
Là sont ces chams benins, où les plaines sont pleines
D'immortelles verdeurs, de Nectar les fontaines:
Où les fruits d'Ambrozie, où les rocs sont de miel,
Où les mers sont de lait, où la Terre est de Ciel,
Où des vainqueurs lauriers la couleur est seraine:

Où le doux Lis souflant une immortelle haleine,
Musque les lits tendus en cabinets de fleurs,
Où le baizer ravi, ravist ses ravisseurs.
Là sont les doux esbats, là les douces blandices,
Là les plaizirs, les jeux, qu'entre tant de delices,
Qu'entre tant de faveurs, tant de nouveaux apas,
Tant de joyeux soûpirs, tant d'aymables soulas,
Tant de plaizants liens, tãt d'heureuzes victoires,
Tant d'exquizes beautez, tant de splendides gloires,
Tant de traits, tant d'atraits, tãt d'ames, tant d'a-
    mours,
Sans s'en pouvoir lasser, lon redouble tousjours.
Mais nostre chifre, Humains, plus aizément ajouste
Lesmaux qu'õ n'y s'ët-pas, que les biës qu'õ y gouste:
Et nous faut définir cet infiny repos,
Vn comble de tous biens, un defaut de tous maux.
   O repos sans travail! ô Royaume sans cesse!
O seurté sans trémeur, ô plaizir sans tristesse!
O salut sans douleur, ô bien sans envieux!
O Celeste delice, ô Ciel delicieux!
Qui pourra las! enter à mes costez des ailes,
Cõme aux flancs emplumez des vistes Colombelles,
Pour voler, ô mon Dieu, de ma triste prizon,
Au gracieux repos de ta saincte maizon,
De l'exil mizerable à l'heureuze patrie,
De la tempeste au port, de la mort à la vie?
Quand iray-je enyvré de plaizirs non communs,
Humer la douce odeur de tes rares parfuns?
Et verray-je alentir mes chaleurs enflamées,
Sous les myrtes fleuris de tes fraiches ramées?
   Tire tire mon ame, ô Christ, en ce séjour,
Par les puissants cordeaux de ton diuin amour:
Fay que tost, cher Espous, ton Espouse en ta couche,
Cole à tes bras ses bras, à ta bouche sa bouche:
Abysme-la de joye, embasme-la d'odeurs,

                        L

Dans tes sacrez paruis tapissés de verdeurs:
Car plus sont mille-fois tes cabanes plaizantes,
Que des palais marbrins les beautez perissantes.

 Cependāt saintes Sœurs, puisqu'au los de son los,
Vous auez dit de Dieu tout l'euure & le repos,
Muzes reposez-vous. Et qu'à bon droit rauie,
Mon ame, à qui l'Espous dans le Iardin de vie,
Fonde vn beau pauillon d' eternelle verdeur,
Y loge de pensée, atendant l'heure & l'heur
Que des gluaus mortels, despestré je desloge,
Pour voler au Repos où CHRIST FONDE
MA LOGE.

F I N.

Extraict du Privilege du Roy.

PAr grace & Privilege du Roy, il est permis à Claude Morillon, Libraire & Imprimeur de Lyon, imprimer, ou faire imprimer, vendre & distribuer, vn liure intitulé, *La Semaine, ou creation du Monde, du Sieur Christofle de Gamon. Contre celle du Sieur du Bartas.* Et ce pour le temps & terme de six ans consecutifs: Avec deffences à tous autres Libraires & Imprimeurs du Royaume de France, de quelques Provinces qu'ils soyent des subjects du Roy, d'imprimer, faire imprimer, vendre, debiter, tenir & achepter, ny eschanger ou traffiquer dedans & dehors ledict Royaume, aucuns desdicts liures ny les augmenter ou diminuer, ny extraict d'aucune chose, sans le sceu & consentement dudict Morillon, aux peines & amendes applicables ainsi que plus amplement est contenu és lettres patentes de sa Majesté. Données à Paris au mois de Mars, 1609. Et de son regne le vingtiesme.

www.ingramcontent.com/pod-product-compliance
Lightning Source LLC
Chambersburg PA
CBHW050343170426
43200CB00009BA/1714